KB221048

귀로 보고,
눈으로 듣는다

귀로 보고,
눈으로 듣는다

청원 무이(淸源 無二)

비움과소통

누구나 행복한 삶을 원한다.

불행한 삶을 원하는 사람은 아무도 없다.

행복한 삶이란 어떤 삶인가?

몸은 건강하고 마음은 편안한 것이 행복한 삶이다.

몸과 마음은 둘이면서 하나다. 마음이 편안해지면, 몸의 건강은 저절로 따라온다. 마음이 편안하기 위해선 어떻게 해야 하는가?

들뜬 마음을 가라앉히고, 흐트러진 마음을 모으면 된다. 탁하고 어두운 마음을 맑히고 밝히면 마음은 편안해진다. 마음이 편안해지면 정(定)이 충만해지며, 혜(慧)가 빛을 발한다.

정혜(定慧)가 구족되면 저절로 정견(正見)이 이루어진다. 자신이 하고싶고, 할 수 있고, 해야 하는 일들과 선연(善緣)을 맺으며 환희심(歡喜心)넘치는 행복한 삶을 누릴 수 있게 된다.

귀로 보고, 눈으로 듣는다

제1장 평상심의 일상, 제2장 불조(佛祖)의 가르침과 수행(修行)의 실제, 제3장 깨달음의 연금술, 제4장 선(禪)의 뒤안길 그리고 부록인 무이십관(無二十關)으로 구성된 이 책은 파란고해를 건너 니르바나 언덕에 닿게해줄 '밑바닥 없는 배'다.

이 배에 오르는 모든 인연들이 불조의 호념(護念) 속에서 구멍 없는 피리소리를 듣고 줄 없는 거문고를 탄주하며 한 송이 우담바라로 활짝 피어나길 간절히 서원합니다.

무풍기랑(無風起浪)

"와~ 진짜 비 많이 오네."

"얼마나 오는 게 많이 오는 건데?"

"예? 지금 비 많이 내리고 있잖아요."

"니가 기준을 하나 세워서 붙들고 있으니까 많고 적음이 생기지."

"…… ? ……"

　빗방울들이 다 제자리를 찾아 떨어지던 30여 년 전 어느 날 K선배와 나눴던 대화다. 이 짧은 대화가 나를 불법(佛法)의 대해(大海) 속으로 풍덩 뛰어들게 할 줄 그때는 몰랐다. K선배는 이런저런 얘기 끝에 노자의 도덕경 구절들을 인용했다. 도덕경의 내용을 수박 겉핥기식으로라도 알고 있었기에 조금이라도 아는 얘기가 나오면 놓치지 않고 아는 척을 했다. 그때마다 뭔가 모르게 무례하고 일방적인 것 같은 K선배의 거침없는 지적이 기분을 상하게 하기보다 묘한 흥분을 불러일으켰다. 가슴속의 커다란 응어리가 부서져 나가는 후련한 느낌마저 들었던 것 같다. 하지만 그날 구체적으로 어떤 얘기들이 오갔는지는 잘 기억나지 않는다.

　K선배와 헤어져 집으로 돌아와 잠자리에 들었다. 잠을 청해 보았지만, 낮에 있었던 일이 생각나며 마음 한구석에서 슬그머니 분심(憤心)이 일었다. 자는둥 마는둥 잠을 설치고 그 이튿날 아침 서점 문이 열리기를 기다려 '도덕경' 책을 사러 갔다. 서점 한편에 있는 세권으로 된 '삶의 춤, 침묵의 춤'이란 도덕경 강론집이 눈에 띄었다. 책 내용을 구체적으로 살펴보지도 않고 세 권을 다 사가지고 하숙집으로 급히 돌아와 읽고 또 읽었다. 대학생이 된 후 3년여 동안 이런저런 철학책들을 읽어 봤지만, 인도의 명상가 라즈니쉬의 도덕경 강의집인 '삶의 춤, 침묵의 춤'만큼 내 영혼을 취하게 한 책은 없었다. 연필로 밑줄까지 쳐 가면서 읽고 또 읽었다. K선배를 만나 다시 한번 도덕경 관련, 이야기를 나누게 된다면 코를 납작하게 해줄 요량으로 그 책을 끼고 한 주를 보냈다.

　10여일이 지난 어느 날 드디어 경희대 근처에 있는 생맥주집에서 K선배를 만나게 되었다. 나는 자리에 앉자마자 뭔가에 홀린 듯 서둘러 도덕경 얘기를 꺼냈다. 그러나 K선배는 성급해 하는 나와 달리 느긋하게 생맥주를 주문하면서 기본 안주로 뻥튀기를 넉넉히 달라는 말까지 건넨 뒤 비장하면서도 단호하게 말했다.

　"도덕경 얘기는 됐고, 어떤 놈이 네 몸뚱이를 여기까지 끌고 왔는지 한번 일러 봐라."

"?……?"

뭔지 모를 답답함이 밀려왔다. 10여 일 동안 K선배의 코를 납작하게 만들기 위한 일념으로 외우고 또 외웠던 온갖 화려하고 현학적인 책 속의 문구들이 한 순간 무용지물이 되어 흔적도 없이 사라져버렸다. 속이 탔던 것일까? 첫 만남과 달리 자존심이 상해 기분이 나빴던 것일까? 연거푸 맥주만 벌컥이고 있는데, K선배가 씩 웃으며 거의 명령조로 자신이 하는 말을 노트에 받아 적으라고 말했다.

"운문선사께서 말씀하시기를 '한 생각을 일으키는 것이 죄라' 하시니, 학인이 물었다. '한 생각도 일어나지 않았을 때는 어떻습니까?' 선사께서 답하시길 '죄가 수미산 같이 크다' 여기서 질문, 한 생각도 일어나지 않았으면 죄가 없어야 할 텐데, 어째서 죄가 수미산 같이 크다고 하셨는가?"

훗날 알게 된 사실이지만 경허, 만공선사의 뒤를 잇는 수덕사 조실 혜암(惠菴)선사(1884~1985, 불조정맥 77대, 덕숭총림 초대 방장)께서 학인들을 공부시키기기 위해 첫 관문으로 시설(施設)하셨던 수미산(須彌山) 화두를 받았던 것이다.

K선배는 끊임없이 생맥주잔을 비우면서도 '어째서 죄가 크다'고 했는지 대답하라며 수십 번을 추궁하고 또 추궁했다. 그리고 대답 하는 그 즉

귀로 보고, 눈으로 듣는다

시 틀렸다는 소리만 했다. 그렇게 서너 시간이 흐르고 더이상 대답할 말들이 떠오르지 않았다. 잔뜩 오기가 생겼지만, 더이상 할 말도 없고 해서 자리를 박차고 일어서는 순간 K선배가 또다시 물었다.

"한 생각도 일어나지 않았으면 죄가 없어야 할 텐데 어째서 운문선사께서 죄가 수미산처럼 크다고 하셨는가?"

그 순간 온 몸에 소름이 돋고 전율이 일며 수미산 공안의 의지가 확연해졌다. 나는 답을 했고, K선배는 숨도 쉬지 않고 곧바로 다시 물었다.

"그렇다면 죄를 짓지 않으려면 어떻게 해야 하겠는가?"

처음으로 틀렸다는 소리를 듣지 않게 되자 용기백배해진 나는 질문을 받자마자 곧바로 대답했다.

"죄0 000 00 000"(파설이 염려되어 기록하지 않는다)

그 말을 들은 K선배가 환하게 웃으며 말했다.

"더 공부할 생각이 있으면, 노트에 수미산 공안을 3백번 쓴 뒤, 그 노트를 가지고 찾아 와라"

지금 생각해 보니 그날 이후부터 비로소 불자(佛子)가 된 듯하다. 선비(先妣)께서 독실한 불교 신자였던 탓에 어려서부터 별 생각없이 절에 따라 다녔지만, 절에 가는 횟수래야 사월 초파일을 비롯해 1년에 두서너 번이 고작이었다. 그래도 종교란에는 불교라고 썼다. 하지만 K선배와의 만남을 계기로 아침저녁으로 시간이 날 때마다 좌선이라는 것을 흉내냈고, 불교 관련의 책들도 읽기 시작했다. 그 중에서도 '무문관', '벽암록', '선가구감', '서장', '몽산법어' 등 선(禪)과 관련된 책들을 중점적으로 탐독하며 선객(禪客)이라는 아상(我相)을 키워나갔다. 특히 혜암 선사의 법문집인 '선관법요'는 전체 내용을 통째로 다 외우다시피 했다. 다만 한 가지 다행인 것은 수미산 공안과 인연이 닿은 이후 생각하고 말하고 행동할 때 언뜻 언뜻 관(觀)이 이뤄지기 시작했다는 점이다. 또 하나는 K선배의 끊임없는 관심과 보살핌 속에 '방하착'(放下着), '철륜소'(鐵輪銷), '검산'(劍山), '양일아'(養一鵝), '남전참묘'(南泉斬猫), '마조원상'(馬祖圓相), '덕산탁발'(德山托鉢), '조의교의'(祖意敎意) '성색이자'(聲色二字), '단지불회'(但知不會) 등 끊임없는 화두 참구와 탁마의 나날을 보낼 수 있었던 것이다. 참선문중과 인연이 닿은 것은 지금 생각해도 이번 생(生)의 최대 행운이 아닐 수 없다.

시나브로 대학 4년이 훌쩍 지나갔고 어쩔 수 없이 국방의 의무를 위해 학사장교로 군 입대를 해야했다. 태어나 처음으로 하고 싶은 대로 마음껏 할 수 없는 환경에 놓이게 되었다. 막내로 태어나 부모님의 사랑을 한 몸에 받으며 고삐 풀린 망아지처럼 하고 싶은 것은 무엇이든 마음대로

했고, 화두참구조차 남들과 다른 뭔가 특별한 사람이 되고 싶은 욕심과 호승심으로 시작했던 만큼 아상(我相)으로 똘똘 뭉쳤던 내게 군대라는 낯선 환경은 하루라도 빨리 벗어나고 싶은 곳이었다. 고된 훈련을 마친 어느 날 밤, 태어나 처음으로 기도를 했다. 저절로 우러나는 간절한 마음으로 베갯머리까지 적시며 끝 모를 기도를 하다가 다음날 훈련을 위해 억지로 잠을 청했다. 기도의 내용은 단 한가지였다. 하루빨리 군대에서 나가게 해 달라는 것, 그것이 전부였다. 짧은 순간이지만 생각해 보니 군 복무를 도중에 그만둘 어떠한 타당한 이유도 찾을 수가 없었다. 그래서 할 수 없이 관세음보살님께 조건을 내 걸었다.

"밖으로 내보내주시기만 하면 목숨을 걸고 수행해서 세상에 불법(佛法)을 알리겠습니다."

본질에 있어서 별로 달라진 것이 없지만, 군 입대 전 특별하고도 의미 있는 사람이 되고 싶은 욕심에서 미친 듯 화두 참구를 했던 것과 달리, 말이라도 세상에 불법을 펴기 위해 열심히 수행하겠다는 조건을 내세우는 내 모습이 왠지 이방인처럼 낯설게 느껴졌다. 한편으론 돌연 겁이 덜컥 나며 한 생각이 일어났다.

"진짜로 관세음보살님께서 군대에서 내보내주시면 어떻게 하지? 난 유학을 가서 국제 정치학을 공부할 계획인데… 약속을 안 지킬 수도 없고……"

평소에도 꿈을 꾸는 일이 거의 없었는데, 낮에 있었던 강도 높은 훈련으로 깊은 잠에 골아떨어졌음에도 불구하고 새벽녘 너무나 선명한 꿈을 꾸다가 깜짝 놀라서 깨어났다. 불화(佛畵)를 통해 알고 있던 관세음보살의 모습도 아니고 잿빛 승복도 아닌 흰 두루마기 같은 옷을 입은 백발의 노인께서 꿈에 나타나 '밖으로 나가게 될 것이다. 나가면 열심히 수행해 불법(佛法)을 널리 전하라'는 말씀을 남기고 홀연히 사라지셨기 때문이다. 만감이 교차했다. '수행자는 꿈을 꾸지 않아야 한다는데, 내가 얼마나 군 생활을 하기 싫어하면 이런 꿈을 다 꾸는 것일까?' '정말로 밖으로 나갈 수 있을까?', '나가게 되면 유학을 포기해야 되나? 아니면 유학도 가고 수행도 해야 하나?' 이런저런 생각을 하다가 이내 잠에 떨어졌다.

꿈을 꾼 사실조차 잊은 채 4~5일이 후딱 지난 토요일 오후 갑자기 허리가 끊어지는 통증이 밀려 왔고 이런저런 절차를 밟아 대전국군병원에서 '추간판탈출증'이란 진단을 받고 군복무를 면제받게 되는 믿지 못할 일이 순식간에 일어났다. 민간인 신분이 되어 병원 정문을 나오면서부터 허리의 통증이 완화되기 시작했다. 집에 도착할 때쯤 전혀 아프지 않게 되자 관세음보살님과의 약속 또한 까맣게 잊혀져만 갔다. 몇 개월여의 휴식을 보내고 서둘러 서울로 가서 하숙집을 정하고 대학원 준비를 했다. 석사과정은 국내에서 밟고 박사과정은 러시아로 가서 마칠 계획이었다. 대학원 입학시험 전날 친구들의 응원을 받으며 술을 몇 잔 가볍게 마셨다. 평소 주량의 반에도 못 미치는 소량의 술을 마셨고, 술을 마신 다음날이면 어김없이 새벽에 일어나 땀을 흘리며 운동을 하는 오랜 습관

탓에 알람시계를 맞출 필요도 없었다. 그런데 다음날 잠에서 깨어 눈을 떠 보니 시계 바늘이 열한시를 향하고 있었다. 대학원 입학시험은 치러 보지도 못한 채 유학의 꿈은 물거품이 되어가고 있었다.

'모든 일에는 때가 있다'는 말이 실감났다. 대학원 진학을 한 학기 늦추기로 했던 당초의 계획과 달리 회사에 취직을 하게 되었다. 1년여 동안 바쁜 업무에 시달리며 누가 봐도 샐러리맨 티가 풀풀 나기 시작할 무렵, 시간에 구애받지 않고 맘껏 수행하고 싶은 욕심이 빼죽이 고개를 들자 과감히 사직서를 제출했다. 그러나 목숨을 걸고 수행에 전념하지도 못한 채 말로만 수행합네 하면서 2년여의 세월을 보냈다. 소소한 번역일과 내기 당구, 그리고 20여년이 지난 지금까지 진행형인 태극권 수련, 불교 및 명상 관련의 책 1천 여 권을 읽었을 뿐, 수행에 있어선 어떤 진전도 없었다. 결국 다시 회사생활과 인연이 닿았고, 결혼해서 가정을 꾸리게 되었다.

K선배와의 인연으로 시작된 화두 참구를 통해 어느 정도의 지견이 열렸고 생각에 속지 않을 정도가 되었지만, 좋게 봐줘도 해오(解悟)일 뿐이었다. 세속의 일와 수행이 둘 아닐 만큼 득력(得力)하지 못했음을 뼈저리게 느꼈다. 특히 '경허집'을 읽고 난 후부터 더욱더 실참실오(實參實悟)에 목말라 하게 되었다. 이치(理致)로는 생사(生死) 없음의 도리를 잘 알아 멋진 법문을 하셨던 경허선사, 그럼에도 불구하고 정작 전염병으로 죽은 시체가 타는 냄새를 맡는 순간 생사(生死)의 두려움에 떠는 자신과 마주

한 경허선사, 결국 천장암으로 돌아가 자신의 공부가 부족하다는 사실을 대중에게 알리고 생사일대사(生死一大事)를 해결하기 위해 내면으로 침잠해 들어가신 경허선사의 모습이 영혼 속에 깊숙이 각인(刻印)되었기 때문이다.

병자년(丙子年) 늦가을 득남(得男)함으로써 선친(先親)의 소원이던 대를 잇는 숙제를 마치자 온전히 해결하지 못한 채 미뤄두었던 '무(無)자' 화두 참구에 매진하기로 굳게 마음먹었다. 만공선사로부터 법을 전해 받고 통도사 조실이 되신 성월선사께서 "비에 젖지 않는 한 물건이 무엇인가?"하고 자문(自問)하신 뒤 "일성장적출운래(一聲長笛出雲來)" 즉, '한 소리 긴 피리소리가 구름 밖으로 나왔다'고 자답(自答)하셨다는 얘기를 듣는 순간, 무슨 의미인지도 모르는 채 온 몸이 공명(共鳴)되었다. 그리고 '나도 언젠가 무자 화두를 통해 성월선사의 살림을 등기 이전 해야지' 하고 다짐했던 적이 있었다. 그 때문일까? 무(無)자 화두에 대한 열망은 자생화두(自生話頭) 못지 않게 강렬했다. 그래서인지 회사 생활을 하면서 틈틈이 하는 화두참구지만 그 어느 때보다 밀밀하게 이어갈 수 있었다.

그로부터 4~5개월이 지난 어느 봄날 밤, 책장에 꽂혀 있는 '금강경'(金剛經)이 눈에 들어 왔다. 책을 빼서 손에 들고 첫 페이지부터 읽어 나갔다. 알 듯 모를 듯 확연하지 않았던 구절들까지 저절로이해되며, 금강경의 대의는 물론 행간의 숨은 뜻까지 머릿속으로 일목요연하게 빨려들기 시작했다. 환희심에 넘쳐 금강경의 한 구절구절이 의미하는 바를 노트에 메모하기 시작했고, 날이 밝아오기 시작할 무렵, 마지막 페이지를 넘길 수 있었다. 밀려드는 거센 흥분을 감당하는 것이 쉽지가 않았다. 회사 출근도 하지 않고 책장에 꽂혀 있던 '무문관'을 비롯해 훗셀의 '현상학', 칸트의 '순수이성비판' 등등의 책들을 여기 저기 펴서 읽어 보아도 쉽게 이해될 뿐만 아니라 '내용이 참 유치하다'는 아만심(我慢心)이 일어났다. 그날 아침을 먹었는지, 안 먹었는지 기억에 없다.

무작정 집을 나가 삼각산 보현봉 등산을 마치고, 당시 살고 있던 이문동 집으로 돌아와 깊은 잠에 들었다. 그런데 이게 웬일인가? 이튿날 잠에서 깨어났는데 두 눈이 떠지지 않았다. 온통 말라붙은 진물로 위아래 눈꺼풀이 달라붙어 있었다. 한순간 식(識)이 맑아짐에 따라 대각이라도 한 것으로 착각한 뒤 무엇인가 특별한 것을 '아는 놈'이 되어 날뛴 인과(因果)가 분명했다. 안과 치료까지 받아야 할만큼 흐릿하던 두 눈은 한 달 보름여가 지난 뒤에야 정상으로 회복되었다.

어떠한 경계(境界)가 닥쳐도 중심을 잃지 않고 여여(如如)할 수 있는 부동심(不動心)을 증득하지 못한 채 얕은 알음알이에 휘말린다는 것이 얼마나 허망한 일인지 뼈저리게 경험한 탓에 한층 화두 의심이 깊고 굳건해져 갔다. 그렇게 정축년(丁丑年) 늦가을이 깊어 갈 무렵, 서점에 들러 C스님의 법어집 한 권을 사서 읽게 되었다. 우연의 일치인지, 책의 저자가 혜암선사로부터 전법게를 받은 수법(受法) 제자였다. 반가운 마음에 C스님을 찾아뵈었다. 늦가을 비인지, 초겨울 비인지 잘 생각이 나지 않지만, 어쨌거나 비가 추적추적 내리던 날이었다. 합장 반배하고 절을 올리려고 하는데 C스님께서 말씀하셨다.

"인사는 그것으로 되었고, 말이 밖에서 비를 맞고 있는데 어느 글자를 놓아야지 그 말이 비를 맞지 않는지 한 글자를 놔 보세요."

내가 즉시 "O자를 놓겠습니다" 하고 대답하자, C스님께서 두 눈을 똑바로 쳐다보시면서 그 까닭이 무엇인지 일러보라고 재촉하셨다. 그 까닭을 말씀드리자 C스님께서 무릎을 탁 치신 뒤 말씀을 이어가셨다. '그 어느 때 보다 눈 밝은 수행자가 귀한 시절'이며 '출가자 재가자 할 것 없이 마음의 눈을 떠야만 진정한 불자라고 할 수 있다'는 요지의 말씀과 함께 혜각(慧覺)이라는 법명을 내려 주셨다. C스님과의 인연은 그렇게 시작되었다. 그 후 잊을만하면 한번씩 찾아뵙곤 했지만, 별다른 선문답이나 법거량은 없었다.

무인년(戊寅年) 승진 등으로 회사 사정이 변함에 따라 회사일과 화두 참구를 병행하는 것이 녹록치 않았지만 수행의 끈을 놓지 않았다. 나름 지극정성을 다해 무(無)자 화두에 매달린 탓인지 99년이 시작되면서부터 애써 의심을 짓지 않아도 무(無)자 화두가 들리기 시작했고 밤이 깊어가도 의단이 흩어지지 않고 또렷하게 독로(獨露)하는 일이 잦아졌다. 그리고 새벽에 일어나 창문을 열고 멀리 있는 고황산을 바라보노라면 문득 산과의 거리가 사라지며 산과 둘 아니었다가 다시 일상으로 돌아옴을 느끼곤 했다. 입춘이 지나고 봄기운이 완연해질 무렵 C스님으로부터 전화가 왔다. 바쁘더라도 꼭 한번 다녀가라고 말씀하셨다. 불법(佛法)에 대해 따로 여쭤볼 말씀은 없었지만, C스님의 간곡함에 시간을 내서 찾아뵈었다. 인사를 드리고 앉자마자 조주 무 (無)자 화두를 탁마하셨다.

"개에게도 불성이 있습니까? 없습니까? 하고 묻는 학인의 질문에 조주스님께서 어째서 무(無)라고 답하셨는지 일러보세요."

수년전 첫 만남에서 조주 '무(無)자' 화두를 참구하고 있다고 했던 것을 기억하고 계셨던 것 같다. 무자 화두를 참구하면서 의심이 지속되었고 의단이 형성되기 시작했을 뿐, 소위 말하는 '한 소식'을 한 바도 없기 때문에 선지식을 찾아가 무(無)자 화두를 탁마해야지 하는 생각을 한 적이 없었다. 그렇다고 해서 물음에 대한 대답을 회피하고 싶은 생각 또한 들지 않았기 때문일까? C스님께서 첫 만남에서 보여주셨던 눈빛보다도 더 강렬한 눈빛으로 뚫어지게 바라보시면서 '어째서 무라고 했는지 일러 보라'는 말이 떨어지자마자 입에서 한 마디가 툭 튀어나갔다. 그러자 C스님은 몇 번이나 연거푸 질문을 바꿔서 점검을 하셨다.

"무(無)자 반 토막만 일러 보세요, 무(無)자 이전엔 무엇이 있었는지 일러 보세요, 개에게 불성이 있는지 없는지 묻는 질문에 조주스님께선 유(有)라고도 대답하셨는데 어째서 유(有)라고 하셨는지 일러보세요."

나는 C스님이 질문하는 즉시즉시 대답을 했다.(당시에 했던 대답 들은 파설이 염려되어 밝히지 않는다) 그러자 C스님께서 두 손을 꼭 잡으시며 함께 불법(佛法)을 널리 펴보자는 말씀을 하셨다. 불불불상견(佛佛不相見)으로 '누군가에게 인정받고 인가받는다는 것'의 허망(虛妄)함을 잘 알고 있었기 때문일까? 아니면 공부가 부족하다고 생각하는 '나'가 남아 있었던 탓이었을까? 기쁠 것도 없는 담담한 마음으로 C스님께 인사를 드리고 집으로 돌아왔다.

며칠이 지난 후 C스님으로부터 전화가 왔다. 당신께서 주석하시는 절에 불교교리 강좌를 개설해보라고 말씀하셨다. 생활기록부 및 이력서 등의 종교란에 불교라고 쓰는 것과 1년에 한두 번 절에 가는 것이 전부였던 내가 K선배로부터 수미산 공안을 받아 화두 참구를 시작한지 13년만에, 관세음보살님에게 열심히 수행해서 불법을 널리 알리겠다고 약속한지 10년만에 불교교리 강좌를 시작하게 된 것이다.

1년여 동안을 회사 생활과 포교활동 등으로 바쁘게 보낸 뒤 새 천년을 맞으며 회사를 퇴직하고 어느 화창한 봄날 고향인 청주로 내려왔다. 선친께서 마지막 여생을 손자들과 함께 보내고 싶어 하셨고, 나 또한 분주한 서울 생활을 접고 잠시 동안만이라도 한가한 시골 생활을 하며 수행에 전념하고 싶은 욕심이 남아있었기 때문이다.

청주 도심서 차량으로 15분 거리의 시골 마을에 새 터전을 마련하고 부모님을 모시기 시작했다. 다행히 새로 이사한 집이 산 밑인 탓에 공기가 너무나 신선해 좌선(坐禪) 중 저절로 깊은 호흡이 이뤄졌다. 또한 아침마다 출근을 하지 않아도 되고 별채까지 있어서 가족들의 숙면을 방해하지 않으며 온 밤 내내 마음껏 수행할 수 있었다. 춥지도 않고 덥지도 않은 5월 19일 밤새 좌선을 하는데 새벽녘이 되자 아카시아 꽃향기가 코를 찔렀다. 순간 나는 꽃향기가 되어 허공으로 퍼져나가 법계에 가득 찼다. 허공법계가 한 송이 우담바라로 피어났다. 창문을 열고 밖을 내다보니 아침이 밝아 오고 있었다. 산새들은 재잘거리며 나뭇가지 사이를 오르내렸다. 그뿐이었다.

두어 달 전 청주로 이사를 한 직후, 시간적 여유가 생겨 대구의 S선배를 찾아가 '정전백수'(庭前栢樹) '만법귀일'(萬法歸一) '주감암주'(州勘庵主) 화두를 탁마하던 날 밤과 비교해도, C스님과 무(無)자 화두를 탁마하던 1년여 전 어느 날과 비교해도 달라진 것은 없었다. 굳이 표현하자면 귀로 보고 눈으로 듣는 일이 보다 더 온전해졌다고나 할까? 알지 못할 줄 알던 것이, 알래야 알 수 없고, 모를래야 모를 수 없게 되었다.

그날 이후 무위당(無爲堂)이란 별채의 당호처럼 일없는 한가한 삶을 살게 되었고, 무위당을 찾아와 선연(善緣)을 맺는 수행자들이 하나 둘씩 늘어갔다. 그리고 그 인연들과 더불어 무이선원(無二禪院)을 개원해 간화선 대중화에 매진하기 시작했고, 수선(修禪)모임 지불회(知不會) 지도법사를 맡게 되었다. 결국 관세음보살님과의 약속을 지킬 수 있게 되었다. 이 책을 출간하는 것도 관세음보살님과의 약속을 지키기 위한 일환이다. 독자들이 책 내용과 친숙해 질 수 있도록 구도기(求道記)를 써달라는 출판사의 요청에 응하는 것도 관세음보살님과의 약속을 보다 더 잘

이행하기 위해 '바람도 없는데 물결을 일으키고 있는 것'에 다름 아니다.

성취했다고 내세울만한 어떤 깨달음도 '나'에겐 없다. 누군가로부터 '인가(認可)한다'는 말을 들은 적도, 전법게(傳法偈)를 받은 적도 없다. '나'는 불법(佛法)을 모르는 까닭에 인가와 전법게를 십자가와 불상(佛像)으로 삼아 교화할 대상을 물색하고 모집할 마음도 없다. 자등명(自燈明) 법등명(法燈明)의 '길 없는 길'을 가고자 하는 도반과 인연이 닿는다면 오직 두 손을 맞잡고 함께 걸어가며, '안다는 한 생각 일으킴의 삿됨'을 파(破)함으로써 현정(顯正)할 뿐이다. 누군가 굳이 인가(認可)와 전법(傳法)에 대해 묻는다면, '금강경'으로부터 인가 받고 혜암 선사의 '선관법요'(禪關法要)로부터 수법(受法)했다는 '말 허물'을 뒤집어쓸 것이다.

금강경을 통해 백천만겁이 지나도 만나기 어려운 불법(佛法)을 두 손에 꼭 쥐어주신 부처님과, '선관법요'를 통해 불조(佛祖)의 골수(骨髓)를 밀밀(密密)하게 전(傳)해주신 혜암선사님의 법은(法恩)에 오체투지(五體投地)하여 삼배(三拜) 올립니다. 배고프면 밥 먹고 졸리면 잠잘 수 있도록 이끌어주신 청봉스님과 금오, 효당, 심우 세 거사님의 따뜻한 관심과 가르침에 깊이 감사드립니다.

귀로 보고, 눈으로 듣는다

침묵의 소리(서양화가 류법규 作)

차 례

제1장 평상심의 일상

제2장 불조의 가르침과 수행의 실제

제3장 깨달음의 연금술

제4장 선(禪)의 뒤안길

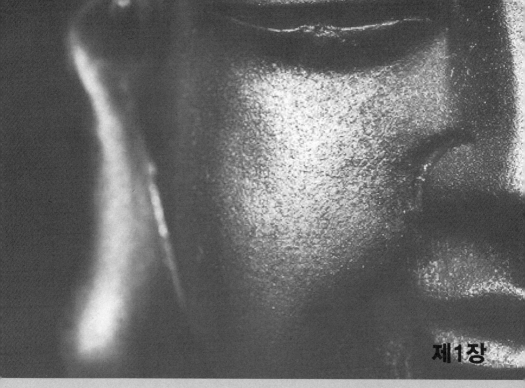

제1장

평상심의
일상

물이 샘솟지
않는다면

우물이 막혀 물이 샘솟지 않는다면, 그 막힌 곳을 뚫어 수맥(水脈)에 연결해야 한다. 우물 속에서 하늘을 보는 틀에 박힌 마음은

우물도 없고 하늘도 없는 우주의식(宇宙意識)과 연결되어야 한다. 이것이 수행(修行)의 궁극(窮極)이다.

이와 같이 말한다고 해서 개체의식과 우주의식이 전혀 별개의 것으로 단절되어 있다고 생각해선 안 된다. 다만 온전히 연결되어 있는지, 아닌지가 관건일 뿐이다. 라디오나 TV의 경우 주파수가 일치하지 않으면 제대로 듣고 볼 수 없다. 마찬가지로 우리의 의식 또한 우주의식과 주파수가 딱 맞아떨어져야 한다. 그래야만 일체의 잡음과 화면떨림현상 없이 명료하고 정확하게 듣고 볼 수 있게 된다.

귀로 보고, 눈으로 듣는다

개체의식이 우주의식으로 합일(合一)되기 위해선 굳이 채널링을 통해 이리저리 주파수를 맞추려고 애쓸 필요가 전혀 없다. 자신이 듣고 싶고 보고 싶은 소리와 형상을 쫓는 마음을 쉬기만 하면 된다. 그 순간 저절로 둘 아니게 된다. 어떻게 하면 마음을 쉴 수 있는가?

　남쪽을 향해 앉아 북두(北斗) 보는 것이다.

　남쪽을 향해 앉아 북두를 본다는 것은 무엇인가?

　남산(南山)에 구름이 일기도 전에 북산(北山)에 비가 내렸다.

나 없음의
나

내가 없어야 된다는 견해 속에 눌러앉아 귀신굴 살림을 차려선 안 된다. '나 없음'의 단멸공(斷滅空)을 주장하는 것은 '나'를 살찌우는 짓이다. '나'를 비우는 수행을 역행하는 짓에 다름 아니다.

무엇에든 걸림이 없어야 된다는 생각에 걸려서도 안 된다. 걸림 없다는데 걸려서 끊임없이 막행막식(莫行莫食)을 일삼는 것은 수행이 아니다. 막행막식을 하면서 무애행(無碍行)을 실천한다고 생각하는 것은 전도몽상(顚倒夢想)일 뿐이다.

'나'조차 없다거나 무엇에든 걸림 없이, 먹고 마시고 행동하는 그대로가 다 '참나'인 부처의 나툼이라는 주장은 망언(妄言)이다. 한 낱 양변(兩邊)의 경계(境界) 속으로 곤두박질친 미친 앵무새의 망동(妄動)에 지나지 않는다.

  죽은 자를 다시 죽여야 비로소 산자를 볼 것이요, 산 자를 다시 살려내
야 비로소 죽은 자를 볼 것이다. 진(眞)에 진(眞)이 있으면 진(眞)이 곧 망
(妄)이다. 망(妄)에 망(妄)이 없으면 망(妄)이 곧 진(眞)임을 즉시 요달(了
達)해 마쳐야 한다.

세상에 존재하는
네 가지 관계

세상에는 네 가지 관계가 존재한다.

동물들과 같은 약육강식(弱肉強食)의 관계가 그 첫 번째다. 옳고 그르고를 떠나 강한 놈만이 옳고 강한 놈만이 누릴 수 있는 동물적 관계다.

두 번째는 일반적인 계약관계이다. 서로가 일정한 조건을 정해놓고, 그 조건에 따라 서로 주고받는 관계이다. 어느 일방이 강자인 듯 행동하면 관계가 일그러지고 중단되는 것이 특징이다.

스승과 제자의 관계가 세 번째 관계이다. 스승의 생각이 항상 옳을 뿐, 제자는 어떤 견해에도 집착하지 않는다. 제자가 자신의 생각을 고집하지 않고 비워낸 자리에 스승을 담아냄으로써 진정한 자기 자신을 찾아 홀로 우뚝 서게 되는 아름다운 관계이다.

　스승과 스승, 깨달은 자와 깨달은 자, 부처와 부처의 관계가 네 번째 관계이다. 말길이 뚝 끊어져 더이상 설명할 수 없는 언어도단(言語道斷)의 관계다. 서로가 서로를 볼 수도 없고 들을 수도 없는 관계다. 둘 아닌 관계로 관계라는 말조차 붙을 수 없다. 굳이 표현하자니 '관계없는 관계'라고 말하는 것뿐이다.

일즉다 다즉일

(一卽多 多卽一)

샤프펜슬이란 편리한 필기도구가 있다. 그럼에도 불구하고 연필은 초등학생부터 어른에 이르기까지 여전히 변함없이 폭넓게 애용되고 있다. 누구나 어린 시절 칼로 연필을 깎다가 한번쯤 손가락을 베어본 경험이 있을 것이다. 오른손잡이면 왼손엔 연필을, 오른손엔 칼을 쥐고 연필을 깎다가 왼손의 검지를 베이곤 한다.

왼손은 상처를 입힌 오른손에게 절대 복수하는 법이 없다. 자신이 베인 만큼 오른손을 베는 짓은 결코 하지 않는다. 그것은 손의 차원에선 왼손과 오른손이 각각 별개의 것이지만, 더 큰 몸의 차원에선 두 손 다 자신의 일부분이기 때문이다.

왼손과 오른손이 하나의 몸일지라도 상처를 아물게 해줄 연고를 바를

귀로 보고, 눈으로 듣는다

때는 구별해야 한다. 왼손과 오른손은 각각 별개로 반드시 칼에 베인 왼손가락에 연고를 발라야 한다. 발가락에 연고를 바르면 아무 효과가 없다.

왼손 오른손의 구분을 넘어서 모두가 내 몸이듯 너와 나의 대립-반목을 넘어선 다즉일(多卽一)의 세계가 있다. 그러면서도 왼손은 왼손이고 오른손은 오른손인 일즉다(一卽多)의 세상도 있다. 다즉일의 세계와 일즉다의 세상을 자유롭게 넘나들 수 있어야 비로소 걸림 없는 수행자(修行者)라고 할 수 있을 것이다.

부동심과
이순(耳順)

복잡한 만원(滿員) 전철 안에서 누군가가 심하게 술에 취한 채 흥분된 목소리로 자신의 이름을 거론하며 욕을 하는 소리를 듣는다면 어떤 생각이 일까?

술에 취한 승객이 거명한 이름을 자기 자신과 동일시(同一視)하면서 '어떤 놈이 내 욕을 하지?' 하는 생각이 일어난다면 니르바나(涅槃, Nirvana) 언덕까지 가야할 길이 아주 멀다는 뚜렷한 증좌(證左)다.

취객이 언급한 이름을 듣고도 '나는 아닐 거야'라며 별 대수롭지 않게 받아들이면서도 은근히 신경 쓰며 소리 나는 쪽으로 고개를 돌린다면 처음 보다는 낫지만 역시 니르바나 언덕과는 거리가 멀다. 동명이인(同名異人)일 것이라고 생각하며 애써 외면하는 것 또한 마찬가지다.

귀로 보고, 눈으로 듣는다

취객이 아무리 자신의 이름과 동일한 이름을 부르며 고래고래 욕을 한다고 해도 한낱 세 치 혀로 일으키는 바람 소리로 흘려보낼 수 있어야 한다. 세상을 삼킬 듯 거세게 울부짖는 태풍 소리와 자신을 동일시하지 않듯이, 특별히 신경을 곤두세우는 일 없이 무덤덤할 수 있어야 한다.

이것이 바로 공자님께서 육십에 증득했다는 귀가 순한 이순(耳順)이며, 달마스님께서 말씀하신 밖으로 모든 인연을 쉬고 안으로 마음의 헐떡거림이 없는 외식제연(外息諸緣) 내심무천(內心無喘)의 경지이다.

벼는 익을수록
고개 숙인다

못자리판에서 논으로 이앙((移秧)된 어린 볏모들이 땅속 깊숙이 뿌리를 내리고 있다. 고개를 꼿꼿이 치켜세운 채 생명력으로 넘쳐나고 있다. 벼는 익을수록 고개를 숙이지만, 익기도 전에 고개를 숙이는 일은 없다.

고개를 꼿꼿이 세우고 무럭무럭 자란 뒤 누렇게 익은 벼가 되면 저절로 고개가 숙여지는 것이다. 일부러 애써 고개를 숙이는 것이 아니다. 벼가 익기도 전 고개를 푹 숙인다면 문제가 심각하다. 잘 자라는 것이 아니다. 병든 벼가 분명할 것이다.

사람도 벼와 마찬가지다. 진정 상대방을 인정하고 존경함으로써 절로 고개가 숙여지는 것이다. 그러나 속마음은 전혀 아니면서도 짐짓 상대를 배려하는 듯 고개를 숙인다면 이는 무늬뿐인 배려다. 가식적이고 위선적

귀로 보고, 눈으로 듣는다

인 처세술에 다름 아닐 것이다.

노자는 도덕경을 통해 다음과 같이 말했다.

"위에 서고자 하면 말을 낮추고, 앞서고자 하면 몸을 뒤에 둬라."

그러나 얄팍한 처세술 차원에서, 위에 서고 앞서기 위한 수단으로 행하는 작위적(作爲的)인 낮춤과 뒤에 둠이라면, 이 또한 교활하게 높이고 앞서는 짓에 다름 아니다.

심왕(心王)을
만나다

사람은 누구나 의식 깊숙한 곳에 조상 대대로 이어져 내려오는 염원을 가지고 있다고 한다. 조상대의 풀지 못한 업식(業識)이 제8 아뢰야식에 그대로 대물림된다는 뜻으로 확대 해석할 수도 있다. 이같은 맥락에서 내면의 의식작용이 현실이라는 홀로그램을 창조한다는 정신-심리학계의 주장은 불교의 '일체유심조(一切唯心造)' 법문과 크게 다르지 않다.

내면의 소원이 현실로 이뤄지는데 걸리는 시간은 소원하는 의식 에너지의 세기에 반비례한다. 강력하게 소원하면 하루만에 이루어질 일도, 소원하는둥 마는둥 하면 1년이 지나도 이루어지지 않는다. 의식의 가장 깊숙한 심연에 닿을만큼 사무치게 소원하는 일일수록 이루어질 가능성이 높다.

귀로 보고, 눈으로 듣는다

비유컨대 어느 회사와 컨소시엄으로 거대한 프로젝트를 진행하려고 한다. 이때 그 회사의 말단 직원보다 회장을 만나 담판을 짓는 것이 가장 강력하고 효과적이다. 소원을 성취하는 것 또한 마찬가지다. 마음속 깊은 곳에 있는 심왕(心王)을 만나는 것이 소원을 이루는 지름길이다. 심왕이 오케이 사인을 하거나, 결제 도장을 찍기만 하면 일사천리로 진행된다.

어떻게 하면 무소부재하고 전지전능한 심왕을 만나, 원하는 모든 일들을 원만 성취하며 행복한 삶을 살 수 있을까? 간절히 소원하고 또 소원해야 한다. 간절하게 소원함이 지극해져서 소원하는 '나'와 이루고자 하는 소원마저 사라지면 비로소 심왕(心王)이 그 모습을 드러낼 것이다.

현미경으로
숲을 보려고 하는가

요즘은 모든 면에서 유행의 주기가 짧아진 듯하다. 남녀를 불문하고 특히 민감하게 유행을 타는 분야가 패션 쪽이 아닐까 생각된다. 대중적 유행을 좇지 않으면 불안해하고 혼자서만 뒤쳐진다는 생각을 하는 것은 아직 사춘기적 감성을 벗어나지 못했다는 뚜렷한 증거다.

봄과 여름, 그리고 가을과 겨울 각각의 계절에 따른 기후 등 제반 외부 환경으로부터 몸을 보호하는 것이 옷의 본 목적이다. 그런데도 불구하고 유행이 어떻고 컨셉과 옷맵시가 어떻고 등을 중시(重視)하며 생각의 덫에 걸려있다면 즉시 알아차리고 벗어나야 한다. 전 세계에 몇 개밖에 없는 한정판이라며 열광하는 짓도, 세상에 단 하나뿐인 돌덩어리라며 수억을 지불하고 수석(水石)을 사들이는 짓도, 골프공을 멀리 보내는 신소재도 아닌 번쩍이는 다이아몬드를 손잡이에 박아넣고 명품이라고 자랑하는 짓도 사라져야 한다. 저 혼자만 특별해지려는 어리석음의 극치이기 때문이다.

외제차 열풍도 크게 다르지 않다. 롤스로이스가 되었건, 벤츠가 되었건 그 차만이 갖는 기능적인 장점 및 특징을 고려한 실질적인 필요 때문이라면 몰라도, 외제차를 탄다는 상(相)을 내세우며 우쭐해하기 위해서라면, 그같은 짓을 하는 것이야 말로 한심스러울 만큼 못나고 어리석은 짓임을 즉시 알아차려야 한다. 명분을 무시하면서 실재만 중시하고 실재만 중시하면서 명분을 무시하자는 말이 아니다. 명분과 실재를 아우르되 본 목적에 충실한 진정성 있는 삶을 살아야 한다는 말이다. 수행자라면 더더욱 그렇다. 숲을 보지 못하고 나무를 보지 못하는 사실보다도 더 우리를 슬프게 하는 것은 나무를 보려고 비싼 망원경을 샀다며 뽐내거나, 숲을 보기 위해 비싼 현미경을 구입했다고 자랑하는 졸부와 그를 부러워하는 가난뱅이의 어리석음이다.

일체유심조
망상

배가 고파서 꼬르륵 소리가 나는데도 불구하고, '배가 고프지 않다고 생각하면 배가 고프지 않게 된다'고 착각하면서 이같은 어리석은 짓을 일체유심조(一切唯心造)라고 주장하는 수행자들을 가끔 본다.

모든 것이 마음먹기에 달렸기에 아무리 몸이 아파도 아프지 않다 고 생각하는 즉시 정말 아프지 않게 된다면 얼마나 좋을까? 결론부터 말한다면, 배에서 꼬르륵 소리가 나면서 굶주림에 시달리고 있는데도 배가 고프지 않다고 생각을 하는 짓은 일체유심조가 아니다. 손바닥으로 하늘을 가리며 배가 고프지 않다는 망상을 피우는데 정신이 팔려, 배고픈 몸 하나 돌보지 못하고 있는 것에 다름 아니다. 배고픔을 해소하는데 아무런 도움이 되지 않는 어리석은 짓일 뿐이다.

귀로 보고, 눈으로 듣는다

'일체유심조'는 마음으로 원하는 바와 현상 세계가 필요충분조건일 경우에 성립되는 말이다. 마음으로 원하는 바가 그대로 현상세계이고, 현상세계가 그대로 마음이 지은 바로서, 마음과 현상세계가 둘 아닌 것을 굳이 말로 표현하자니 일체유심조라고 한 것이다. '마음으로 원(願)을 발하고, 그것이 원인이 되어서 일정한 시간이 지남에 따라 마음이 현상세계라는 결과로 발현된 것 즉, 일체의 현상 세계는 근원자적인 마음이 지은 것'이란 의미로 일체유심조에 시간을 덧씌워 이해하는 것 또한 타인은 고사하고 자기 자신조차 구제하기 어려운 망령된 알음알이에 지나지 않는다.

일체유심조는 일체와 마음이 둘 아닌, 색즉시공(色卽是空) 공불이색(空不異色)의 원융무이(圓融無二)한 법성(法性)을 설명한 말이면서, 그 자체가 그대로 법성이라는 것을 요달(了達)해야 한다.

천의무봉의
기교

천의무봉(天衣無縫)이라는 말이 있다. 선녀의 옷에는 바느질한 흔적이 없다는 뜻이다. 인위적인 어떤 옷도 걸치지 않은 채 태고의 알몸을 그대로 간직해야 선녀(仙女)다. 천의무봉이란 말은 성격이나 언동 등이 조금도 꾸밈이 없고 자연스러움을 지칭할 때 주로 쓰인다. 시나 문장 및 붓글씨 등이 기교를 부린 흔적이 없이 아주 천연(天然)할 경우에도 쓰이는 말이다.

일전에 우연히 서예 전시회에 갔다가 어느 한 작품 앞에 몇몇 분이 모여 있는 것을 보았다. 그 중 한 분이 천의무봉한 글씨체라며 감탄하는 소리가 들렸다. 어느 지점에 걸려있는 작품인지를 눈여겨보았다가 그 작품 앞에 멈춰 서서 감상을 했다. 예서도 초서도 아니고 딱 뭐라고 하기 애매했다. 그렇다고 전통적인 왕희지체나 구양순체와는 더욱더 거리가 멀었다. 그림과 글씨의 경계를 넘나드는 듯 했다. 한 작가의 세 작품이 연속으로 걸려있어서 더욱더 자세히 감상할 수 있었다.

작가의 의도는 이해가 되었다. 어떠한 형식이나 틀에도 얽매임 없이 마음가는대로 쓰는 도필(道筆)을 지향하는 듯 했다. 그러나 아무리 살펴보아도 일기가성(一氣呵成)의 천의무봉과는 거리가 있었다. 여기저기 바늘로 꿰매고 수선한 흔적들이 역력했다. 도필의 전제 조건은 단 하나다. 어떤 형식이나 기교에도 물들지 않은 마음이 끊어짐 없이 붓을 통해 화선지 위로 옮겨져야 한다는 것, 이 밖에 아무것도 없다. 형식을 벗어난 것처럼 조작하고 기교를 부리지 않은 것처럼 꾸미는 짓은 결코 천의무봉이라 할 수 없다. 도필(道筆)은 쓰려는 자가 사라질 때 비로소 가능하다. 의도를 가지고 애써 쓰거나 흉내낼 수 있는 글씨가 아니다.

심령이
가난해야

"나더러 주여 주여 하는 자마다 천국에 다 들어갈 것이 아니요, 다만 하늘에 계신 내 아버지의 뜻대로 행하는 자라야 들어가리라."

일반인들에게까지 널리 알려진 성경의 유명한 구절 중 하나다. 그런데 하나님 아버지 뜻대로 행하기가 어디 쉬운 일인가? 행하기 이전에 무엇이 하나님 아버지의 뜻인지 알기는 더욱더 어렵다. 무엇이 하나님 아버지 뜻인지, 무엇이 옳은지를 꿰뚫어 볼 수 있는 정견(正見)이 팔정도(八正道) 수행의 근간이 되는 것도 이같은 이유 때문이다.

정확하게 보고 안다면 자연스럽게 행(行)으로 이어지게 된다. 그러나 단지 안다는 생각을 할 뿐 실상을 꿰뚫어 보는 정견이 이뤄지지 않으면 정행(正行)으로 이어지기 어렵다. 무엇인가를 안다는 자신의 주견에 따

귀로 보고, 눈으로 듣는다

라 어떤 행동을 한다고 해도 그것이 제대로 이루어질리 없다. 다시 되돌
아와야 할 길을 멀리 간 것만 아니어도 다행이다.

정견(正見)이 가능하기 위해선 태어나기 이전의 업식(業識)은 차치하
고라도 태어나면서부터 이 세상과 우리 사회가 프로그래밍한 매트릭스
와, 자기 자신이 스스로 구축한 생각의 덫으로부터 벗어나야 한다. 알게
모르게 뒤집어쓴 모든 가면과 껍데기를 벗고 알몸으로 거듭날 때 비로
소 꼭두각시놀음을 멈추고, 업식의 노예와 다름없는 아바타 신세를 면하
게 된다. 모든 업식에서 벗어난 심령이 가난한 자가 되어야 비로소 천국
의 문 안으로 들어설 수 있다. 세상의 모든 인간관계 및 이해관계로부터
자유롭게 풀려난 영혼만이 그동안 자신을 짓눌러 왔던 세상의 무거운
업력을 벗어던지고 공중 들림의 휴거를 통해 천국을 소유하게 된다.

윤회란
무엇인가?

사람이 죽은 뒤 그 업(業)에 따라서 또 다른 세계에 태어난다는 윤회(輪廻)는 진실인가? 거짓인가?

결론부터 말하면 윤회가 있다거나 없다는 결론을 내리는 것은 무의미하다. 있다고 해도 삼십 방망이를 맞아야 하고, 없다고 해도 삼십 방망이를 맞아야 한다. 있는 것도 아니고 없는 것도 아니라고 한다면 육십 방망이를 맞아야 한다.

유무(有無)는 생각놀음일 뿐이다. 있고 없음은 하나의 경계로 양변(兩邊)에 다름 아니다. 막연히 윤회가 있다고 믿는 것은 실재하지 않는 신기루를 붙잡으려는 것처럼 어리석은 짓이다. 윤회가 없다고 믿는 것은, 이미 윤회란 이런 것이란 견해를 세워놓고, 그같은 윤회를 인정한 기반 위

귀로 보고, 눈으로 듣는다

에서 영구가 '영구 없다'를 외치는 잠꼬대일 뿐이다.

꿈에서 깨어나지 못한 자에겐 꿈속의 상황이 그대로 현실이듯이, 꿈꾸는 자에겐 전생도 있고 내생도 있다. 멀리 갈 것도 없이 어제가 전생이고, 내일이 내생이다. 어제 심하게 다툰 사람을 만났을 때 서먹서먹하다면 어제라는 전생의 일에 영향을 받고 있는 것이다. 꿈에서 깨어나지 못한 채 어제라는 전생의 영향을 받는 '나'가 있다면 내일이라는 내생도 당연히 있다.

꿈에서 온전히 깨어났다면, 꿈속의 일을 두려워 할 필요조차 없다. 어제 누군가와 심하게 다투었다고 해도 감정의 앙금이 완전 연소되어 다툰 '나'가 남아 있지 않다면 오늘 그를 다시 만난다고 해도 어제 싸웠다는 사실로부터 어떠한 영향도 받지 않는다. 오늘의 만남이 첫 만남이고 첫사랑이 된다. 어제라는 전생(前生)이 돈망(頓忘)된 것이다.

윤회가 있느니, 없느니 하며 한 생각 일으키는 것 또한 꿈속의 꿈일 뿐이다. 윤회는 나라는 아상(我相)이 일으키는 파도에 다름 아니다. '나'가 없으면 윤회가 있느니 없느니 조차 없다. 눈가에 졸음이 사라지면 꿈을 깰 필요조차 없다.

땅은 산을 받치고 있으나 산의 높이를 알지 못한다. 부처님께서도 과거심불가득(過去心不可得) 현재심불가득(現在心不可得) 미래심불가득(未來心不可得) 즉, 과거의 마음도 얻을 수 없고 현재의 마음도 얻을 수 없고 미래의 마음도 얻을 수 없다고 분명하게 말씀하셨다.

실상이 이러할 진대 윤회(輪廻)가 있는가? 없는가?

유(有)!

살불살조와
나 없음

오랜만에 모 불교 종단의 덕 높으신 스님과 수행에 열심인 거사님을 모시고 저녁 식사를 했다. 식사를 마치고 이런저런 얘기를 하던 뒤 끝에 거사님께서 불쑥 한마디 했다.

"스님들과 달리 재가불자들은 가정이 있다 보니 이것저것 걸리는 것이 많습니다. 집사람이 없다면 마음껏 수행할 수 있을 것 같기도 하고…… 집사람하고 사소한 문제들로 가끔 다투는데 어찌해야 합니까?"

스님은 즉시 거사님을 쳐다보며 다음과 같이 말했다.
"죽여 버리면 됩니다."

거사님이 조금은 의아한 듯이 되물었다.

"아니 마누라를 죽이라는 겁니까? 그게 무슨 소립니까?"

스님이 즉시 대답했다.
"그게 아니라 거사님이 죽어야 합니다."

스님의 두 번째 대답에 조금 흥분한 거사님이 되물었다.
"아니 스님께서는 무슨 말씀을 그렇게 하십니까? 죽으라니 그게 무슨 말이나 되는 소립니까?"

옆에서 조용히 듣고 있다가 거사님께서 평소 수행의 핵심으로 '나 없음'을 강조하던 생각이 떠올랐다. 그래서 즉시 스님을 향해 말했다.

"스님이 죽으라고 한 것은 '나 없음'을 말씀하신 거죠."

스님은 그렇다며 고개를 끄덕였다. 그제야 거사님도 무슨 말인지 알아들었다며 수긍함으로써 대화가 일단락되었다.

나를 죽이고 비워내는 것, 아공(我空) 및 '나 없음'의 의미를 잘 알아서 적재적소(適材適所)에 쓸 줄 아는 것도 중요하다. 그러나 그보다 더 중요한 것은 "죽여야 합니다. 죽어 버리세요"란 말을 쓰는 순간, 자신이 알고 있는 지식을 습관적으로 내뱉는 앵무새가 아니라 참으로 '나'가 죽은 '나 없음'의 마음으로 '소리 없는 소리'를 내는 일이다. 그래야만 상대와

귀로 보고, 눈으로 듣는다

하나될 수 있다. 듣는 사람 또한 마찬가지다. 나 없음의 표현에도 죽이라는 표현에도, 익숙하거나 서투름이 없는 '나 없음'의 마음으로 상대와 둘아닌 '소리 없는 소리'를 들을 수 있어야 한다. 그래야지만 비로소 귀로보고 눈으로 듣는 눈 밝은 지음자(知音者)라고 할 수 있다.

금수봉
하산 길에서

계룡산을 지척에 두고도 눈요기만 한 채, 계룡산보다 산행시간이 비교적 짧은 도덕봉을 경유해 금수봉 정상을 밟고 하산했다. 하산 길에서 예닐곱 살 정도로 보이는 사내아이를 보았다. 그 아이가 자신보다 4~5미터 앞서서 산을 오르는 30대 중반의 남자에게 약간은 볼멘소리로 말했다.

"아빠! 왜 그렇게 빨리 가?"

누가 그 아들에 그 아빠가 아니랄까봐 아들의 말이 떨어지자마자 아이의 아빠는 즉시 되받아쳤다.

"야 인마, 네가 늦게 오는 거지!"

귀로 보고, 눈으로 듣는다

아들은 아빠가 너무 좋아서 그같은 말을 한 것일까? 잠시라도 아빠와 떨어지는 것이 싫어서 아빠의 옆에 꼭 붙어있고 싶었던 것일까? 아니면 어린 나이지만 벌써 수컷의 본능이 꿈틀거리며 또 다른 수컷인 아빠에게 뒤쳐지고 있다는 사실이 순간적으로 못마땅했을까? 특히 산을 오르내리는 많은 사람들에게 자신의 뒤쳐진 모습을 보이는 것이 창피했는지도 모를 일이다.

무슨 마음에서, 어떤 기준으로 아빠의 발걸음이 빠르다는 결론을 내리고, 헐떡거리며 산을 오르는 힘겨운 와중에도 앞서 산을 오르는 아빠에게 뭔가 잘못이 있다는 듯이 불만을 표출하는 짓을 한 것일까?

자신의 아빠가 산 정상에 빨리 오르길 바라는 마음이었다면, 아마도 아들 녀석은 달리 말했을 것이다. "아빠, 왜 그렇게 늦게 가?"라며 아빠의 발걸음을 재촉했을 것이 뻔하다. 보지 않아도 눈에 생생하다.

금수봉 하산 길에서 만났던 녀석이 늦으니 빠르니 저울질을 하면서 아빠의 산행 속도를 제 잣대로 재려하지 않고, 솔직하게 제 입장만 말할 수는 없었을까?

"아빠, 저는 너무 힘들어서 천천히 뒤따라 올라갈게요" 그것도 아니면 "저만 혼자 뒤쳐지니까 등산하는 기분이 별론데요. 남들 보기에도 좀 창피해요. 저를 위해 조금만 더 천천히 올라가주실 수 있어요? 그렇게 해

주시면 좋겠어요."

어린아이에게 이 정도의 용심(用心)을 바라는 것은 너무 지나친 욕심
일까?

귀로 보고, 눈으로 듣는다

속리산(俗離山), 山不離俗(산불리속),

속세가 산을 떠났을 뿐, 산은 세속을 떠나지 않았다

고양이는 야옹,
개는 멍멍

　모든 사람들이 고양이가 '야옹'하고 개가 '멍멍'하는 것에 대해 이의를 제기하지 않는다. 그러면서도 대개의 사람들은 주변의 인연들이 자신의 입맛에 딱 맞는 말을 해주길 바란다. 자신이 듣고 싶은 말을 해주면 기분 좋아하며 만족해한다. 자신이 듣기 싫어하는 말을 하면 기분 나빠하며 불만을 표출한다.

　특히 가까운 사이일수록 말뿐만 아니라 행동까지도 자신이 원하는 바대로 상대가 이렇게 저렇게 해주길 바란다. 부부사이라면 서로 의 당연한 권리며 의무라고까지 생각하는 경우도 종종 있다. 이같은 생각은 상대방이 자신이 원하는 말과 행동이 아닌 다른 말과 행동을 할 경우, 마치 상대가 큰 잘못이라도 한 것처럼 서운해하고 불만을 토로하거나 분노케 하는 원인이 된다.

귀로 보고, 눈으로 듣는다

자신의 요구 조건이 절대적으로 관철되기를 원하면서도, 상대방이 자신의 요구 조건에 대해 과하다고 판단을 내린 뒤, 더이상 요구하지 않기를 바란다는 의사를 전달해 오면, 못내 서운해 한다. 정작 자기 자신은 상대방의 요구를 인정하고 받아들이려 하지 않는다. 가까운 사이일수록 배려와 존경의 마음이 관계의 중심축이 되어야 하다. 그럼에도 불구하고 가깝다는 핑계로 당연하다는 듯이 자기중심의 무리한 요구를 한다면, 부부사이가 되었건 친구사이가 되었건 상대를 진정으로 사랑하는 것이 아니다.

　상대방을 사랑하는 것 같은 표정을 지으며 상대에게 도움이 되는 행동을 할지라도, 그같은 행동의 밑바탕은 자기애(自己愛)에 다름 아니다. 자신의 필요를 충족시켜주는 상대의 쓰임을 애지중지하는 것은 자기 자신의 행복이 목적일 뿐이다. 상대방은 자신의 목적을 성취하기 위한 수단에 지나지 않는다. 유난히 더위에 약한데 한여름 자동차 에어컨의 냉기가 너무 약하다며 서둘러 냉매를 보충한다. 이같은 일련의 행위는 자동차나 자동차의 에어컨을 사랑하는 것이 아니다. 고장 난 세탁기를 신속하게 수리하는 것은 세탁기를 위해서가 아니다.

　가까운 사이일수록 지나친 기대를 하며 상대방에게 부담을 주는 일은 없어야 한다. 상대방이 자신이 원하는 말과 행동을 해주길 바라는 마음이 있다면 자신이 먼저 상대방의 원하는 바를 들어 주기 위해 최선을 다하는 것이 현명하고 지혜로운 처신이다. 자기 자신의 마음조차도 제 마음대로 하지 못하면서 상대방의 마음을 제 마음대로 좌지우지하려 드는 짓은 지독히 이기적인 어리석음의 극치이다. 서로의 관계를 돈독히 하는 데 아무런 도움이 되지 않는다. 고양이가 야옹 하고 개가 멍멍 하는 것을 문제 삼지 않듯이, 김씨는 김씨 하고 박씨는 박씨 하며, 남편은 남편 하고 여편은 여편 하는 것을 문제삼지 않는 것만이 상대의 자발적 내혁(內革)을 촉발시키며 더불어 상생(相生)하는 길이다.

귀로 보고, 눈으로 듣는다

그림을
그런다는 것은

오랜 지인이 직업 화가이다 보니 그림을 감상할 기회가 종종 있다. 그 뿐만 아니라 주변 화가들의 근황에 대해서 듣는 일도 자주 있다. 국전에 입상하고 제자들을 키워내는 중견 화가들의 공통된 고민 중 하나가 창조적이고 발전적으로 화풍의 변화를 모색하는 일이다.

구상이든 비구상이든 유화든 수묵화든 그림을 그린다는 것은 무엇일까? 눈에 보이지 않는 자신의 마음을 눈에 보이도록 화폭위에 형상화하는 작업이다.

그렇다면 창조적이고 발전적인 화풍의 변화란 무엇일까? 단지 눈에 보이는 형태론적 변화에 그치는 것이 아니라, 화가의 마음이 보다 창조적으로 업그레이드되어야 비로소 화풍이 발전적으로 변화되었다고 말할 수 있을 것이다. 화풍을 바꾸고 싶은 욕심이나 바꿔야 한다는 강박증에서 애써 작위적으로 바꾼 것이라면, 겉옷만 바꾸어 입었을뿐 옷 속의 사람은 그대로인 것과 같다.

창조적인 업그레이드는 결국 어떠한 색깔에도 물들지 않은 내면의 심왕(心王)이 보다 더 훤칠하게 드러나는 것에 다름 아니다. 심왕이 확연하게 드러난다는 것은 화가의 마음이 생명의 본원인 순수의식과 연결된 채 발(發)해진다는 말이다. 그때 비로소 생명 에너지를 뿜어내며 무한 영감을 불러일으키는 세계적인 명화의 반열에 오를 수 있을 것이다.

그림이든 음악이든 춤이든 모든 예술은 색채, 선, 소리, 몸짓 등을 수단으로 예술가의 마음을 표현하고 전달하고 나누는 것에 다름 아니다. 시, 소설, 철학, 종교도 모두 마찬가지다. 예술가니 종교인이니 할 것 없이 그의 마음이 우주의식과 연결되어 순수한 생명의 불꽃으로 활활 타오르는지, 아닌지가 중요할 뿐이다. 그리고 그 불꽃의 크기와 순도가 바로 작품성이고 진정성이고 예술성이다.

모든 예술에 있어서 테크닉은 바로 예술가의 마음을 표현하는 수단이고 도구일 뿐이다. 중요한 것은 예술가의 마음이 생명력과 창조성으로 넘치는가 하는 문제이다. 영어로 자기 생각을 표현할 때, 일정한 수준의 어휘가 필요한 것은 사실이다. 그래야만 마음속의 하고 싶은 말을 정확히 표현하고 전달할 수 있다. 물론 뜻이 확고하기만 하면 언어를 몰라도 저절로 소통된다. 비구상 작품일지라도 작가의 생명에너지가 강렬하게 내재해 있다면 구상작품들보다 더 확실하고 정확하게 작가의 마음을 전달할 수 있다.

　어휘가 풍부하고 문법과 작문 실력 등이 아무리 뛰어나도 내면에 뜻이 없다면 할 말이 없다. 창조의 열정으로 가슴이 벅차오르지도 않는데 억지로 하는 말은 빈말이거나 거짓말이다. 아무리 그럴듯한 문장이라도 진실하지 못하면 말하는 내내 어떠한 감흥도 일어나지 않는다. 스스로가 감흥을 못 느낀다면 타인에게 어떤 감흥도 줄 수 없다. 예술작품도 마찬가지다. 내면의 생명력으로 넘쳐나는 창조의 불꽃이 아니라면 아무리 테크닉과 스킬이 뛰어난 작품일지라도 그림의 떡일 뿐이다. 타인은 고사하고 제 자신의 배고픔조차 해결하지 못한다면 죽은 예술이다.

옷이 너무 작아서
맞지 않으면

옷이 너무 작아서 몸에 맞지 않으면 어떻게 해야 할까?

그 옷을 크게 고쳐서 입으면 된다. 옷을 누군가에게 주거나 버리는 것
도 하나의 방법이다. 위의 두 가지 방법이 여의치 않다면 살을 빼서 옷에
몸을 맞추면 된다. 입지도 못하고 버리지도 못하면서 가끔 옷장 속에서
옷을 꺼내 보며 안타까워 할 필요는 없다.

절이 싫으면 중이 떠나야 한다. 그러나 절에 문제가 있다면 떠나는 것
만이 대수는 아니다. 절의 문제들을 차근차근 해결하고 계속 눌러 앉을
수도 있다. 그것이 불가능하다면 그때 가서 절을 떠나도 늦지 않다. 문제
를 해결하지도 못하고 떠나지도 못할 입장이라면 어떻게 해야 하는가?

현실 상황을 인정하고 받아들인 채 생활하면 된다. 절의 문제를 해결

하지도 못하고, 떠나지도 못하고, 받아들이지도 못한 채 매사에 불평불만이나 쏟아내면서 고통스럽게 생활한다면 그곳은 이미 절이 아니다. 그는 수행자가 아니라 절에서 제공하는 숙식(宿食)에 묶인 비렁뱅이일 뿐이다.

바다 한 복판에 길이가 오백여 미터에 이르는 배가 떠 있다. 배가 동쪽으로 가기를 바라는데 그 배는 서쪽으로 가고 있다. 어떻게 해야 하는가? 최소한 배 뒤쪽으로 끝까지 달려가서 선미(船尾)의 난간에 매달린 채 바다를 내려다 볼 정도의 열정은 있어야 한다. 그리고 더이상 동쪽으로 나아갈 수 없음을 확인했다면 미련 없이 배와 함께 서쪽으로 흘러가면 된다.

절이 싫으면 중이 떠나듯 배를 떠날 방법은 없는가? 떠날 필요 없이 배를 서쪽으로 향하도록 하는 길은 없을까? 배 뒤쪽 끝까지 뛰어가 선미(船尾) 난간에 서서 바다를 바라보고 더이상 동쪽으로 갈 길이 없다고 포기하지 말고 바다로 풍덩 뛰어드는 것이 기적을 일궈내는 연금술이다. 자신의 능력으로 헤엄쳐갈 수 있는 만큼이라도 동쪽으로 나아가겠다는 간절한 마음으로 바다로 풍덩 뛰어드는 순간 모든 문제들이 해결된다.

얼마나 헤엄쳐 가야 육지에 닿게 될지도 모르면서, 무모하고 무책임하게 삶을 포기한 채 바다 속으로 뛰어들어 목숨을 버리라는 말이 아니다. 심청이가 자신을 버리고 아버지를 위해 인당수에 뛰어들 듯이, '나'를 고

산과 바위 그리고 바다

집함 없이 텅 비워냄으로써 서쪽으로 가는 배도, 배가 동쪽으로 가기를 원하는 나도, 생사도, 동서남북도 모두 사라진 아공(我空) 법공(法空)의 '나 없음'을 증득하라는 말이다.

'나 없음'이 증득되면 아무리 파도가 거세도 바다로 뛰어들어 헤엄쳐 갈 수 있는 배짱과 용기로 충만하게 된다. 자신의 능력만큼 최선을 다해 헤엄쳐 가나가 도중에 힘이 부치면 아무런 미련 없이 죽음을 맞을 수도 있다. 모든 어려움을 이겨내고 끝내 육지에 닿을 수도 있다. 배에 온 몸을 내 맡긴 채 서쪽으로 항해하는 것을 즐길 수도 있다. 생사에 걸림 없는 '나 없음'의 마음이라면 기관실로 뛰어들어가 선장을 설득하거나 굴복시켜서 배를 동쪽으로 향하도록 하는 신통력(神通力)을 부릴 수도 있다. 이것이 바로 불보살님의 가피력이고 호법신장님들의 보살핌이며 성령의 역사다.

행복한 삶이란
무엇인가?

행복한 삶이란 무엇인가?

매 순간 순간 자신이 하고 싶은 것은 뭐든지 다 함으로써 더 이상바라는 것이 없는 원만 구족한 상태를 일러 행복한 삶이라고 할 수 있다.

불행한 삶은 무엇인가?

자신이 원하는 것을 하지 못해 뭔가 부족하고 결핍한 불만족의 상태를 불행한 삶이라고 할 수 있을 것이다.

매순간 자기 자신을 잃지 않고 고요하고 또렷하게 깨어서 자신의 능력으로 할 수 있는 일에 마음을 쏟는다면 무엇이든 뜻대로 이루며 행복한 삶을 살 수 있다. 욕심을 내서 분에 넘치는 능력 밖의 일을 한다면 원하는 바를 성취할 수 없다.

욕심으로 인해 좌절을 겪게 되면 화가 난다. 화의 불꽃에 휩싸이기 시작하면 걷잡을 수 없게 되고, 끝내 이성을 잃고 어리석어 진다. 욕심은 화를 불러오고, 화는 어리석음으로 이어지며, 어리석음은 다시 과욕을 불러일으킨다.

결국 욕심과 분노와 어리석음은 서로 서로를 자양분 삼아 끝없는 악순환을 반복하며 우리를 불행의 수렁으로 추락하게 한다. 욕심이 없다면 분수 밖의 일에 마음 낼 일이 없다. 분수 밖의 일에 마음을 빼앗기지 않으면 실패와 좌절로 화날 일이 없다. 화낼 일 없는 담연한 마음은 고요하면서도 또렷한 까닭에 어리석어지는 일이 없다.

욕심이 없으니 분수 밖의 것을 탐하지 않기 때문에 진정 하고 싶고 잘할 수 있고 상황에 딱 들어맞는 해야 될 일과 인연을 맺게 된다. 뭐든 인연 따라 원만 성취하며 안분자족(安分自足)하게 된다. 더이상 바랄 것이 없는 지복(至福)이 넘치는 행복한 삶을 누리게 된다.

그런데 욕심 없이 산다는 것이 그렇게 쉬운 일만은 아니다. 자기 자신을 알지 못한다면, 분수 밖의 욕심에 허덕이고 있는 것인지, 능력이 있음에도 불구하고 게으르고 소심한 마음으로 주변의 눈치나 보면서 잔뜩 움츠리고 있는지 알 수 없다. 자신이 호랑이인 줄도 모르고 여우 짓을 하고 있는 것인지, 여우인줄도 모르고 호랑이 가죽을 뒤집어쓰려고 애를 쓰며 헛고생을 하고 있는지 어찌 알겠는가?

그대는 호랑인가? 아니면 여우인가?

당신은 누구인가? 도대체 당신은 무엇인가?

EQ와
우뇌형 인간

언제부터인가 지능지수인 IQ 보다도 감성지수인 EQ가 더 중요한 것처럼 여기는 풍조가 만연되기 시작했다. 아이를 키우고 있는 부모들의 마음을 사로잡고 있는 것도 단연 EQ다. 아이가 좌뇌형 인간인가 우뇌형 인간인가에 대한 관심 또한 뜨겁다. 좌뇌가 발달한 사람은 논리적이고 분석적인 반면 우뇌가 발달한 사람은 감성적이고 직관적이며 창의적이라고 한다. 모두가 다 의미 있고 일리 있는 이론들이다.

그러나 IQ 보다 EQ를, 좌뇌의 기능보다 우뇌의 기능을 중시하는 행태는 물고기 잡는 새로운 방법에 대해서 듣게 되자 급 관심을 보이며 무조건 배우고 보자는 짓일 뿐이다. 전혀 직관적이지도 창의적이지도 않은 짓이다. 단지 내 아이가 다른 아이들에게 뒤처지지 않기를 바라는 욕심에서 뭔가에 쫓기듯 초초해하며 타인을 모방하고 답습하는 짓에 다름 아니다. 부모 스스로가 직관과 감성과 창의성을 계발하지 못한 채 아이들에게 EQ와 우뇌 개발에 초점을 맞춘 교육을 강요하는 것은 어리석은 짓이다. 그 자체가 EQ도 낮고 우뇌가 활성화되지 않는 사람의 전형으로 실효를 거두기 어려운 죽은 교육이기 때문이다.

EQ와 우뇌를 중시하는 교육은 피상적이고 작위적인 껍데기 교육일 뿐이다. EQ와 우뇌가 중요하다는 지식의 노예로 전락한 채 대중적 유행을 쫓고 있는 부모의 실질적인 모습이 아이들에게 그대로 옮아가게 된다. 시류(時流)에 휩쓸려 우왕좌왕하며 동물적 본능으로 세태를 는 행태가, 가장 본질적이고 실존적이면서도 자연스런 교육의 효과를 내기 때문이다.

부모가 허구한 날 부부싸움을 하면서도 아이들에게 친구와 싸우지 말고 사이좋게 지내라고 교육한다면 아이들은 무엇을 배울까? 친구와 싸우지 말고 사이좋게 지내라는 부모의 무미건조한 가르침을 배우기보다는, 부부간에 죽일 듯이 싸우면서 입으로는 친구와 사이좋게 지내라고 훈계하는 그 짓을 그대로 배울 가능성이 높다. 의도만큼은 가슴이 아프도록 훌륭하지만, 결과는 아이에게 위선과 이중인격을 배워줄 가능성마저 배제할 수 없다.

부모는 경제활동에 전념한다는 핑계로 나날이 새로워지고 발전하기 위한 어떠한 노력도 하지 않으면서, 자식에게만 새롭고 발전적으로 변모할 것을 요구한다면 이미 교육이 아니다. 가르친다는 것 이 잘못된 부분인 가를 쳐내는 것이라고 한다면, 자식에게 가를 쳐내라고 일러주는 것만이 아니라, 부모 자신이 먼저 솔선수범해서 자신의 잘못된 가를 쳐내는 것이 진정한 산교육이다. 각양각색의 학원들이 인성교육에서부터 창의성교육까지 모든 교육을 책임질 것처럼 큰소릴 치고 있다. 그러나 가정교육은 도외시한 채 학원교육만으로 훌륭한 교육이 이뤄지기는 어렵다. 부모의 생활 모습을 통한 생생한 가정교육이 모든 교육의 근간이 된다는 사실은 동서고금을 통해 변하지 않는 진리다. 부모가 언제나 배우는 자세를 잃지 않고 나날이 새로워지고 발전하기 위해 노력하는 모습을 보이는 것이 가장 위대한 자녀교육법이다.

TV 속에서
TV 보는 것을 보다

열정, 그리고 청춘의 끓는 피, 천국의 사랑보다도 더 뜨겁던 어느 해 여름밤의 일탈. 기억의 창고에선 순식간에 튀어 나오는데 생각 해 보니 벌써 30여년이나 지난 일이다.

한잔만 마시면 곧바로 영혼의 비상(飛翔)을 가능케 해준다는 데낄라. 50여 도를 상회한다는 그 독한 술을 초저녁부터 새벽녘까지 벌컥대며 시공을 끊어버렸던 추억이 버무려져 있는 대학로를 찾았다. (당시 유행하던 뉴에이지 바람을 타고, 출간됐던 카를로스 카스타네다의 〈돈 후앙의 가르침〉에 나오는 얘기를 근거로 용설란이란 선인장으로 만든 데낄라를 마시면 깨달음의 경지와 유사한 영혼의 자유를 만끽한다고 해서 유행했었음) 오랜 지인 중 하나가 어찌 어찌 연극판과 인연이 닿았고, 그이와의 인연이 나비효과를 일으킨 탓일까? 종로 피마골에서 시작된 추억 여행이 동숭동 연극 골목까지 이어졌다. 그리고 결국엔 팔자에 없는 연극 관람까지 하게 됐다.

연극 내내 주인공 역을 맡은 배우는 뭔가 1% 부족한 것 같은 느낌을 주었다. 의기소침해 있는 것 같기도 하고, 왠지 움츠려든 채 설익은 연기를 하는 것 같기도 했다. 그를 지켜보는 관객들이 언뜻언뜻 실망의 모습을 감추지 못하는 듯 했다. 연극이 끝난 뒤에는 이전 동일 작품에서 열연했던 다른 배우의 연기력과 비교를 당하기도 했다. 연극을 관람한 많은 사람들이, 그 연극의 주인공역을 소화해 내기 위해 배우가 갖춰야만 하는 이런저런 조건들을 언급하며 이야기꽃을 피웠다.

내 입장은 달랐다. 연극에 대해 문외한인데다가 처음 보는 연극인 탓에, 다른 배우가 주인공 역할을 어찌 소화했는지 전혀 모르다 보니, 과거의 주인공과 비교하는 생각조차 일어날 여지가 없었다. 그러다보니 나름 열심히 하면서도 기가 죽은 듯 진땀을 흘리며 뭔가 어색한 듯 연기를 하는 주인공과 그를 바라보는 관객들, 그리고 연극이 끝나고 난 뒤 관객들의 술렁임 등등 공연장 안팎에서 벌어지는 모든 상황이 눈에 들어왔다. 무대 위의 연극보다도 더 생생하게 살아 숨쉬는 무대 밖의 더 큰 한편의 연극까지 흥미진진하게 볼 수 있었다.

어찌 되었든, 그 배우는 자신의 역할에 나름 최선을 다했고, 그 배우가 주연한 연극을 보는 관객들은 각자 각자가 움켜쥐고 있는 잣대를 충실하게 휘두르며 감상평을 즐겼을 뿐이다. 그리고 나는 처음부터 끝까지 그런 모든 상황을 빠짐없이 지켜보았다. 대본 없이 무대 안팎을 아우르며 진행되는 또 한편의 연극을 즐기느라 여념이 없던 나, 그같은 배역을 맡은 나까지 포함한 더 큰 무대 위의 더 큰 연극의 연출자는 누구일까?

문 닫으면
곧 청산

오랫동안 알고 지내던 보살님으로부터 전화가 왔다. 도시 근교의 전원 주택으로 이사를 가게 되었다며 이사 후 짐이 정리되는대로 연락을 할 테니 놀러 오라는 초대의 말도 잊지 않았다.

얼마 지나지 않아 초대의 전화를 받고 보살님께서 이사한 집으로 집들이를 하러 갔다. 아담한 산자락 아래 자리잡은 탓인지, 집 앞으로 실개천이 흐르는 탓인지 제법 운치가 있었고, 집들이 내내 자연을 마음껏 호흡하기에 충분했다.

별채는 시를 쓰시는 보살님의 마음처럼 단아하고 정갈하게 꾸며져 있어 늘 마시던 작설차의 빛과 향이 한층 더 맑고 깨끗하게 느껴졌다. 오랜만에 차 소리, 가로등 불빛을 벗어날 수 있었다. 집들이를 마치고 나올 때는 밤하늘에 초롱초롱 떠 있는 별까지 가슴에 품어 보는 호사를 누릴 수 있었다.

그로부터 3개월여가 지난 어느 날, 보살님으로부터 전화가 왔다. 무슨 일인지를 모르지만 격앙된 목소리가 느껴졌다. 미루어 짐작컨대 뭔가 좋은 일은 아닌 듯 했다. 사연인 즉, 보살님네 집에서 그리 멀리 떨어지지 않는 곳에 조그만 식품 공장이 들어섰다는 것이었다. 그리고 그 공장 마당에서 보면 보살님 네 정원이 훤히 내려다보인다고 했다. 그리고 점심 때면 공장 마당에서 직원들이 모여 족구 등 운동을 하며 왁자지껄 하는 통에 시끄러워서 시를 쓸 수 없다는 불만을 토로했다.

보살님의 성격이 예민하고 귀까지 밝은 탓에 십분 이해가는 일이지만 얘기를 다 듣고 난 후에도 실질적으로 도움을 줄 별 뾰족한 수가 떠오르지 않았다. 다만 보살님께서 아침마다 새들이 정원으로 날아들어 지지배배 지저귀는 소리에 너무너무 행복하게 잠을 깨곤 한다며 산새들이 그렇게까지 사랑스러운지, 오염되지 않은 자연의 소리가 그렇게 좋은 줄 몰랐다고 자랑하던 것이 기억났다. 그래서 숙제를 내주었다. 공장의 직원들이 멀리서 보는듯 마는듯 하는 것은 신경이 쓰이는데 반해 집안에까지 찾아온 산새들은 어째서 기분이 좋은 친구로 생각되는지, 산새 소리에 깨어나서 아침을 맞는 것은 그토록 행복하면서 어째서 사람들의 목소리는 소음으로 들리는지, 그리고 자연(自然)의 소리란 무엇이며 사람은 자연의 일부분인지 아닌지 등을 탐구해 보라는 것이 보살님을 위

귀로 보고, 눈으로 듣는다

한 복잡한 숙제였다.

많은 사람들이 자연(自然)과 인위(人爲)를 차별하며 전원주택을 지어서 도심을 벗어나고 있다. 좋은 공기를 마실 수 있다는 사실만으로도 도심에서는 얻을 수 없는 소중한 것을 얻는 것이다. 이것은 틀림없는 사실이다. 그러나 자연을 누리려는 소박함조차도 욕심이다. 그래서 그 욕심이 기대치에 못 미치면 불평불만을 터트리며 힘들어할 수밖에 없다.

서산대사께서 읊으신 창가의 달빛과 텅 빈 베갯머리, 끝없는 솔바람 소리가 들려주는 천상의 오케스트라는 단순히 산속이라는 환경에서 생활한다고 해서 누릴 수 있는 것이 아니다. 하늘이 주는 선물은 자연이니 인위니 하는 분별을 여읜 마음만이 받을 수 있다. 달리 말하면 산속과 도심, 달빛과 번쩍거리는 네온 불빛, 자동차 소음과 솔바람 소리에 두 토막나 지 않은 그 마음이 바로 하늘이 주는 최고의 선물이다.

축지법의
비밀

축지법(縮地法)을 글자 그대로 단순 해석하면, 땅을 접어서 거리를 단축한다는 의미다. 예컨대 서울서 부산까지 기차여행을 한다고 가정해 보자. 거리가 400킬로미터라면, 시속 100킬로미터의 속력으로 달릴 경우 4시간이 걸릴 것이다. 물론 중간중간 멈춰 서는 정착역은 없다는 전제 하에 단순하게 산출된 시간이다. 이때 뭔가 신통력을 부려 서울 부산간의 거리를 100킬로미터로 단축시키고 1시간 만에 기차여행을 마친다거나 더욱더 신통력을 부려 마음을 먹는 즉시 도착지인 부산역에 당도하는 순간이동보다 더 멋진 축지법은 없을까? 서울서 부산으로 가는 기차에 몸을 실은 승객들의 마음은 크게 두 가지로 대별할 수 있을 것이다. 첫째, 서울 총각이 10년 동안 펜팔을 해오며 오매불망 그리워하던 부산 아가씨를 만나러 가는 경우처럼, 서울역에서 기차에 올라타자마자 마음이 부산역의 애인에게 가있어, 지척이 천리고 일각이 여삼추인 경우

귀로 보고, 눈으로 듣는다

가 있다.

둘째, 도살장에 끌려가는 소처럼, 부산역에 도착하는 순간이 생의 끝자락이란 생각에 두려움에 떨고있다면, 그래서 조금이라도 더 기차여행을 늘리고 싶은 마음이라면, 부산역까지의 거리가 너무도 짧게 느껴질 것이다. 시간이 빛살보다 더 빠름에 아찔하기까지 할 것이다.서울서 부산까지의 실제적 거리는 동일한데, 여행자의 마음가짐에 따른 심리적 시간과 거리는 사뭇 다름을 알 수 있다. 그런데 서울역에서 기차에 올라탄 후 어느 한 순간도 부산역에서 기다리고 있는 애인에게 마음을 빼앗기지 않는다면, 또한 부산역에 도착하는 순간 맞게 될 죽음을 두려워하지도 상관하지도 않는다면, 매 순간 순간이 경유지인 동시에 목적지라면, 시간에도 공간에도 전혀 영향 받지 않는 진정한 축지법을 쓸 수 있다면 어떻게 될까?

기차여행을 하며 부산역까지 가는 내내 차창 밖 풍경과 시끌벅적한 기차 안 여행객들의 말소리와 얼굴 표정 등 그때그때 자신이 서있는 모든 곳에서 모든 것들과 온전히 하나됨으로써 시간과 거리로부터 자유로운, 지복으로 넘쳐나는 풍요로운 삶을 누리게 될 것이다. 이리저리 잔재주를 피워 땅을 접는 수고로움이 아니라 시간과 공간을 초극(超克)하는 진정한 축지법이야말로 신나는 여행과 행복한 삶을 담보해낼 수 있는 유일무이한 신통력이기 때문이다.

시간과 공간을 끊어내는 축지법을 터득해야만, 경부선 기차가 잠시 정차하는 대전역에서 뜨거운 김이 모락모락 피어나는 우동 한 그릇을 제대로 먹을 수 있다. 그리고 비로소 우동의 맛이 남산에서 숯 굽는 맛이라는 사실도 몰록 깨닫게 될 것이다.

달마도의
진실

언제부터인가 달마도가 수맥차단 용품으로 인기를 끌고 있다. 달마도
에는 수맥을 차단하는 힘이 있는가? 없는가?

결론부터 말하자면 있기도 하고 없기도 하다. 무슨 말인가?

달마도에 대한 믿음이 있다면 분명 효과가 있다. 그러나 달마도에 대
한 믿음은 업고 두려움 내지 혐오감을 갖는다면 오히려 역효과만 있다.

달마도가 수맥을 차단해 줄 것이라는 믿음을 가질 경우 효과가 있는
것은 어떤 까닭인가? 예를 들어 수맥파의 세기가 10이라고 할 때 달마도
를 걸어 놓는다고 해서 그 힘의 세기가 9나 8로 줄어들지 않는다. 그럼
에도 불구하고 효과가 있는 것은 분명하다. 수맥파의 세기는 그대로이지
만 수맥파의 영향을 받는 사람이 달마도로 인해 마음이 안정됨에 따라
생체에너지가 활성화되기 때문이다. 생체에너지가 활성화 되면 10정도

의 수맥파조차 견디지 못했던 사람이 12정도의 수맥파에도 끄떡없게 된다.

달마도를 무서워하는 타 종교인이나 달마도가 수맥파를 차단해 줄 것이라는 믿음이 없는 사람의 경우는 어떠한가? 방안에 달마도를 걸어 놓음으로써 오히려 마음의 안정이 깨지고 불안해짐에 따라 생체에너지가 위축된다. 생체에너지가 위축되고 감소되면 10정도의 수맥파에도 영향을 받지 않던 사람이 9나 8정도의 수맥파에도 컨디션 난조를 보이게 된다. 이같은 이유 때문에 달마도가 수맥파를 차단하는 효과가 있기도 하고 없기도 하다고 말한 것이다.

그림을 그리는 재주가 뛰어난 사람이 그린 달마도보다 도(道)가 높은 도인의 달마도가 더 효과적인 것도 같은 맥락이다. 도인의 마음은 우주의식과 합일되어 있다. 우주의식과 합일되어 있다는 말은 이런저런 세속적 욕심으로부터 벗어나 편안하고 안정된 가운데 맑고 순수한 생명에너지로 가득 차 있다는 말이다. 그리고 그림을 그린 사람의 마음이 화선지 위로 옮겨진 것이 달마도다. 이때문에 탁하고 삿된 마음에서, 돈을 벌기 위한 욕심에서 그려진 달마도 보다는 정갈하게 그려진 도인의 달마도가 더 뛰어난 효과를 보이는 것은 두말할 필요조차 없다.

서양의학에는 플라시보 효과라는 것이 있다. 가짜 약을 진짜로 믿게 하면 진짜 약과 유사한 효과를 나타낸다는 말이다. 감기로 인한 고열환

자에게 소화제를 해열제라고 말하면서 투약하면, 마음이 안정되면서 고열이 내리기 시작한다. 달마도가 수맥을 차단하는 원리도 이와 다르지 않다. 그렇다면 무엇이 문제를 해결하고 상황을 호전시킨 것인가? 소화제도 아니고 달마도도 아니다. 소화제와 달마도는 긍정적인 마음의 에너지가 불러일으킨 촉매제 역할을 했을 뿐이다. 실질적으로 문제를 해결한 것은 바로 우리 내면의 신령스러운 불성(佛性)의 힘이다. 곧 긍정적인 마음의 작용이다.

우리는 몸과 마음이 둘 아닌 심신일여(心身一如)의 부처다. 누구나가 내면에 신령스런 '달마'를 갈무리하고 있다. 이같은 사실을 안다면 수맥의 영향으로부터 벗어나기 위해 살아있는 신령스런 달마가 종이 위에 그려진 달마도에게 의지하는 우스꽝스런 짓은 하지 않아도 될 것이다.

충고를
한다는 것

"옛날 소를 키우는 사람이 있었다. 자신의 소는 버려둔 채 남의 소에 온통 관심을 보이며, 자신의 소유로 착각한 채 살아갔다. 세월이 지남에 따라 버려 둔 자신의 소는 맹수에게 해를 당하거나 숲속에서 잃어버리는 등 그 수가 날로 줄어들었다. 그러나 그는 끝내 그것을 깨닫지 못했다."

이상은 부처님의 말씀이다. 이래야 되고 저래야 된다는 자신의 잣대를 휘두르며, 자신이 옳다고 생각하는 삶을 주변 인연들에게 은근히 강요하거나, 그들의 삶을 지적하는데 정신을 빼앗긴 채 살고 있다면 남의 소를 키우는 사람이다. 누군가에게 가볍게 충고를 하는 일 또한 크게 다르지 않다. 상대방이 어떤 충고라도 받아들일 수 있는 겸허한 마음으로 조언을 구하는 것이 아니라면 굳이 충고 할 필요가 없다.

귀로 보고, 눈으로 듣는다

진정으로 마음을 열고 충고를 받아들일 준비가 되어 있지 않다면,

어떠한 충고도 전적인 신뢰를 담보해낼 수 없다. 충고의 일부가 받아들여진다고 해도, 그것마저 믿고 받아들인 것이 아니다. 상대의 충고를 '받아들여도 되겠다'는, 혹은 '받아들일만 하다'는 자신의 판단력을 다시 한번 확인하고 믿은 것에 다름 아니다. 전적인 신뢰가 전제되지 않는다면, 타인의 충고를 통해 자신의 안목을 넘어서는 해결책을 찾는 것이 어려운 까닭이 여기에 있다.

하심(下心)과 신뢰가 없다면, 겉으로는 충고를 받아들이는 듯해도, 실상은 상대를 배려하는 듯한 가식적인 몸짓에 불과하다. 서로 간 어색하지 않은 인간관계를 유지하기 위해, 더 정확히 말하면 어색한 분위기를 견뎌야 하는 불편함을 겪지 않기 위해, 상대방에 대한 배려가 아니라 자신의 마음이 편하기 위해 짐짓 귀 기울이며 감사의 인사치레까지 덧붙이는 것일 뿐, 얄팍한 처세술에 지나지 않는다.

간절한 마음으로 하심(下心)하여 조언을 구하지 않았음에도 불구하고, 일방적으로 내뱉는 충고는, 자신의 소는 내버려둔 채 남의 소에 온통 관심을 기울이는 전형에 해당된다. 상대가 조언을 부탁해도 무엇이 옳고 그른지, 상황이 어떠한지를 일목요연하게 정견(正見)할 수 없다면 충고를 하지 않는 것이 지혜로운 사람이다. 하물며 상대가 조언을 원하지 않는 가운데, 자신의 안목이 부족한 줄도 모르고 하는 충고라면, 아무리 의도가 좋아도 받아들여지지 않는다. 상대의 감정을 상하게 하지만 않았어

도 다행이다.

상대방이 원하지도 않았고, 문제를 진단하고 해결책을 제시할 안목이 없는데도 버젓이 자행되는 충고라면 결코 상대를 위한 충고일 수 없다. 우쭐한 마음으로 충고하고 지적함으로써, 자신이 상대방보다 더 똑똑하고 능력이 있다는 망상을 즐기는 것에 다름 아니다. 상대에 대한 진심어린 애정과 배려가 없이 자신을 과시하기 위한 자기만족의 수단으로 충고를 하는 것은 부처님께서 말씀하신 "자신의 소뿐만 아니라, 남의 소까지 망치는 일"에 해당된다.

부처님께서 소 키우는 사람의 비유를 통해 수행자가 갖춰야 할 가장 중요 덕목으로 강조하신 것은 지행합일(知行合一)이다.

"수행자가 아무리 많이 알고 있다고 해도 정작 자신은 알고 있는 바를 따르고 실천하지 않으면서 남을 가르치는데 마음을 쓴다면, 저 소 키우는 사람과 같다."

귀로 보고, 눈으로 듣는다

군자(君子)와
소인배(小人輩)

공자님께서 "군자(君子)는 화이부동(和而不同)하고 소인배는 동이불화 (同而不和)한다"고 말씀하셨다.

군자는 언제 어디서 누구와도 조화를 이루며 어울릴 수 있지만 패거 리를 짓고 자기 자신을 잃어버린 채 살지 않는다는 말이다. 어디에도 머 물거나 속하지 않는 주체적인 삶, 곧 걸림 없는 대 자유인의 삶을 사는 사람이 군자(君子)다.

소인배는 패거리를 짓고 똘똘 뭉쳐 서로를 위해 목숨조차 바칠 기세 지만 일시적인 목적을 달성하기 위한 야합을 즐길 뿐이다. 내면의 실상 은 서로 시기 질투하고 대립반목하고 있다. 진정한 조화를 이루며 하나 된 것이 아니라는 말이다. 마치 철새 정치인들로 넘쳐 나는 모 정당을 연상시킨다. 목전의 이익에 따라 이합집산(離合集散)하는 정치인이라면 보나마나 소인배이다.

언제 어느 곳에서나 누구와도 조화를 이루지만, 그 무엇에도 집착하지 않는 무애자재한 삶을 영위하는 군자의 특징을 한마디로 표현한 군자불기(君子不器)란 말이 있다. 군자불기란 군자는 정형화 된, 고정 불변의 그릇이 아니라는 말이다.

그릇은 일정한 모양을 하고 있다. 따라서 군자는 일정한 모양으로 고정된 그릇이어선 안 된다는 말이다. 군자는 거지들과 만나서 얼마든지 동냥밥을 맛있게 나누어 먹으며 정겹게 얘기를 나눌 수도 있다. 권위적인 고관대작이나 지식을 뽐내는 학자들과 만나도 자연스럽게 조화를 이루며 잘 어울릴 수 있어야 한다. 그래야 그릇이 없는 것이다.

군자가 그릇이 없다는 말을 머리로서가 아니라 온몸의 세포 하나하나로 체득해야 한다. 군자는 거지들을 만나 지저분하고 비위생적인 동냥밥을 반드시 맛있게 먹어야만 한다는 또 다른 그릇을 만들어서는 안 된다. '군자는 이래야 하고 저래야 된다.'는 군자의 상(相)을 만드는 짓은 또 하나의 그릇을 만드는 어리석은 짓이다. 군자는 거지들이 애써 동냥해서 얻어온 밥이 식중독을 일으킬 위험이 있다고 판단이 되면 매정하게 빼앗아서 버릴 수도 있어야 한다.

귀로 보고, 눈으로 듣는다

또한 거지들의 생각이 그릇됐다면 심하게 꾸짖는 악역도 능히 소화해 낼 수 있어야 한다. 항상 너그러운 그릇일 수만은 없다. 원수를 사랑하라고 하셨던 예수님께서 신전의 환전상들을 폭력으로 몰아내고 분노했던 것도 동일한 맥락이다. 그리고 고관대작이나 고상한 학자들의 모임에 참석해서 자연스럽게 어울릴 수도 있지만, 상황에 따라선 스스로가 꿰다논 보릿자루를 자처하면서 들러리가 될 줄도 아는 것이 군자(君子)다.

화이부동(和而不同)이나 군자불기(君子不器)의 삶은 정해진 틀 속에 갇혀서 사고하고 행동하는 고정된 '나'를 벗어날 때 비로소 가능해 진다. 나라는 아상을 타파하고 '참나'로 거듭남으로서 하고 싶은 것은 뭐든지 다하며 사는 걸림 없는 대자유인의 삶, 무애자재한 행복한 삶을 영위하는 사람이 바로 군자인 것이다.

누군가 삶에 지쳐있다면 그는 반드시 '이래야 하고 저래야된다'는 고정된 나를 가지고 있기 때문이다. 무엇에도 걸림 없는 삶, 걸림 없음에도 걸리지 않는 대 해탈의 삶을 영위하기 위해선 어떻게 해야 할까?

'나'라는 그릇을 깨트려야 한다. 깨트릴 그릇이 있고, 그 그릇을 깨트려야 하는 '나'가 있다는 생각, 그리고 그 그릇을 깨트려야 한다는 생각이 바로 그릇이다. 그 생각을 내려놓기만 하면 곧바로 천상천하유아독존(天上天下唯我獨尊)하게 된다. 예수님께서 말씀하신 "나는 길이요, 진리요, 생명이니 나로 말미암지 않고는 누구도 하느님 아버지 나라에 갈 수 없다"고 말씀하신 그 '나'로 거듭나게 된다.

　하늘 위 하늘 아래 오직 홀로 존귀한 '나', 하늘나라에 이르는 길이요 진리요 생명인 '나'는 누구인가?

종교도 그 뭣도 아닌
업식놀음

어느 날 우연히 친척 한 분을 만났다. 가까운 촌수인데도 한동안 교류가 없던 친척분인데, 대화 도중 느닷없이 "예수 믿고 구원 받으라"는 말을 했다. 그래서 말했다.

"저를 생각해 주는 마음은 고맙습니다. 그런데 저는 불교 수행자입니다."

그로부터 얼마의 시간이 지난 뒤 초대를 받아 그 친척분의 집을 방문할 일이 생겼다. 저녁 식사를 마치고 차를 마시며 이런저런 얘기를 나누던 중 종교 얘기가 나왔다. 마침 함께 초대를 받은 친척의 친척이 말을 걸어왔다. 불교 믿는다는 얘기는 들었는데, 교회 좀 나가 보는 것이 어떻겠냐며 초면인데도 불구하고 돌 직구를 날렸다. 요즘 자신이 다니는 교회가 특별 선교 주간으로 새내기들을 위한 다양한 프로그램을 운영하고 있다고 덧붙였다.

나는 대답했다. "저는 불교를 믿지 않습니다. 불교는 믿는 종교가 아니기 때문입니다. 믿는다는 것은 실상을 모를 때만 가능합니다. 믿음은 무지를 전제로 하기 때문입니다. 생각해 주시는 마음은 고맙지만, 저는 불교 수행자입니다."

그분은 하고 싶은 말이 너무도 많은 탓인지 내 얘기는 듣는둥 마는둥 했다. 그리고는 머릿속 뿐 아니라 양쪽 어깨에까지 가득 채워 온 무미건조한 선교용 멘트들을 토해내느라 정신이 없었다. 끝이 없을 것 같던 얘기가 일단락되자 나는 질문을 허락받고 다음과 같은 물음을 던졌다.

"종교라는 것, 신앙이라는 것은 세상의 그 어떤 일보다도 더 진지하게 영혼을 다 바쳐 걸어가는 길입니다. 맞습니까?"
"예, 맞습니다. 당연히 그래야지요"
"저는 부처님의 가르침을 받아들인 후 불교 수행에 전념하는 불교 수행자라는 말씀을 드렸는데 기독교에 대한 얘기뿐 아니라, 개종에 대한 뉘앙스까지 풍기는 것은 무슨 까닭입니까?"

"사람은 누구나가 예수님 믿고 구원을 받아야 하니까요. 제 얘기가 아니고 우리 목사님께서 성경에 나오는 말씀이라고 하셨어요."

귀로 보고, 눈으로 듣는다

"예 목사님 말씀대로 사람의 견해가 아니라 성경에 나오는 얘기라고 해도, 성경의 얘기들이 올바른 소리고 진리라는 얘기는 또 어느 경전에 나옵니까?"

그분이 뭔가를 말하려다 말고 잠시 망설였다. 그래서 내가 다시 얘기를 이어갔다.

"사돈께서는 조금 전 남편께서 키도 작고 돈도 잘 못 벌어서 불평불만이 많았는데 예수님 믿고 조금씩 이해하면서 가정이 화평해졌다고 말씀하셨지요?"
"예, 그랬지요. 틀림없는 사실이니까요?"

"그렇다면 제가 그 남편 분보다 키도 더 크고 잘생겼으면서 돈도 잘 버는 분을 소개해 드릴테니 만나 보세요. 마침 그분은 상처하시고 혼자서 사시는데 외롭다며 좋은 사람 소개시켜 달라고 하시더군요."
"아니 사돈 무슨 그런 말씀을 다 하세요? 아무리 제가 신랑 흉을 좀 봤기로서니……"

"저는 불교 흉을 보지도 않았을 뿐더러, 불교에 대한 제 단심(丹心)이 사돈께서 남편을 생각하시는 것보다 못하지 않은데, 어째서 저한테 불교와 헤어지고 새로 기독교를 사겨보라고 하십니까?"

그분께서는 아무 대답이 없으셨다. 그리고 그분도 친척도 그날 이후 더이상 종교에 대한 얘기를 하지 않았다.

　땅 끝까지 선교한다는 것도, 민족 종교들의 포덕도, 불교의 포교도 다 좋다. 다만 타종교에 대해서 잘 알지도 못하면서, 자신의 종교가 최고라고 믿는 무지를 용기 삼아서 선교하고 포덕하고 포교하는 것은 진정한 종교인의 자세가 아니다. 더욱이 자신의 천국행 티켓을 예약하는데 필요한 머릿수를 채우기 위한 선교라면 그것은 이미 종교도 그 뭣도 아니다. 욕심, 욕망의 노예로 전락한 줄도 모른 채 저지르는 업식놀음일 뿐이다.

　　　　　　　　　　　　　　　　　　귀로 보고, 눈으로 듣는다

무엇이
우상숭배(偶像崇拜)인가?

　남아프리카 원주민 중 하나인 산(San)족의 마을에 긴급 부족회의가 열렸다. 하늘을 나는 비행기에서 콜라병 하나가 뚝 떨어졌기 때문이다. 콜라병이 어떤 물건인지 전혀 모르는 원주민들은 콜라병으로 곡식을 빻거나 악기처럼 연주를 하는 등 다양한 용도로 사용했다. 급기야 서로 다투는 과정에서 콜라병은 사람을 해치는 무기로까지 악용되었다. 결국 원주민들은 콜라병이 자신들의 물건이 아님을 깨닫고 원래의 주인인 하늘에 돌려주기 위해 부족회의를 열게 된 것이다. 회의 결과에 따라 부시맨이 주변의 가장 높은 산위에 올라가 콜라병을 던져 버리는 것으로 이 이야기는 끝이 난다. 오래전에 상영 되었던 제이미 유이스(Jamie Uys) 감독의 '부시맨'이란 영화의 줄거리다.

　부시맨에게 십자가(十字架)와 불상(佛像)을 보여주면서 무엇이 우상인가를 묻는다면 어떤 대답을 할까? 십자가와 불상의 용도뿐만 아니라 우상의 의미도 모를게 뻔하다. 무슨 질문을 하는지조차 알지 못한다면 어떤 반응을 보일까? 멀리 남아프리카의 부시맨에게 갈 것도 없이 막 걸음마를 배워 아장아장 걷기 시작한 주변의 어린아이에게 십자가가 그려진 사진과 불상이 그려진 사진을 보여준 뒤, 사진을 땅바닥에 깔아놓고 그위를 밟고 지나가게 한다면 어떤 반응을 보일까? 어느 사진을 밟고 지나갈 때 심한 죄책감을 느끼게 될까? 부시맨과 어린아이를 12년 동안 불교단체에서 생활하도록 하면서 불교와 인연을 맺어준 뒤, 각각 십자가와 불상이 그려진 그림을 밟고 지나가게 한다면 어떤 반응을 보일까? 북한에서 '김일성 장군이 솔방울로 수류탄을 만들었다'고 아이들을 세뇌시키듯(이 또한 확인한 바 없는 사실로 세뇌당한 결과물인지도 모름) 부시맨과 어린 아이를 12년 동안 기독교 단체에서 생활하도록 하면서 기독교 신앙으로 세뇌시킨 후 십자가와 불상 사진을 밟고 지나가게 한다면 어떤 모습을 보일까?

십자가 사진과 불상 사진을 밟고 지나갈 때의 각기 다른 반응은 각각의 사진이 가지고 있는 보이지 않는 고유의 힘 때문일까? 아니면 그 위를 걷는 사람이 자신의 생각을 투사(投射)시킨 채 권위를 부여함으로써 파생된 힘 때문일까?

십자가는 고대 로마에서 흉악범들을 사형시킬 때 사용했던 형틀이다. 예수님이 십자가에서 못 박혀 처형을 당했다고 해서 '십자가를 걸어 놓

귀로 보고, 눈으로 듣는다

고 기도하는 것'을 우상숭배라고 비난하는 사람에겐 불상 역시 우상일 수밖에 없다. 불상은 신도 아닌 한 인간의 모습을 형상화한 것으로 '불상 앞에서 절을 하는 것'을 우상숭배라고 주장하는 사람에겐 십자가 역시 우상일 수밖에 없다. 꼭 그래야만 한다. 남이 하는 짓은 불륜이고 제가 하는 것은 로맨스라는 아전인수(我田引水)와 견강부회(牽强附會)는 21세기의 고등종교에서 도저히 용납될 수 없는 일이기 때문이다.

부처님께서도 금강경을 통해 "若以色見我(약이색견아) 以音聲求我(이음성구아) 是人行邪道(시인행사도) 不能見如來(불능견여래) 즉, 형상으로써 나를 보려고 한다거나, 소리로써 나를 구한다면, 이는 삿된 도를 행하는 것이니 여래를 볼 수 없다"고 분명하게 못 박으신 바 있다. 공장에서 대량 생산된 십자가든, 손재주 좋은 장인이 불심을 가득 담아 손으로 정성을 다해 빚은 불상이든 다를 것이 없다. 눈으로 형상을 좇아 상을 일으키며 기도하고 예배하고 절을 하는 대상이라면 모두 우상(偶像)일 뿐이다. 우상을 좇는 모든 행태는 우상숭배며 삿된 도를 행하는 것에 다름 아니다. 가톨릭의 성모상 또한 예외일 수 없다. 성모상을 구입한 뒤 단지 신부님의 축성을 받았다고 해서 달라지는 것은 아무것도 없다. 불상을 모신 뒤 단순히 고승대덕을 초빙해 점안했다고 우상을 면할 수 있는 것도 아니다. 하나님을 찬양하는 찬송가라고 해서, 목탁소리와 독경소리라고 해서 바람소리와 다른 특별한 신성(神性)이 깃들어 있는 것도 아니다.

오직 십자가를, 성모상을, 불상을 귀로 보고 찬송가와 독경소리를 눈으로 들을 수 있을 때 비로소 우상숭배의 망동(妄動)을 여읠 수 있다. 귀로 보고 눈으로 듣게 되는 순간, 십자가의 신성과 불상의 신성이 둘 아니게 된다. 찬송가 소리와 범종 소리, 독경 소리가 그대로 천상의 '소리 없는 소리'가 된다. 풀잎 속에도 길가에 구르는 돌맹이 속에도 성령이, 불성이 숨쉬며 살아있음을 증득하게 된다. 무지(無智)를 전제로 무조건 믿으며 생각놀음 속으로 빠져드는 것과는 근본적으로 다르다. 십자가가 되었든, 성모상이 되었든, 불상이 되었든(단순히 신앙심을 깊게해주는 방편과 도구가 아니라) 그 자체가 그대로 성물(聖物)이며 부처인 세상이 열리게 된다. 부처님께서 금강경에서 하신 말씀처럼 "모든 상(相)이 상(相)이 아님을 볼 때 비로소 여래를 보게 될 것"이다.

◉ 사구게 ◉

범소유상 개시허망(凡所有相 皆是虛妄)
무릇 있는 바 상은 다 허망한 것이니,

약견제상비상 즉견여래(若見諸相非相 卽見如來)
만약 모든 상(相)이 상(相)이 아님을 본다면 곧 여래를 볼 것이다.

금강경의 대의를 고스란히 간직하고 있는 사구게다. 이 가운데 살아서 번뜩이는 금강경의 푸른 눈알이 있다. 그 한 글자는 무엇이며, 어떤 까닭인가?

자라를 보고
놀란 가슴

입사한 이래 줄곧 서울에서 근무를 하다 지방으로 발령이 나서 5개월째 주말부부를 하고 있는 친구한테 전화가 왔다. 평소와 달리 무겁게 가라앉은 '여보세요'란 한마디만으로도 무엇인가 심상치 않은 일이 친구에게 벌어졌겠구나 하는 생각이 절로 들었다.

"잘 지내지? 지방 근무는 어때?

아무런 대답이 없다. 평상시 너무 활달한 것이 탈인 친구였기에 잠시의 침묵이 더욱더 무겁고 길게 느껴졌다. 얼마 동안을 말없이 있었을까? 전화기에서 나지막하면서도 애써 흥분을 억누른 목소리가 들려 왔다.

"저기……"

결국 말을 잊지 못하고 한 참 동안 무거운 침묵만 흐르다가

띠리리릭 하는 소리를 남기고 전화가 끊어졌다.

대기업의 중역을 잘 감당할 정도로 배짱이 든든한 친구이기에 스스로가 아픔을 삭이고 우뚝 설 때까지 일체 연락을 하지 않고 기다리기로 했다. 며칠 후 일요일 아침 언제 그랬냐 싶게 무겁던 목소리는 사라지고 평소와 다름 없는 밝고 활기찬 목소리로 전화를 해왔다. 그리고 그간 겪었던 일들을 털어놓았다.

문제의 발단은 친구의 직장 후배의 전화 한 통에서 비롯되었다. 친구의 후배가 친구 와이프가 오후 4시경 모 호텔의 엘리베이터에서 웬 남자와 함께 걸어나오는 모습을 목격하고 망설이고 망설인 끝에 친구에게 전화를 걸어서 자신이 본 단순 사실을 가감 없이 전했던 것이다. 그 전화를 받고 부인에게 확인도 못한 채 밤새 고민을 하다가 이튿날 오후 나에게 전화를 걸어서 "저기……"라는 한마디만 남기고 전화를 끊었던 것이었다.

대학 3학년 때부터 사귀기 시작해 결혼에 골인한 친구 부부는 그 어느 부부보다도 사이가 좋았고, 서로간의 신뢰도 굳건했다. 그리고 친구의 화통하고 통큰 마음 씀씀이가 처갓집 식구들까지 잘 챙기는 까닭에 다들 부러워하는 부부였다. 그럼에도 불구하고 후배의 전화 한 통화에 왜 그렇게 노심초사 했을까 쉽게 이해되지 않았다.

친구의 밝은 목소리를 듣고 난 직후라 맘 편히 물어 봤다.

귀로 보고, 눈으로 듣는다

"자네같이 참새가슴인 못난 남자를 누가 좋다고 하겠어. 제수씨같이 멋진 사람이 다른 남자와 호텔 엘리베이터에서 함께 내린 것이 이상한 일도 아니야. 이해하고 잘 모시고 살기로 한 것은 잘한 일이야."

전화기 너머로 호탕한 웃음소리가 울려퍼지더니 친구의 변명이 이어졌다. 친구의 전임자 부인이 남편의 지방 발령을 계기로 바람이 나서 이혼을 한 사실을 알고 있던 터에 다른 사람도 아니고 믿을 만한 후배에게 전화를 받다보니 순간, 자라보고 놀란 가슴 솥뚜껑 보고 놀라듯이 가슴이 철렁하고 내려앉았다는 고백을 했다. 그런데 알고 보니 미국에 사시는 처이모님께서 잠시 한국에 들리러 오셨다가 조카가 보고 싶다고 하셔서 이모님께서 투숙해 계시는 호텔 방으로 찾아갔었는데, 마침 이모님을 뵙기 위해 들린 이종사촌 동생을 만나서 함께 엘리베이터를 타고 내려왔을 뿐이라는 것이었다.

전후의 얘기들 다 듣고 난 후 나는 부인에게 확인도 해보기 전에 불륜일 것이라고 상상했느냐는 한 가지 사실을 확인 겸 지적했다.

첫째 둘째 날은 지레짐작으로 불륜일 수도 있다는 상상을 하며 괴로워했지만 곧 마음을 가라앉히고 직접 부인에게 확인하기 전엔 아무런 결론도 내리지 말자는 다짐을 하고 났더니 한결 편안해 졌다고 말했다. 그리고 토요일 집에 도착해 맥주 한잔 하면서 부인에게 무슨 일인가를 확인한 뒤 자신의 전도몽상(顚倒夢想)을 깊이 반성하게 되었다고 털어났다.

어떠한 상황에서도 자라보고 놀란 가슴처럼 솥뚜껑을 보고 놀라는 전도몽상의 희생양이 되는 일은 없어야 한다. 전도몽상의 꼭두각시가 되지 않기 위해선 어떻게 해야 하는가? 태산 같은 부동심을 증득해야 한다. 그래야지만 어떠한 상황에서도 흔들림 없이 정견(正見)을 할 수 있다. 부동심을 증득하고 정견하기 위해선 어떻게 해야 하는가?

바람이 부니 남산이 주저앉았고, 눈에 금가루가 떨어져 우담바라가 만발했다.

귀로 보고, 눈으로 듣는다

결혼은
미친 짓인가?

결혼은 무엇인가? 어느 영화의 제목처럼 미친 짓인가? 아니면 옛 성현들의 말씀처럼 인륜대사(人倫大事)인가?

남남이던 두 남녀가 만나 서로 사랑해서 하나가 된 결과가 결혼이다. 결혼과 동시에 '나'를 텅 비워냄으로써 '나'아닌 타인과 하나로 녹아드는 본격적인 수행(修行)이 시작된다. 두 사람이 온전히 사랑함으로써 하나가 되고 그 하나마저 사라지는 순간, 새 생명이 깃들게 된다. 두 사람은 생명의 불씨를 활짝 꽃피우고 다음 세상의 주역이 될 2세를 낳아 키우며 자신을 무한확장하게 된다. 이처럼 결혼은 우주적 창조의 몸짓에 동참하는 멋진 일중 하나다. 이같은 결혼이 어떻게 미친 짓일 수 있는가? 당연히 인륜대사(人倫大事)일 수밖에 없다.

성인이 된 남녀가 단지 외로움을 해결하기 위해, 성적 욕망을 충족하기 위해, 혼자 사는 것 보다 두 사람이 함께 사는 것이 경제적으로 유리해서, 남들 다 하는 것이니까 등등을 이유로 결혼해서는 안 된다. 아름답고 온전한 사랑의 연장선상에서 자연스럽게 결실을 맺는 결혼만이 진실한 결혼이다. 결혼 전에 서로의 건강 기록부를 주고받고 상대방의 학벌과 경제력을 가늠하고 집안 배경을 확인하는 등 외적인 여러 조건들을 꼼꼼히 따져 보는 것도 나름 일리가 있다. 그러나 가장 중요한 것은 집안 대 집안의 결합을 떠 나, 결혼 당사자끼리 진심으로 사랑하는가의 문제이다. 교과서적이며 진부하다고까지 느껴질 수도 있는 이 한 가지 조건이야말로 반드시 전제되어야 할 유일무이(唯一無二)한 결혼의 조건이다.

진심으로 사랑하는 것은 자신이 원하는 바를 얻기 위해 투자에 올 인하는 경제적인 투자행위와 다르다. 손익계산의 주판을 꺾고 너와 내가 둘 아닌 마음만이 진정한 사랑을 꽃피울 수 있다. 진정한 사랑을 한다는 것은 결국 육체적 성숙 뿐 아니라 내적 성숙이 담보되어야만 가능한 일이다. 이같은 맥락에서 옛 성현들께서 '지아비 부(夫)'라는 글자를 하늘(一)과 땅(一)을 합한 두이(二)를 관통한 사람(人) 즉, 二 + 人의 조합으로 만들었다. 하늘과 땅의 이치를 하나로 꿰어서 음과 양, 남자와 여자, 너와 나의 대립과 반목을 여읜 원융(圓融)한 마음을 지니게 될 때 비로소 장가를 가고 가정을 이룰 수 있는 어른이 되었다는 의미다. '나 뿐인 놈'을 훌훌 벗고 어른이 된 자만이 '나' 아닌 타인과 하나가 될 수 있음은 당연하다. 가정을 이루고 생명 탄생의 우주적 신비에 동참할 수 있는 자격

귀로 보고, 눈으로 듣는다

을 갖추었다는 것이 바로 지아비 부(夫)자가 내포하고 있는 의미다.

옛 사람들이 부모의 말씀을 따라야 한다고 말한 것도 이와 무관치 않다. 부모가 하는 말이라서 옳고 그름에 상관없이 무조건 따르라는 권위주의에서 비롯된 엉터리 주장이 아니다. 하늘과 땅의 이치를 꿰뚫은 어른의 말이기 때문에 따라야 한다는 말이다. 지아비의 자격을 갖추고 혼인해 우주적 사명을 완수한 존재인 부모님의 입을 통해 나오는 소리가 곧 진실한 하늘의 소리이기 때문에 따라야 한다고 말한 것이다. 하늘의 소리가 아님에도 불구하고 단지 부모의 입에서 나온 말이라고 해서 무조건 따라야 되는 법은 어디에도 없다. 부모의 말도 옳지 않다면 따르지 않고 고언(苦言)을 하는 것이 효도(孝道)일 수도 있다. 부모님의 생각이 자신의 생각과 같지 않다고 해서 무조건 따르지 않아도 된다는 말이 아니다. 자식이 하늘과 땅의 이치를 꿰뚫어 정견(正見)이 가능하다면 비로소 부모에게 조언할 수도 있다는 말이다.

육체적으로는 물론 영적으로도 하늘과 땅의 이치를 하나로 꿰음으로써 영육(靈肉)이 온전해진 남녀가, 사랑의 불씨를 지피고 자녀를 낳아서 키우는, 건전하고 행복한 가정이 넘치는 세상이 바로 지상낙원이고 천국이다. 공자님이 갈망하시던 요순시대의 이상향(理想鄕)이고 대동사회(大同社會)일 것이다. 오늘도 태양이 뜬 것은 모든 사람들, 특히 결혼해서 2세를 낳아 이 세상의 구성원을 충원해야 할 젊은 남녀들이 몸과 마음을 온전케 하는 수행에 전념하라는 존재계의 강력한 의지 표명이다. 태양처럼 밝고 환한 본 성품이 활짝 드러나 홍익인간(弘益人間)할 수 있을 때까지 수행(修行)하라는 우주의 메시지이다.

수행은 몸과 마음을 온전하고 정갈하게 하는 모든 것을 포함한다. 마음공부와 몸 수련은 특별한 것도 특정인의 전유물도 아니다. 온갖 생각들로 들뜨고 탁해진 산만한 마음을 고요하게 가라앉히고 맑혀서 편안한 마음이 되게 하는 것이 마음공부의 요체이다. 여기저기 기혈이 막힌 곳을 뚫고, 휘고 굳은 곳을 바로잡아 세우고 부드럽게 하는 것이 몸 수련의 요체다. 몸과 마음이 건강하고 건전해졌다면 당당하게 자신의 짝을 만나 사랑을 불태우고 결혼해서 2세를 낳고 행복한 가정을 꾸리면 된다. 다만 한 가지 명심할 것은, 자신의 인생 무대가 한여름의 바닷가라면 수천만 원짜리 밍크코트보다 몇 천 원 짜리 반팔 티셔츠를 즐겨 입을 줄 알아야 한다는 사실이다. 강물 위를 떠다니는 인생이라면 수 억짜리 벤츠는 아무 소용없다. 몇 만원짜리의 비닐 튜브가 강물 위의 인생을 함께 할 소울메이트다.

귀로 보고, 눈으로 듣는다

저녁밥은
먹고 가야지

칠족령에서 동강의 굽이치는 물줄기와 뒤엉켜 있는 '바새'마을을 내려다보았다. 십수 년 전, 며칠만 머물러도 단박에 깨달음을 성취하게 해주는 기감(氣感)이 좋은 명당터를 찾아헤매던 때 들렀던 바로 그 동네 같기도 했다.

그날 영월 땅은 이글거리는 폭염으로 청룡포에 얼룩진 단종의 핏빛 애사마저 말끔히 태워버릴만큼 뜨거운 여름 한낮이었다. 더위에 지친 채 'ㅇㅇ 오골계 백숙'이라는 아크릴 간판이 번쩍 거리는 집으로 들어갔다. 무더위에 먼 길을 돌아 다니느라 허기가 극에 달한 탓인지, 동행했던 후배와 닭다리를 하나씩 홱~~ 뜯어서 씹는둥 마는둥 꿀꺽 삼키고, 날개에 이어 몸통까지 후다닥 해치우는데 그리 긴 시간이 필요하지 않았다.

잠시 후 식당집 주인아주머니께서 뭔가가 가득 담긴 솥을 가지고 오셨다. 솥뚜껑을 열어 보니 닭죽이었다. 닭죽을 먹다보니 참 이상한 일이 생겼다. 마치 오병이어(五餅二魚)의 기적처럼 처음엔 그렇게 커 보이지 않던 솥이 점점 커졌고, 솥 안의 닭죽도 결코 줄어들지 않는 듯 했다. 올챙이배를 한 채 사람도 차도 헉헉 대며 몇 군데 명당이라는 곳을 더 둘러 본 뒤 서울로 향했다.

'문막'이란 곳을 전후한 어디쯤에서 갑자기 후배의 눈이 반짝 빛나더니, 어릴 적 와본 적이 있는 큰 이모님이 사시는 동네 같다며, 이종 사촌들의 전화번호를 뒤적여 통화를 했다. 몇 마디 안부 인사를 주고받더니 이모님 댁에 잠시 들렸다 가고 싶다는 말을 건넸다. 후배에게 듣기로는 이제 막 환갑을 넘기셨다는데, 후배 이모님은 고희를 훌쩍 넘기신 듯 온몸에 세월의 훈장을 치렁치렁 달고 계셨다. 당초 얼굴만 뵙고 인사만 드리고 온다던 계획과 달리 텃밭 토마토가 탐스럽단 후배의 말 한 마디를 시작으로 발이 묶이기 시작했다.

주홍색의 플라스틱 바가지 한가득 토마토를 씻어와 불쑥 내미는 것이었다. 빠른 말투로 후배 가족들의 안부를 두루두루 챙기신 후 잠시만 토마토를 먹으며 쉬고 있으라고 하시고는, 뭔가 급히 처리해야 할 일이 있는 듯 황급히 부엌으로 들어가셨다.

잔뜩 배가 부른 탓에 제일 작아 보이는 놈으로 토마토를 하나 골라서

귀로 보고, 눈으로 듣는다

입에 물었다. 뜨뜻미지근했다. 그러면서도 왠지 후배 이모님의 피붙이에 대한 끈끈한 정이 전해져서 맛있게 먹었다. 이모님도 바쁘신 것 같은데 그만 일어나자는 얘기를 하고 있는데, 이모님께서 막 부엌문을 열고 나오시며, 밥이 곧 다 되니 저녁을 먹고 가라고 하셨다.

아뿔싸! 평소와 견주어 봐도 저녁을 먹기엔 이른 시간이었다. 특히나 점심을 포식한 상태에서 토마토까지 먹었음에랴. 바빠서 그냥 가겠다는 후배의 말에, 이모님께서 의아한 표정으로 빠르게 말씀하셨다.

"이렇게 오랜만에 왔는데, 뜨신 밥 한 끼라도 멕이지 않고 보내면 내 맴이 어떠켔냐? 찬은 엄써두 꼭 먹꾸가."

서운해 하시며 글썽이시던 후배 이모님의 부탁을 들어드리지 못하고, 차를 세워둔 동네 어귀로 향하는 내내 조카의 손을 꼭 잡고 힘에 부치신 듯 무거운 걸음을 떼시던 이모님. 아쉬움에 조금이라도 더 조카와 함께 하려고 하시던 모습이 지금도 눈에 선하다.

눈앞에 펼쳐진 조카의 상황을 정확히 인식하지 못하시고, 오랜만에 보는 피붙이에게 따뜻한 밥 한 끼 먹여 보내야만 스스로가 스스로를 인정하고, 흡족해하는 후배 이모님의 생각의 덫을 이야기 하려는 의도는 없다. 과공비례(過恭非禮)에 대해 이야기하려고 하는 것도 아니다. 무엇에든 걸림 없는 무애자재한 삶을 살아야 한다는 생각에, 후배 이모님의 호의를 인정머리 없이 받아들이지 못했음을 반성하려는 것도 아니다.

비슷한 상황을 만나면, 미리미리 상대에게 자신의 처지를 잘 이해시키는 합리적인 처세술을 익히자는 얘기가 아니다. 배가 부르더라도 얼마든지 맛있게 밥을 먹을 수 있는 위대(胃大)한 신통력을 갖추어야 한다고 주장하기 위함도 아니다.

무척이나 배가 고픈 상태에서 고모님 댁을 찾았고, 그런 조카 일행에게 따뜻한 밥을 해주셨더라면, 또는 저녁을 먹고 갈 상황인지 아닌지가 미리 파악돼서 토마토 한 알만으로도 서운함 없이 흐뭇하게 서로 정(情)을 나누고 헤어질 수 있었으면 참 좋았을텐데 하는 아쉬움을 토로하고자 함도 아니다.

그렇다면 이러쿵저러쿵 행간에 숨은 뜻이랄 것도 없는 오랜 기억의 편린들을 장황하게 들먹이는 속뜻은 무엇인가?

유리옹리장신(琉璃甕裏藏身) 즉, 유리항아리 속에 몸을 감췄다.

여름휴가
백 배로 즐기기

불볕더위로 이른 아침인데도 숨이 턱턱 막힌다. 피서 인파로 인한 교
통 혼잡이 이만저만이 아니다. 그러나 마음만은 어느새 피서지에 도착해
편안하고 쾌적한 휴가를 보내는 모습을 상상하며 흐뭇해하고 있다. 지난
여름의 고생을 거울삼아 올 여름 휴가는 잘 알려지지 않은 고즈넉한 계
곡에서 가족 친지끼리 오붓하게 보내기로 한 탓이다. 기대하는 바가 여
간 크지 않았다. 그런데 웬걸, 목적지에 도착해 보니 계곡 입구에서부터
주차 전쟁이 한창이다. 이 많은 사람들이 여길 어떻게 알고 찾아왔을까
하는 생각을 할 겨를조차 없다. 남들보다 더 좋은 자리를 잡기위한 경쟁
심에 사로잡혀 정신없을 계곡을 거슬러 올라간다. 서둘러 텐트를 치고
자리를 깔아보지만 집을 떠나면서 머릿속으로 그리던 꿈같은 휴가는 벌
써 물건너간 셈이다.이럭저럭 휴가를 마치고 집으로 향하지만 몸과 마음
은 무겁기만 하다. 일상에서 지친 몸과 마음이 휴가를 통해 재충전되기

보다는 오히려 생활의 리듬만 잃고 만 것이다. 그동안 어쩔 수 없이 일에 매여있다가 갑자기 할 일이 없어지자 심심함을 못 견디고 과음 과식이 아니면 고스톱을 치는 등 말초적 쾌락을 추구했거나, 마냥 낮잠에 빠져 지냈기 때문이다. 그도 아니면 나태하게 누워서 빈둥거리느라 오히려 피곤에 절어버린 것이다. 뒷머리가 띵한 것이 올 여름휴가도 실패다.

K형!

휴가철을 맞아 산으로, 바다로 피서인파가 몰리기 시작한다는 언론 보도를 접하고 나서 한 생각을 일으켜 보았습니다. 여름철 주변에서 쉽게 볼 수 있는 가장 일반적 행태의 휴가 풍속도를 스케치해 봤습니다. 이같은 휴가 문화를 통해선 결코 휴가의 본 목적인 몸과 마음의 참다운 휴식이 불가능하리란 결론에 이르자 안타까운 마음이 듭니다.

물론 이와 달리 한적한 곳에서 편안하게 휴가를 보내는 사람들도 많이 있겠지요. 부유층의 경우 산 좋고 물 맑은 곳의 별장이나 외국의 유명 휴양지에서 호젓하고 여유로운 휴가를 보내겠지요. 혹은 휴가 기간 중 평소 자신이 하고 싶었던 일을 하거나, 봉사활동 등의 의미 있고 보람찬 시간을 갖는 사람들도 있을 것입니다. 그러나 이같은 행태의 휴가들 또한 정도의 차이는 있겠지만, 휴가의 궁극적 목적인 몸과 마음이 하나가 되고 그 하나마저 끝내 생명의 대해 속으로 녹아드는 절대 휴식과는 거리가 멀다는 생각을 떨칠 수가 없습니다.

K형! 그렇다면 옛 분들께서 설파하신 심신일여(心身一如), 물아일체(物

귀로 보고, 눈으로 듣는다

我一體)의 절대 휴식에 들어 지복으로 넘쳐나는 진정한 휴가를 보낼 수 있는 길은 없단 말입니까? 있다면 그 길은 무엇인지요?

절대 휴식에 들기 위해선 아무리 시원한 계곡을, 바닷가를 찾아가도 별 소용이 없다구요? 최고의 유락 시설과 최상의 서비스를 자랑하는 휴양지에 가본들 몸과 마음을 참으로 쉬기란 불가능하다 구요? 길은 오직 한길, 따사로운 햇볕과 촉촉한 보슬비가 함께 내리고, 산새와 물고기가 같이 뛰노는 바다 속 청산에서 휴가를 보낼 수 있어야 가능한 일이라구요?

그런데 바다 속 청산은 생각으로 떠날 수 있는 곳이 아니라면서요? 온몸과 온몸으로 한걸음에 성큼 밟아 이르러야 하는 곳이라면서요? 더욱 더 묘한 것은 한 걸음 다가서면 한걸음 멀어지고 두 걸음 다가서면 두 걸음 멀어진다면서요? 어찌어찌 해서 도착했다고 해도, 도착하는 순간 청산은 사라져버린다면서요? 그렇다고 해서 아무 곳에서나 먹고 마시고 뒹굴며 아예 바다 속 청산으로 휴가를 떠날 생각조차 하지 않고 포기하면 참다운 휴가는 꿈속에서도 요원하다면서요?

K형! 그렇다면 도대체 어찌 해야 바다 속 청산에서 참다운 휴식을 누릴 수 있다는 말입니까? 언젠가 나직한 목소리로 일러 주셨던 게송이 생각납니다.

莫問西天安樂國(막문서천안락국)

白雲斷處有靑山(백운단처유청산)

묻지 마라. 서방의 극락을.

흰구름 끊어진 곳에 청산이 있는 것을!

수불리파(水不離波) 파불리수(波不離水),

물은 파도를 여의지 못하고 파도는 물을 여의지 못한다

물고기
잡는 방법?

　유태인 부모들은 아이들에게 물고기를 잡아주는 것이 아니라 물고기 잡는 방법을 가르쳐준다고 한다. 이같은 교육을 받은 덕분에 유태인 아이들은 커서 모든 분야에게 두각을 나타내며 세상을 움직이는 주역이 될 수 있다고 한다. 아직도 인터넷을 살펴보면 물고기 잡는 방법을 가르치는 유태인의 교육법은 아이를 키우고 있는 부모들의 커다란 관심을 끌며 초점이 되고 있음을 알 수 있다.

　천손(天孫) 민족인 우리 백두산족은 어떤 방법으로 아이들을 가르쳤을까? 자식이 귀여운 줄만 알고 무조건 물고기를 잡아줌으로써 독립심도 실천력도 없는 무능한 아이를 만들었을까? 그렇다면 아무리 우리끼리의 자화자찬이라고 해도 도저히 하늘의 후예인 천손 민족을 자처할 수는 없다. '아는 것이 힘'이라는 차원의 물고기 잡는 방법을 가르치고 배우는

　　　　　　　　　　　귀로 보고, 눈으로 듣는다

유태인들보다도 못하기 때문이다.

백두산족의 교육법은 물고기 잡는 방법을 가르치는 것이 아니다. 이미 알고 있는 물고기 잡는 방법조차 비워내는 법을 가르쳤다. 불교의 수행법과 다르지 않다. 그렇다면 백두산족과 불교의 교육법은 우민화(愚民化) 정책의 일환이란 말인가? 절대 그렇지 않다. 기존에 알고 있던 모든 방법들을 비워낸 순수의식으로 그때 그때 상황에 맞는 가장 적합한 물고기 잡는 방법을 창조해낼 수 있도록 가르쳤던 것이다.

낚시, 족대, 투망, 그물 등등 물고기 잡는 방법들은 바닷가의 모래알만큼이나 무수히 많다. 그때그때마다 냇가인지 강인지 바다인지, 물살이 거센지 수심이 깊은지 등등의 환경과 상황이 모두 다르기 때문이다. 상황상황에 따른 방법들을 일일이 다 배울 수도 없을뿐더러, 밖으로부터 얻은 지식은 항상 현실과의 오차를 보임으로서 그대로 적용할 수도 없고 언젠가 잊혀지게 된다. 이때문에 물고기 잡는 방법을 가르쳐주는 것이 아니라 물고기 잡는 방법을 고안해낼 수 있는 창조성을 키워주는 백두산족의 교육법이 보다 더 위대한 것이다.

물고기 잡는 방법을 생각해 낼 수 있는 창의성이 넘친다면, 냇가가 되었든 수초가 엉켜 있는 연못이 되었든, 파도가 거센 바다가 되었든 그때그때 처한 환경과 상황에따라 가장 알맞은 방법으로 물고기를 잡을 수 있게 된다. 익숙함도 서투름도 없이 가장 효과적인 맞춤형 방법으로 필요한 만큼의 물고기를 잡을 뿐이다. 꼭 물고기가 아니라도 상관없다. 물가에 살면서 물고기 잡는 방법만 배우고 익숙해진 것이 아니기 때문에 산에 가서 멧돼지를 잡아야 하는 순간에도 머뭇거리거나 두려워하지 않게 된다. 총이 있으면 있는대로, 없으면 없는대로 그때그때 상황에 맞는 최선의 방법을 동원해서 멧돼지를 잡게 된다.

백두산족의 위대한 교육법의 핵심을 한마디로 정의한다면 어떻게 표현할 수 있을까? '하나'를 가르쳐 열을 알게 한다는 말이 가장 적합한 표현이 될 것이다. 열을 알게 해 주는 하나는 무엇일까? 도(道), 하느님, 하나님, 불성(佛性), 부처, 한마음, 진리 등등 모든 표현이 이 하나를 드러내는 말일 뿐이다. 그런데 중요한 것은 도, 하느님, 불성이 하나를 드러낸 것이란 얘기를 듣는다고 해서 달라지는 것은 아무것도 없다. 물고기를 잡고 멧돼지를 잡을 수 있는 창조성이 길러지지 않는다. 밖으로부터 듣고 얻은 지식은 납으로 만든 도끼처럼 나뭇가지 하나 찍어내기 어렵다. '하나'에 대한 죽은 지식이 아니라, 펄펄 살아 숨쉬는 '하나'를 증득하여 손 안의 여의주처럼 마음껏 굴리기 위해선 어떻게 하면 될까?

절벽처럼 가파르고 험난하면서도 가장 짧은 지름길을 일러주신 조주선사의 법문을 인연하여 '하나'를 등기 이전하면 된다. 조주선사의 법문은 전문적이고 귀한 지식을 얻었다는 지적 만족을 허용하지 않는다. 의식을 한층 업그레이드 시키는 리모델링 작업도 아니다. 단단하게 굳은 의식 덩어리를 해체하고 폭파시켜 내혁(內革)의 혼란을 유발시킴으로써

귀로 보고, 눈으로 듣는다

끝내 '하나'를 증득케 하기 위함이 목적일 뿐이다. 많은 사람들이 힐링을 말하는데, 힐링 또한 '하나'를 증득할 때 비로소 가능한 것이다. 동네 뒷산을 오르듯 TV오락 프로를 즐기듯 쉽게 얻어지는 힐링은 어디에도 없다. 생살을 째는 아픔을 겪으며 자신을 깨고 거듭나지 않는 한 힐링은 불가능하다. 잠시잠간 힐링이 되었다고 생각하는 것과, 실질적인 힐링이 된 것은 천지현격(天地懸隔)이기 때문이다.

한 수행자가 조주스님께 여쭈었다.
"만법귀일(萬法歸一) 일귀하처(一歸何處)."
만법(萬法)은 하나로 돌아가는데, 그 하나는 어디로 돌아갑니까?
조주스님께서 즉시 대답하셨다.
"아재청주(我在靑州) 작일령포삼(作一領布衫) 중칠근(重七斤)."
내가 청주에 있을 때 베적삼 하나를 만들었는데, 그 무게가 일곱 근이었다.

방법은 아주 간단하다. '하나가 어느 곳으로 돌아가느냐'고 묻는 수행자의 질문에 어째서 조주스님께서 '청주에 있을 때 베적삼을 만들었는데 무게가 일곱 근이나 나간다'고 대답하셨는지 그 까닭을 알아내기만 하면 된다. 목숨을 걸고 참구하느냐, 마느냐의 문제일 뿐이다. 각자의 내면에 깊이 잠들어 있던 '하나'가 활짝 깨어나기만 하면, 배우지 않고도 능히 열을 알게 될 것이다. 또한 삶의 모든 고통들이 사라지는 진정한 힐링을 통해 천손민족인 백두산족의 진정한 후예로 거듭나게 될 것이다.

부탁,
그리고 거절

　선가(禪家)에는 용사혼잡(龍蛇混雜)이라는 말이 있다. 용과 뱀이 한데 어울리며 얽히고 설켜서 살아간다는 의미다.

　용이 여의주를 놓쳐서 그 여의주가 뱀 굴속으로 굴러 들어갔다면 뱀에게 꺼내달라고 부탁할 수도 있다. 뱀도 연일 계속되는 무더위로 세상이 온통 벌겋게 달궈진 프라이팬 같다면 하늘에서 비가 내리게 해 달라고 용에게 부탁할 수도 있다.

　가없는 허공 법계를 부유(浮遊)하는 끝없는 인생 노정에서 서로 서로 부탁을 하고 부탁을 들어주며 살아가는 일은 일상의 다반사이다. 거친 세파가 일렁이는 삶의 대해를 항해하기 위해 서로 서로 부탁하고, 부탁을 받으며 살아가는 것은 자연스러우면서도 너무나 당연한 일이다.

그럼에도 불구하고 부탁과 거절로 인해 서운해하고, 서로를 증오하게 되는 가슴 아픈 일들이 생기는 경우를 종종 보게 된다. 부탁과 거절의 세련된 문화가 정착되지 않은 탓일까? 올바른 문화는 고사하고 그릇된 부탁과 거절의 행태가 판을 치고 있는 것은 아닐까?

부탁을 위해 한 아름 선물 보따리를 들고 찾아가 상대가 미안하여 거절하지 못하게 만드는 짓, 뇌물을 받아야만 못 이기는 체 부탁을 들어주는 짓, 지난번 내가 이러저러한 너의 부탁을 들어주었으니 이번엔 네가 나의 이러저러한 부탁을 들어줘야만 한다든가, 언젠가 부탁할 일이 생길 것 같기에 말도 안 되는 부탁인 줄 뻔히 알면서도 거절하지 못하는 등등, 부탁 및 거절과 관련된 뒤틀린 삶의 모습들은 헤아릴 수 없이 많다.
제대로 된 부탁과 거절은 어떤 모습이어야 하는가?

첫째, 타인에게 부탁치 않으면 안 되는 일인가 심사숙고해야 한다. 얼마든지 혼자서 할 수 있는 일인데도 불구하고 조금 더 편하고자 하는 욕심에서, 혹은 자신의 능력 밖의 일임에도 불구하고 그 일을 이루려는 욕심에서 비롯된 부탁이라면 그릇된 부탁이다. 자신이 할 수 있는 일인데도 부탁을 할 경우, 거절하면 어쩌나 눈치나 살피며 비굴해 질 수밖에 없다. 이때 상대도 진실한 마음으로 흔쾌히 부탁을 들어주는 일은 없다. 언젠가 필요한 일을 부탁하기 위해 족쇄를 채우듯, 보험들듯 계산된 마음에서 부탁을 거절하지 않는 것뿐이다.

둘째, 상대가 부탁을 들어줄 능력이 있는지를 깊이 생각해야 한다. 능력이 있다고 해도 흔쾌하게 들어줄 것 같지 않은 사람에겐 부탁하지 않는 것이 지혜로운 일이다. 하물며 능력도 없는 상대에게 무엇인가를 부탁해 괜히 신경 쓰이게 하는 것은 예(禮)가 아니다. 자신의 처지만을 앞세운 이기적 행동에 다름 아닌 까닭이다. 이밖에도 교활하게, 혹은 강압적으로 순진하고 착한 상대를 이용하려는 파렴치한 부탁을 해서도 안 된다는 것은 거론할 필요조차도 없다. 그리고 부탁하기로 마음을 먹었다면, 편안한 마음으로 조금의 망설임이나 일말의 비굴함도 없이, 차분하게 자신의 상황을 설명하고 부탁해야 한다. 부탁이 받아들여지면 상대방에게 진정으로 감사할 뿐이다. 빚을 졌다는 생각을 짊어진 채 언젠가 갚겠다는 부담감 내지 의무감으로 전전긍긍해 할 필요도 없다.

부탁했다면 거절당하지 않아야 한다. 그러나 설혹 거절당했다고 해서 상대를 원망할 필요는 없다. 서운한 생각이 들더라도 곧바로 마음의 평정을 회복할 수 있어야 한다. 부탁을 들어 주거나 거절하는 것은 상대방의 영역이지 나의 영역이 아니다. 부탁이란 자신이 처한 상황을 상대에게 알림으로써 상대의 자발적 도움을 유발하는 것일뿐, 결코 강요의 성질이 아니기 때문이다.

부탁을 받은 사람도 부탁에 대해 꼼꼼히 살펴보아야 한다. 그리고 자신에게 부탁을 들어줄 능력이 있는지에 대해 심사숙고해야 한다. 능력이 있어도 옳지 못한 부탁이라는 판단이 서면 들어주어선 안 된다. 의미 있는 부탁이라고 해도 자신의 능력 밖이면 체면이나 인정에 매여서

귀로 보고, 눈으로 듣는다

억지춘향처럼 부탁을 받아들여서는 안 된다. 거절할 상황이라면 거절하는 것이 당연하다.

부탁을 들어줄 수 없는 상황이라면, 일말의 어색함이나 흔들림 없이 평온한 마음으로 상대의 부탁을 정중하게 거절할 수 있어야 한다. 미안해할 일도, 그릇된 일도 아니다. 반면에 상대의 부탁을 들어주었다고 해서 으쓱해하며, 부탁을 들어준 것을 빌미로 상대와의 관계에서 우위에 서고자 해서도 안 됨은 당연하다.

상대의 부탁을 들어줄 능력이 있고, 타당성 있는 부탁인데도 거절하는 것은 잘못이다. 이때 거절하는 사람은 왠지 어색하고 구구한 변명을 늘어놓기 일쑤다. 상대가 처한 입장에 대해 전혀 이해하려 들지도 않는다. 타인으로 인해 조금도 신경을 쓰고 싶어하지 않는 이기적인 자신을 합리화하고 감추느라고 급급해할 뿐이다. 심하면 부탁해 온 상대가 무슨 큰 잘못이라도 한 것처럼 지적하고 비난하는 등 교활함과 뻔뻔함을 여지없이 드러내기도 한다.

부탁을 하고, 부탁을 들어주고 거절하는 일련의 과정이 온전히 깨어 있는 마음에서 상황 상황에 들어맞게 고요하고 담연(淡然)하게 이루어진다면 그뿐이다.

누구를 위한
일인가

"부모님을 위해서 제 여자 하나도 지키지 못하고 포기한 놈입니다. 저
참 못났지요?"

최근 인연을 맺게된 젊은 친구가 심하게 술에 취한 채 한 말이다. 며칠
후 다시 만났다. 그 이야기를 꺼내자 몹시 쑥스러워하면서 부모님의 반
대로 2년여를 사귀던 여자 친구와 헤어졌다고 말했다. 누가 보아도 성실
하고 건실한 청년이다. 직장생활도 잘하고 부모 형제에게도 잘하는 모범
적인 청년이다. 그런데도 사랑하는 여자와 가정을 이룰 수 있는 복은 없
었던 것일까?

젊은 친구는 자신과 여자는 서로 사랑했고, 아무런 문제도 없었는데
부모님의 반대에 부딪혀 어쩔 수 없이 헤어졌다고 말했다. 그리고 자신
의 마음이 아픈 것은 괜찮아도, 자신 때문에 부모님의 마음이 아픈 것은

귀로 보고, 눈으로 듣는다

도저히 용납할 수 없었다고 단호하게 말했다. 이별의 아픔이 컸던 탓인지 몹시 수척한 얼굴이 안쓰러웠다. 그러나 다른 얘기들은 다 그렇다고 해도 '누군가를 위해서 무엇을 했다'는 생각만은 바로잡아주고 싶어서 이런저런 얘기들을 나눴다.

젊은 친구가 여자와 헤어진 것은 부모님 때문이었을까? 부모의 마음을 아프게할 수 없어서 헤어졌다는 것은 진실일까? 자신의 결혼을 부모가 반대하거나 말거나 크게 신경 쓰지 않고 쉽게 부모의 뜻을 거스르는 것.보다는 효심이 깊은 행동임에 틀림없다. 그러나 실상이 어떤지를 냉정히 들여다보면 꼭 그렇지만도 않다. 결론을 말하자면 그 누구도 아닌, 자기 자신을 위한 최선의 선택을 한 것뿐이다.

부모의 반대를 무릅쓰고 결혼함으로써, 아들로 인해 상처입고 힘들어하는 부모님들을 바라볼 용기가 없었던 것일까? 자신을 낳아주고 길러준 부모에게 배신감을 안겨주는 고통보다 여자와 헤어지는 고통이 견디기 쉽고 감내하기에 수월했기 때문에 부모를 선택한 것뿐이다. 달리 말하면 자신으로 인해 힘들어하는 부모를 바라보는 고통이 여자와 헤어지는 고통보다 더 크고 끔찍해서 견딜 수 없었던 것이다. 결국 자신의 마음이 덜 고통 받고 더 적게 상처 입는 쪽을 선택한 것에 다름 아니다. 젊은 친구는 자기 자신을 위한 최선의 선택을 한 것이지 결코 부모를 위해 여자와 헤어진 것은 아니란 사실을 분명하게 이해한 후 마음을 정리할 수 있었다.

자신의 결혼을 끝내 반대하는 부모와 인연을 끊고 남남이 되는 고통보다도, 여자와 헤어지는 고통이 더 컸다면 어떻게 했을까? 당연히 부모를 저버리고 여자를 선택했을 것이란 사실을 짐작하는 것은 그리 어렵지 않다. '부모 때문에 여자를 버린 놈'이란 꼬리표 대신 '여자 때문에 부모를 버린 놈'이란 꼬리표를 기꺼이 달았을 것이다. 그러나 젊은 친구가 여자와 헤어진 것을 보면 '여자 때문에 부모를 버린 놈'이란 꼬리표만은 결코 달고 싶지 않았음을 쉽게 알 수 있다. 인생의 대소사가 다 그렇다. 점심 메뉴를 선택하는 사소한 일에 이르기까지 모든 선택이 다르지 않다.

　　자신의 마음이 가장 편안하고 가장 원하는 쪽, 또는 자신의 마음이 조금이라도 덜 불편하고 견디기 쉬운 쪽을 선택할 뿐이다. 그 누구도, 어떤 일에서도 예외란 일을 수 없다. 수십억의 손해를 감수하면서까지 친구와의 우정을 지켰다고 하자. 친구와의 우정은 표면적 이유다. 실상은 자기 자신의 만족이 큰 쪽을 선택한 것이다. 우정을 저버리는 것 보다, 수십억의 돈을 손해보는 것이 바람직하다고 판단한 것이다. 돈을 좇는 자신의 모습보다 우정을 지키는 자신의 모습에 더 큰 희열과 만족을 느꼈을 것이다.

　　종교적 신념 또한 마찬가지다. 어떤 종교를 믿는다는 것은 그 종교가 자신의 종교적 열망을 가장 크게 만족시켜주기 때문이다. 이때 종교라는 것도 자신의 눈높이에서 자신이 상상하고 그려보는 종교일 뿐, 반드시

　　　　　　　　　　　　　　　　　　　　귀로 보고, 눈으로 듣는다

그 종교의 본령(本領)과 일치하지 않을 수 있다는 사실은 재론의 여지가 없다. 어쨌거나 누구나 자신이 원하는 것, 얻고자 하는 것을 가장 충족시켜 주는 종교를 믿는 것은 자연스러운 일이다. 결국 종교 또한 자기 자신을 위한 최선의 선택의 결과일 뿐이다. 기독교인 중에 '교회에 다니는 것은 예수님의 말씀만이 진리이기 때문'이라고 주장하는 사람들이 대부분이다. 그 신념 또한 자신의 입맛에 가장 잘 맞는 생각을 신주단지 모시듯 숭배하며 집착하는 것에 지나지 않는다.

자신의 의식 수준에서 가장 이해가 잘 되고 믿기 쉬운 종교를 선택하고 받아들인 후 스스로가 그 종교에 강력한 권위를 부여한 채 하나의 신념체계로 도그마로 절대 신성시하고 있는 것에 다름 아니다. 어떠한 신념체계나 종교를 믿는다는 것은, 결국 그 신념체계나 종교가 믿을만하다는 자신의 생각과 판단력을 믿은 것일 뿐, 그 이상도 그 이하도 아니다. 타 종교에 대해 모르면서도, 누군가로부터 전해들은 몇 마디의 말만으로 안다는 착각을 일으킨 채, 자신이 믿는 종교가 최고라는 생각하는 것도 자기만족을 위한 과대망상일 뿐이다. 결코 마루 종(宗)자에 가르칠 교(敎)자를 쓰는 종교인(宗敎人)인이 할 수 있는 짓이 못된다.

봉사활동을 하는 것 또한 다르지 않다. 타인을 위해 봉사활동을 한다고 하지만 진실은 자기 자신을 위함이 봉사활동의 본질이다. 술 마시고 노는 즐거움보다도 보육원에 가서 힘들게 이불 빨래를 하는 것이 자기만족을 극대화시키며 행복감을 안겨주기 때문에 술 마시러 가는 발걸음을 보육원 쪽으로 돌린 것뿐이다. 무엇인가를 바라는 기도는 물론이고, 지혜롭고 올바르게 성령의 도구로 쓰일 수 있게 해달라며 한없이 자신을 낮추는 기도 또한 자기만족을 좇는 짓에 다름 아니다. 그렇게 하는 것을 옳다고 생각하고, 그렇게 하는 것을 원하는 탓에, 그렇게 해야만 마음이 편하기 때문에, 그렇게 하는 것뿐이다. 물질적 성취를 바라는 기도는 천박한 것이고, 하나님의 도구로 온전히 쓰이기를 갈구하는 기도는 성스럽다는 자신의 잣대에 충실한 생각놀음을 즐기는 것뿐이다.

언제 어느 곳에서나 모든 일이 '나'로 말미암아 일어난, 나를 위한, 나의 일임을 깨닫는 것이 '나'를 비워내고 '나 없음'의 심령이 가난한 자로 거듭나기 위한 첫 단추다. 천국을 등기이전하고 부처에 이르는 지름길이다.

무거운 짐 진 자들아

"수고하고 무거운 짐 진 자들아! 다 내게로 오라. 내가 너희를 쉬게 하리라. 나는 마음이 온유하고 겸손하니 나의 멍에를 매고 내게 배우라. 그러면 너희 마음이 쉼을 얻으리니, 이는 내 멍에는 쉽고 내 짐은 가벼움이라."

성경의 마태복음 11장 28~30절의 메시지다. 여행사들이 연말이나 연초를 특별 할인기간으로 정해놓고 각종 패키지 여행상품을 광고한다. 일상에 지친 현대인들을 유럽이나 동남아, 혹은 아프리카 등지의 세계적인 관광명소로 끌어들이기 위해서다. 마찬가지다. 예수님이 수고하고 무거운 짐 진 자들을 향해 편히 쉴 수 있는 천국으로 함께 여행을 떠나자고 외치고 있다.

수고하고 무거운 짐 진 자들은 단순히 춥고, 배고프고, 헐벗은 가난한 자들만을 말하는 것이 아니다. 물질적 풍요를 누리는 백만장자일지라도 더 편하고 싶고, 더 가벼워지고 싶은 욕심과 욕망이 남아있다면 수고하고 무거운 짐 진 자이다. 아직 심령이 가난하지 못해서 행복한 천국의 삶을 누리지 못하고 있다면 수고하고 무거운 짐 진 자에 다름 아니기 때문이다.

천국으로 여행을 떠나기 위해선 어떻게 해야 하는가? 굳이 여행사를 선택해 천국행 티켓을 예매하지 않아도 된다. 도처에 우후죽순처럼 널려 있는 이런저런 교파의 여행사들을 통해야만 하는 것이 아니다. "온유하고 겸손한 나의 멍에를 메고 내게 배우라는 것"이 예수님의 메시지이다. 이 메시지가 어떤 의미인지도 모른체 주여 주여 한다고 해서 다 천국에 갈 수 있는 것이 아니다. 예수님의 메시지를 정확히 꿰뚫어볼 수 있는 정견(正見)이 전제되어야만 하나님 뜻대로 행하는 정행(正行)이 이루어짐으로써 천국에 갈 수 있다.

'온유하고 겸손한 나'는 누구이며, '나의 멍에를 메고 내게 배우라'고 한 것은 어떤 뜻인가? 온유 겸손은 세속에 물들어 선악미추(善惡美醜) 대소유무(大小有無) 선후본말(先後本末)의 두 마음으로 쪼개진 욕심욕망의 '거짓 나'를 텅 비워낸 '나 없음'의 심령이 가난한 자의 속성이자 특징이다. 바로 세상의 모든 업연(業緣)으로부터 벗어나 심령이 가난해진 예수님이 '온유하고 겸손한 나'인 것은 의심의 여지가 없다. 그러나 많은 사

귀로 보고, 눈으로 듣는다

람들이 알고 있듯이 '온유하고 겸손한 나'는 예수님만을 지칭하는 것이 아니다. 예수님만 하나님의 독생자라는 생각은 망상(妄想)일 뿐이다. 하나님의 모습을 그대로 본떠 만든 모든 인간의 내면에서 활활 타오르고 있는 성령의 불씨가 바로 독생자(獨生子)이다. 하늘의 성(性)이 그대로 인간에게 내재해 있는 것이 성(誠)이라는 말이 있다. 모든 만물에 불성(佛性)이 있고, 모든 사람이 부처라는 말도 있다. 다 같은 말이다.

예수님만이 특별하기에 태어나면서부터 독생자였던 것이 아니다. 예수님도 자신의 주견(主見)을 모두 버리고 심령이 가난한 자로 거듭나 온전한 성령의 도구가 되었기 때문에 독생자다. 누구나 매 순간 내면의 때 묻지 않은 양심의 소리를 따를 수 있다면, 하늘처럼 성실(誠實)할 수 있다면, 불성(佛性)을 깨닫는다면 독생자(獨生子)로 거듭날 수 있다. 업식 덩어리인 아상(我相)을 깨부수고 니르바나에 도달할 수 있다. 독생자란 모든 사람에게 내재해 있는 하나님의 성령과, 성령의 도구로 거듭나 심령이 가난해진 예수님을 아우르는 말이다. 예수님이 "나는 길이요 진리요 생명이니"라고 할 때의 '나'와 부처님이 "하늘 위 하늘 아래 오직 나만이 홀로 존귀하다"고 할 때의 '나'가 다르지 않다. 수천 년 전에 죽은 예수와 석가라는 우상에 사로잡혀 추종자로 전락하라는 말이 아니다. 예수와 석가라는 상을 만들어서 복이나 구걸하라고, 자신들을 내세우고 자랑한 말이 아니다. 성령과 불성 및 그 성령과 불성이 발현된 말씀과 법을 등불 삼고 의지하라는 것이 진실된 속뜻이다.

불교적으로 표현한다면 나뭇가지에도, 길 위의 돌 속에도, 모든 사람의 가슴속에도 내재해 있는 성령이 법신불(法身佛)이라면 성령의 도구로 거듭나 하나님의 독생자가 된 예수님이 화신불(化身佛)이다. 우리 모두의 내면에 갈무리되어 있는 성령의 하나님을 따르고 의지하는 것이 자등명(自燈明)이고, 예수님의 말씀을 믿고 따르고 의지하는 것이 법등명(法燈明)이다. 자등명(自燈明) 법등명(法燈明)은 부처님께서 열반에 드시기 전 아난이 설법을 청하자 제자들에게 마지막으로 남기신 가르침이다. 저마다 자기 자신의 불성(佛性)을 등불로 삼고 신령스런 내면의 불성을 의지해 수행하라는 것이 자등명(自燈明)이다. 화신불인 부처님께서 설하신 진리의 가르침을 등불로 삼고 의지하라는 것이 법등명(法燈明)이다. 부처님께선 당신의 열반 후에 제자들이 등불로 삼고 의지할 것을 자등(自燈)과 법등(法燈)으로 분명하게 못 박으시고, 자등(自燈)과 법등(法燈) 외에는 그 무엇도 등불을 삼거나 의지하지 말라고 말씀하셨다.

부처님의 이같은 의지는 금강경에도 여실히 드러나 있다. "만약 모양으로 여래를 보려고 하거나, 음성으로 찾으려고 한다면, 이같은 사람은 삿된 도를 행하는 것이므로 능히 여래를 볼 수 없다"는 若以色見我(약이색견아) 以音聲求我(이음성구아) 是人行邪道(시인행사도) 不能見如來(불능견여래)라는 구절이 바로 그것이다. 자등(自燈)과 법등(法燈)을 등불로 삼고 의지하여 수행해 갈 뿐, 부처라는 상을 추종하는 무리가 되어선 안 된다고 분명하게 설파하셨던 것이다.

귀로 보고, 눈으로 듣는다

예수님은 수고하고 무거운 짐 진 자들을 쉬게 해 주겠다고 말하면서도 어째서 '나의 멍에를 매고'라는 표현을 했을까? 세상의 온갖 탐욕과 방종에 물든체 오합지졸처럼 우왕좌왕하는 것이 수고하고 무거운 짐 진 자들의 특징이다. 곡식밭으로 향하는 소의 고삐를 잡아당겨서 마음 밭을 일구도록 하기 위해선 우선 먼저 멍에를 매도록 해야 한다. 불나방처럼 지옥의 욕화(慾火)를 향해 달려가는 수고하고 무거운 짐 진 자들을 천국으로 안내하기 위해선 지옥으로 향하는 발걸음을 멈춰 세워야 한다. 그런데 지옥으로 달려가는 발걸음을 멈추는 일이 그리 간단하지만 않다. 관성의 법칙 때문이다. 외부에서 힘이 가해지지 않는 한 모든 물체는 자기의 상태를 그대로 유지하려고 하는 것이 뉴턴의 운동법칙 중 제1법칙인 관성의 법칙이다. 정지한 물체는 정지한 채로 있으려고 하고, 움직이던 물체는 등속 직선운동을 계속하려고 한다. 지옥의 낭떠러지를 향해 질주하는 수고하고 무거운 짐 진 자들을 잡아당기기 위해선, 멈춰 세우기 위해선 멍에가 필요할 수밖에 없다.

지옥으로 질주하는 자를 급정거시키면 고꾸라지며 고통스러워한 다. 금단 현상에 시달리는 것과 같은 이치이다. 한번의 죽음을 겪고 거듭나야 한다고 말한 것도 이때문이다. 가치관, 인생관, 세계관, 우주관 등 이 세상과 사회로부터 프로그래밍 당한 모든 것들로부터 벗어나는 일대사(一大事)가 어찌 쉬운 일이겠는가? 이 세상과 사회로부터 프로그래밍 당한 것 외에도 스스로가 보고 듣고 배우고 경험하면서 의식 속에 저장해 온 모든 기억의 덩어리인 '거짓 나'로부터 자유로워지는 일이 가장 크고 장한 일인만큼 그에 상응하는 가장 큰 고통을 감내하고 이겨내야 하는 것 또한 당연하다. 마음이 쉼을 얻어 '나 없음'의 아공(我空) 법공(法空)의 심령이 가난한 자로 거듭나 천국의 주인이 되는 일에 어떻게 대가를 치루지 않을 수 있겠는가?

  자신이 천국으로 향하는 길을 발견하고 출발했다고 해서 모든 문제가 사라지는 것이 아니다. 그동안 함께 지옥으로 향하던 무리들, 특히 가까운 가족과 친지일수록 자신들과 정반대의 길로 향하는 것에 대해 반발할 것이다. 무엇이 옳고 그르고의 문제를 떠나 자신들과 함께 하지 않는다는 한 가지 사실만으로 못 견디게 서운해 하면서 가슴아파할 것이다. 다시 지옥행 대열에 합류할 것을 종용하다가 여의치 않으면 배신자의 굴레를 씌우는 짓도 서슴치 않을 것이다. 이같은 맥락에서 수고하고 무거운 짐 진 자들을 쉬게 하겠다는 예수님께서는 다음과 같은 말씀을 덧붙이셨다.

  "내가 세상에 화평을 주러 온 줄로 생각하지 말라. 화평이 아니요 검을 주러 왔노라. 내가 온 것은 사람이 그 아비와 딸이, 어미와 며느리가 시어미와 불화하게 하려 함이니 사람의 원수가 자기 집안 식구리라."

  이같은 예수님의 말씀에 대한 가장 천박한 해석은 예수님께서 자신을 믿는 사람에게는 화평을 주지만, 불신하는 자들에게는 검을 주어서 가족들끼리 분쟁케 하겠다는 경고라고 해석하는 짓이다.

이는 엘리사가 자신을 대머리라고 놀린 아이들을 여호와의 이름으로 저주하자 숲속에서 곰이 나와 42명의 아이들 모두를 찢어죽였다거나 하나님을 믿지 않으면 유황불 지옥에서 죽지도 못하고 영원히 고통 받게 될 것이라는 구약시대의 망언(妄言) 망동(妄動)에 다름 아니다. 하나님의 수준이 그 정도라면 두려워할 필요조차 없다. 이미 존재계로부터 도태되어 사라진, 아니 어느 한 순간도 실재했던 적 없는 유대민족의 망상(妄想) 속에서나 존재했던 망령(妄靈)에 지나지 않기 때문이다. 믿고 안 믿고는 전적으로 하나님에게 자유의지를 부여받은 인간의 책임이라는 유아적 발상도 사라져야 한다. 자유의지를 주었다는 한마디로, 믿음도 없이 죄나 지으며 창조섭리에 어긋나는 짓을 하는 불량품을 만든 자를 창조주로 인정할 수는 없다. 그같은 창조주 하나님이라면 어리석은 인간이 만든 망상속의 망령이 틀림없다.

본론으로 돌아가서 예수님은 왜 검으로 가족들끼리 분쟁케 하러 왔다고 했는가? 가족이 소중한 것은 나와 가장 가깝고 친밀한 관계를 맺어온 존재이기 때문이다. 나의 관심과 애정과 시간과 돈 등을 가장 많이 쏟아부은 존재가 가족이다. 자기 자신 다음으로 가장 사랑하는 소중한 존재가 부모형제 및 남편 아내 자식인 탓에 '나'를 텅 비워내고 성령의 온전한 도구가 되기 위해선 가족으로부터도 자유로워야 한다. 그러기 위해선 검으로 가족과의 혈연을 끊어내야 한다. 그 과정에서 가족의 거센 반발에 부딪치게 된다. 아버지와 딸이, 며느리가 시어머니와 불화하게 된다. 이 또한 당연히 넘어야 할 산이다. 내 밖의 가족들보다 더 친밀한 내 안의 서로 다른 온갖 나와도 단호하게 인연을 끊고 오직 천국을 향한 일심만이 독로(獨露)해야 한다. 그때 비로소 '나 없음'의 아공(我空)인 심령이 가난한 자로 거듭 태어나게 된다. 심령이 가난한 자만이 가족을 사랑한다는 자기 생각에 충실한 것이 아니라, 진정으로 가족을 위하고 사랑할 수 있게 된다.

기도를 통해 자신의 주견을 모두 비워내고 성령의 도구로 거듭날 때 비로소 심령이 가난한 자가 되어 천국에 들어가는 것을 달마스님께서는 "외식제연(外息諸緣) 내심무천(內心無喘) 심여장벽(心如墻壁) 가이입도 (可以入道)" 즉, 밖으로 모든 인연을 쉬고, 안으로는 마음의 헐떡거림이 없어서, 마음이 마치 담벼락 같이 되면, 도(道)에 들어갈 수 있다고 말씀하셨다. 이 세상에 적응하지 못해서, 자신의 욕심이 충족되지 않아서 불행한 삶을 살고 있는 수고하고 무거운 짐 진 자가 멍에를 매지도, 배우지도 않고, 겸으로 모든 인연을 끊어내지도 않고 머리와 입으로만 주여 주여 한다고 해서 천국에 갈 수는 없다. 탐욕스런 '거짓 나'가 주인이 되어서 하나 더하기 하나는 둘이 되고 다섯이 되어야만 하는 주판을 꺾어버려야만 한다. 하나 더하기 하나는 하나가 되고 영(零)이 되는 새로운 셈법을 증득하는 순간, 비로소 천국의 삶을 누리게 될 것이다.

귀로 보고, 눈으로 듣는다

다이어트의
비밀

차마시는 일을 거의 즐기지 않았던 오랜 지인이 차를 한 봉 선물해주었다. 자신이 요즘 즐겨 마시는 차로, 젊은 여성들에게까지 유행하는 마태차라는 설명을 덧붙였다.

차를 즐겨 마시기 시작한 지가 30여년이 지났음에도 불구하고 한 번도 들어본 적이 없는 차다. 어떤 차이기에 그동안 차에 관심조차 없던 지인은 물론 젊은 여성들까지 즐겨 마신다는 것인지, 차의 효능이 무엇인지 궁금해졌다.

컴퓨터를 켜서 마태차를 검색해 보았다. 대표적 효능이 다이어트란 사실을 확인했다. 젊은 여성들에게 까지 인기가 있는 까닭이 이해되었다. 그러거나 말거나 차를 좋아 하는 탓에 얼른 컴퓨터를 끄고 찻물을 끓여

진하게 우린 마테차를 한잔 마시다가 수많은 사람들을 그토록 열광하게 하는 다이어트에 대한 한 생각이 일었다.

다이어트란 일반적으로 몸에 불필요하게 붙은 살을 빼는 작업을 지칭하는 말이다. 물론 식이요법을 포함시킬 수도 있다. 비만의 원인은 여러 가지가 있겠지만, 정신 및 육체 활동에 따른 칼로리 소모에 비해서 섭취한 음식물의 칼로리가 과도한 것이 주요 원인일 것이다. 통장에 100원을 저축했는데, 50원만을 찾아서 썼다면 50원이 통장 잔고로 남는 것은 당연하다.

그렇다면 비만 해소의 방법은 간단하다. 저축을 조금 줄이든가 아니면 저축대비 지출을 조금씩 늘리면 된다. 이같은 이치를 모르는 사람은 아무도 없다. 그럼에도 불구하고 다이어트에 성공하는 사람보다 실패하는 사람들이 더 많은 탓에 온갖 효과적이고 좋다는 다이어트 방법들이 매일매일 우후죽순처럼 늘어만 가고 있는 실정이다.

다이어트에 성공하기 위해 가장 최우선되어야 할 중요한 것은 무엇일까? 자신에게 맞는 맞춤형 다이어트 방법을 찾는 것도 중요하다. 운동과 식이요법을 병행하는 것도 타당하다. 근본적으로 체질을 개선하는 것이 우선되어야 한다는 것도 맞는 말이다. 모든 다이어트 방법이 나름대로 다 효과적이다. 그러나 가장 중요한 한 가지가 빠져 있다.

귀로 보고, 눈으로 듣는다

다이어트를 하는데 있어서 가장 중요한 한 가지란 무엇인가? 그것은 바로 비만을 불러 온 식탐이라는 마음의 지방을 분해하는 것이다. 마음의 다이어트가 전제되지 않는다면 어떤 다이어트라도 일시적 효과를 내는데 그칠 뿐 요요현상으로부터 자유롭기 어렵다. 날씬한 몸매를 유지하기도 어렵고, 유지한다고 해도 매일매일 힘겨운 숙제에 시달리듯, 자신과의 고통스런 싸움을 감내해야 한다.

마음의 다이어트는 무엇이며, 어떻게 해야 하는가? 마음의 다이어트는 아이러니하게도 살을 빼려는 그 마음을 내려놓는 것에서 부터 시작된다. 날씬한 몸매를 부러워하며 조급하게 살을 빼려는 마음과, 맛있는 음식을 좋아하며 과식을 하는 마음이 조금도 다르지 않기 때문이다. 성급하게 무리한 다이어트를 시도하는 그 마음이 바로 식탐을 일으키며 비만을 부르는 마음과 다르지 않다는 말이다.

마음의 지방을 분해하고 연소시키는 일이 병행되지 않는 한, 효소 다이어트가 되었던, 황제 다이어트가 되었던, 포도 다이어트가 되었던, 한약 다이어트가 되었던 마태차를 마시던 성공하기 어렵다.

비유컨대, 컴퓨터가 바이러스에 걸려서 기본적인 운영 프로그램이 작동되지 않고 있다면, '버블 파이터'라는 게임을 실행시키지 못한다. '메이플 스토리'를 깔아도, '서든 어택'을 설치해도 실행되지 않는 것은 마찬가지다. 컴퓨터의 근본적인 문제는 외면한 채 이런저런 종류의 게임을 깔아 보아도 소용이 없다. 이런저런 게임 프로그램을 바꾸어 설치하기

보다는 컴퓨터의 운영 프로그램을 엉키게 한 주범인 바이러스를 제거하는 작업이 우선되어야함은 당연하다.

　마음의 다이어트도 마찬가지다. 마음의 운영 프로그램을 엉키게 한 탐욕(貪慾)이라는 바이러스를 제거하는 일이 최우선이다. 특히 비만과 관련해서는 식탐(食貪)이 주범이다. 식탐이 해결되지 않은 상태에서 이런저런 다이어트를 시도하는 것은 프로그램이 엉킨 컴퓨터에 이런저런 게임을 돌리려는 것과 같다. 어리석은 짓이다. 물론 전체적인 신진대사가 떨어진다거나 오장 육부 중 어느 장부의 기능 저하가 비만의 주원인이라면, 컴퓨터의 하드적인 문제점들을 해결하듯 다양한 해결방안들이 모색되어야 함은 당연하다. 그러나 몸과 마음은 하나도 아니지만 둘도 아닌 탓에, 마음속 지방인 탐욕을 분해하고 연소시키는 것만으로도 다이어트의 효과는 충분하다.

　다시 한번 강조하지만, 마음의 탐욕으로부터 자유롭지 못하다면, 비록 굳은 의지로 살을 빼는데 성공해서 날씬한 몸매를 회복했다고 해도 일시적일 수밖에 없다. 마음의 다이어트가 선행되지 않았다면 날씬한 몸매를 유지한다고 해도 다이어트의 노예 신세를 벗어나기 어렵다. 음식으로 향하던 탐욕을 날씬한 몸매로 돌린 채 식탐대신 날씬 탐을 하는 억지춘향에 다름 아니기 때문이다. 날씬 한 몸매에 대한 욕망의 불꽃을 유지하기 위해 끊임없이 노심초사하는 다이어트라면, 즐겁고 건강하고 행복해야할 삶을 낭비하는 짓이다. 바람직한 다이어트가 아니다.

정리하자면, 다이어트는 마음속 탐욕이라는 지방을 제거하는 마음의 다이어트가 선행 내지 병행되어야만 한다. 그리고 마음의 다이어트는 '살을 빼서 날씬한 몸매를 회복하려는 욕심'을 내려놓는 것에서부터 시작되어야 한다. 마음의 다이어트가 과연 효과가 있을까? 마음의 다이어트란 무엇일까? 힘들지는 않을까? 내가 과연 해낼 수 있을까? 마음의 다이어트가 그렇게 효과적이라면 한번 해 봐야지 하는 생각들 또한 일어나는 그 즉시 내려놓는 것이 마음 다이어트의 핵심이다. 이같은 모든 생각들이 비만의 주범인 탐욕의 '거짓 나'가, 마음의 다이어트를 방해하기 속삭이는 감언이설이기 때문이다.

'다이어트를 하려는 생각조차 하지 말라고 하면 아무 생각도 하지 말라는 것이냐'며 의구심이 일어날 수도 있다. 그러나 그 생각 또한 일어나는 즉시 내려놓는 것이 마음 다이어트를 제대로 실천하는 것이다. 비만은 나쁜 것이고 다이어트와 날씬한 몸매는 좋은 것이라는 생각, 다이어트에 성공했을 때의 날씬한 몸매를 상상하고 꿈꾸는 일, 기간을 정해놓고 그 기간 안에 목표를 달성하겠다며 굳은 의지를 불태우는 짓 등등 그어떤 것도 필요로 하지 않는 것이 마음 다이어트다. 이같은 얘기를 머리가 아니라 가슴으로 받아들였다면, '어떠한 것도 필요 없다'는 말에 체하는 일도 없을 것이다. 혹시라도 체했다면 어떤 것도 필요 없다는 생각 또한 어떤 것에 포함되기 때문에 역시 비워내야 한다.

지금 이 순간 크게 숨을 한번 들이 쉬고 내쉰 후, 과거의 그 어떤 나와도 무관한 고요하고 또렷한 마음으로 살아가면 그뿐이다.

고요하고 또렷한 마음에는 식탐이 강한 나, 비만이 극심한 나, 몇 번의 다이어트에 실패한 전력이 있는 나도 없다. 날씬한 몸매를 간절히 원하고 빠른 시간내에 날씬해지고 싶어 하는 나도 없다. 그 어떤 나도 더이상 없다. 과거의 못 마땅한 '나'라는 것은 본래 없다. 본래 없는 탓에 '나'로부터 벗어나는 일 또한 불가능 한 것이다. 그래서 부정적인 과거의 '나'로부터 벗어나 멋있고 긍정적인 나로 탈바꿈 하고 싶은 생각이 일어난다면 그 즉시 내려놓으면 된다. 그 생각이 곧 고요하고 또렷한 마음이 흔들림으로써 생겨난 허상의 거짓 '나'로 행복한 삶의 훼방꾼이며 마구니고 사탄이다.

지금 여기에서 홀로 빛나는 고요하고 또렷한 마음에는 비만을 겪어온 나도 없고, 날씬한 몸매를 원하는 나도 없다. 식탐으로 인해 체내에 지방이 축적되는데 걸린 시간만큼 지방을 분해하고 연소시키기 위해선 오랜 시간이 걸린다는 사실을 인정하고 느긋하게 기다릴 줄 아는 제법 합리적인 '나'도 없다. 그같은 사실을 이해하지 못하고 조급해하며 무리한 다이어트를 시도하는 '나'도 당연히 없다. 어떠한 나도 없는 고요하고 또렷한 마음만이 홀로 빛나고 있을 뿐이다. 음식을 줄이고, 운동을 하고 이런저런 의도를 가지고 다이어트를 하려는 욕심을 말끔히 비워내면 졸리면 잠자고 배고프면 밥 먹을 뿐이다.

이 이야기가 어렵게 들리고 자신의 논리와 충돌이 일어난다면, 아직도 이래야 하고 저래야만 하는 나를 고집하며 내려놓지 못한 것이다. '나를 내려놓는 작업이 어디 말처럼 그렇게 쉬운 일인가? 마음 공부나 명상을 전문적으로 수행하는 수행자들에게도 쉽지 않은 일인데'라는 견해가 일어날 수도 있다. 이 순간에도 탐욕의 거짓 나가 슬며시 고개를 드는 짓임을 즉각 알아차리고 그 생각을 쉬면 그뿐이다. 처음엔 음식을 보는 순간 좋아했던 기억과 함께, 습관적으로 식탐이 일수 있다. 군침이 돌며 먹고 싶은 생각이 소용돌이칠 수도 있다. 그러나 그 생각에 휩쓸리지 말고 고요하고 또렷한 마음으로 지켜보면 그뿐이다.

'이러면 안 되는데, 역시 난 안돼, 내가 미쳤어 밥 먹은지 얼마나 되었다고, 이번 주까지만 실컷 먹고 다음 주부터 본격적으로 하지 뭐'등등의 생각이 일어날 때도 빠짐없이 일어나는 생각들을 낱낱이 비춰볼 뿐이다. 지켜보면서도 긍정도, 부정도 하지 말고 그저 담담하게 지켜보기만 하면 된다. 지켜보는 일이 불가능할 만큼 무엇인가를 먹고 싶다는 생각이 요동치며 폭발하는 순간에도 놓치지 말고 간절하고 굳건한 마음으로 지켜볼 수 있어야 한다. 흔들리기 시작한다면 끓는 물 반 잔에 차가운 물 반 잔을 쏟아부은 음양탕(陰陽湯) 한잔으로 허기를 달랜 뒤 30여 분에서 한 시간 정도 바르게 앉거나 편안하게 누워 숨을 들이쉬고 내쉬는 호흡에 집중하는 것도 요긴한 방법이다.

욕망이 강하면 강할수록 식탐의 유혹에 흔들리며 실패할 확률이 높다. 그러나 그럴 때 일수록 흔들리지 않고 끝까지 지켜볼 수만 있다면 식탐을 조복(調伏)받아 몸과 마음의 다이어트를 성공적으로 해마칠 수 있는 절호의 기회인 것 또한 사실이다. 호흡에 집중하는 것으로도 식탐의 거센 물결을 감당하기 어렵다면 운동화를 신고 밖으로 나가 전력질주를 하면서 심장의 박동에 귀를 기울이는 방법도 유용하다. 이 말을 듣는 순간 '심장의 박동 소리를 들어도 안 되면 어떻게 하지'라는 생각이 일어났다면, 비만의 주범인 탐욕의 거짓 나가 은밀한 유혹을 시작한 것이다. 이 또한 놓치지 말고 지켜볼 수 있어야 한다.

식사를 할 때 식탁 위의 좋아하는 음식으로 눈이 가고 침이 넘어가면서 숟가락질이 빨라질 수도 있다. 그 즉시 알아차리고 비춰보면서 호흡을 가다듬으면 된다. 애써 숟가락질을 천천히 하면서 식탐을 억누르는 짓을 하지 않는 것이 중요하다. 그것은 거짓 나가 식탐의 불꽃을 꾹꾹 눌러서 언젠가 한꺼번에 폭발시키기 위한 교활한 전술이기 때문이다. 억압하면 할수록 언젠가 용암이 거세게 분출하듯이 폭발할 수밖에 없는 것이 존재계의 법칙이다. 식탐에 끌려가지 않고 지켜볼 수 있다면, 머지않아 생각하고 말하고 행동하는 일상의 모든 순간을 고요하고 또렷하게 지켜보는 일이 가능해진다. 그리고 깊은 잠속에서 꿈을 꾸려는 순간에도 놓치지 않고 알아차릴 수 있게 될 것이다.

이때 비로소 입술을 달싹하지도 않고, 목구멍을 통하지 않고도 무엇이든 먹고 싶은 것을 마음껏 먹을 수 있게 된다. 이것이 몸과 마음의 온전하면서도 진정한 다이어트다.

제2장

불조의 가르침과
수행의 실제

마침내
깨닫게 될 뿐

'나비효과'라는 말이 있다. 나비의 날개 짓이 폭풍우를 유발시키듯 초기치의 미묘한 움직임이 크게 증폭되어, 훗날 예기치 못한 결과를 낳게 됨을 의미하는 말이다. 이 이론은 1963년 유체역학을 통해 기후예측을 시도했던 미국의 기상학자 에드워드 로렌츠로부터 시작되었다.

나비효과 이론에 따르면, 오늘 서울의 대기에 미세한 파장을 일으킨 나비의 날개짓이 다음 달 북경에서 폭풍우라는 결과를 낳을 수도 있다. 세상은 제각각 서로 무관한 듯 보이지만 실상은 서로 연결돼 있는 하나의 유기체임을 알 수 있다. 이처럼 세상의 모든 만물이 서로서로 영향을 주고받으며 본원(本源)의 세계에서는 둘이 아니라는 사실을 잘 드러내주고 있는 속담이 있다. '바람이 불면 통장수가 돈을 번다.'는 일본의 속담이 바로 그것이다. 바람이 부는데 어떻게 통장수가 돈을 벌수 있을까요?

귀로 보고, 눈으로 듣는다

바람이 심하게 불면 모래가 흩날리게 되고, 그 모래가 사람들의 눈에 들어가면 눈병을 유발하게 된다. 눈병으로 장님이 많아지면, 북이 잘 팔리게 된다. 그리고 북을 만드는 주재료가 고양이 가죽 인 탓에, 북이 많이 팔릴수록 고양이 수가 줄어들게 된다. 고양이 수가 줄어들게 되면 쥐가 성해지고, 개체수가 늘어난 쥐들이 통을 갉아먹기 때문에 바람이 불면 통장수가 돈을 번다는 말까지 생겨났다. 장님이 많아지면 북이 잘 팔렸던 것은, 일본의 에도시대 당시에는 맹인들의 대다수가 고양이 가죽으로 울림판을 만든 샤미센이나 북을 연주하며 생계를 꾸려갔기 때문이다.

부처님께서도 화엄경에서 '인드라'의 그물이라는 법문을 통해
"한없이 넓고 큰 인드라망은 그 이음새마다 구슬이 있는데, 그 구슬이 서로를 비추듯 모든 만물은 상호연관 작용을 하고 있다"고 밝히셨다. 세상의 일들이 전혀 별개인 듯 보이지만 실상은 하나의 그물처럼 서로 연결되어 있다는 사실을 안다면, 일상의 사소한 말 한 마디, 작은 행동 하나라도 소홀히 하는 일은 결코 있을 수 없다. 무심코 내뱉는 한 마디의 말이 훗날 어떤 열매가 되어서 돌아올지 모르기 때문이다.

이 책이 눈에 띈 순간, 이 책을 손에 들고 첫 페이지를 읽는 순간, 나비의 날개짓은 시작되었다. 지금 여기의 미세한 날개짓은 마침내 깨달음의 거대한 폭풍우를 불러올 것이다. 한 페이지 한 페이지, 한 줄 한 줄, 한 글자 한 글자가 온몸의 세포를 흔들어 깨우고, 뇌 세포 하나하나에 깊게 각인(刻印)되어, 영혼의 우담바라를 전율케 할 것이다. 이제 곧 한 손바닥

소리를 듣는 지음자(知音者)가 되어, 구멍 없는 피리를 불고 줄 없는 거문고를 탄주하게 될 것이다.

먼지 속의
시방세계

하루는 24시간이다. 누구에게나 똑같다. 그러나 24시간을 느끼는 심리적 시간은 전혀 다르다. 모든 사람에게 시간의 무게가 똑같을 수는 없다.

두 사람이 체력 등 기본적인 조건이 동일한 가운데, 농구 시합을 한다고 가정해보자. 한 사람은 친구와의 약속 때문에 마지못해 농구를 하고, 다른 한 사람은 기쁜 마음으로 농구 자체를 즐긴다면 두 사람 중 어떤 사람이 더 지치게 될까? 농구를 하는 내내 누가 더 많은 스트레스에 시달리고, 시간의 무게에 짓눌리며 늙어가게 될까?

두 사람이 농구를 하는 물리적 시간은 똑같다. 그러나 심리적인 시간은 많은 차이가 난다. 농구는 수단일 뿐, 다른 목적을 위해 농구를 하는 사람은 열 시간의 중노동처럼 시간의 무게에 시달릴 것이다. 농구 자체를 본 목적으로 신나게 즐기는 사람에게는 눈 깜짝할 사이에 시간이 지나가 버릴 것이다. 이처럼 눈앞에 펼쳐지는 '지금 여기'의 실존하는 삶 속으로 마음이 온전히 녹아들어 행위자와 행위가 둘 아니게 된다면 시간과 공간이 사라지게 된다.

미래의 어떤 목적을 달성하기 위해 현재의 순간을 수단시하는 것은 그 자체로 이미 두 마음의 갈등구조 속에 빠져든 것에 다름 아니다. 매 순간이 그대로 수단이며 목적일 때 비로소 두 마음이 아닌, 온전한 한마음으로 시간의 무게로부터 자유로워질 수 있다. 이때 비로소 창조성이 발현(發現)되며 신명나는 행복한 삶을 누리게 된다.

과거, 현재, 미래라는 시간이 끊어지고 공간마저 사라진 가운데 한마음만이 너울거리며 노동이 춤이 되고 춤이 노동이 되는 화엄의 세상에 대해 고인들께서는 어떻게 말씀하셨는가?

신라시대 화엄의 법석을 펼치신 의상조사께서는 법성게를 통해 시공(時空)을 초극(超克)한 화엄 법계를 다음과 같이 노래하셨다.

일미진중함시방(一微塵中含十方)
한 티끌 속에 시방 세계가 머금어져 있다.

일체진중역여시(一切塵中亦如是)

모든 티끌들이 또한 이와 같다.

무량원겁즉일념(無量遠劫卽一念)

헤아릴 수 없는 원겁이 곧 일념이다.

일념즉시무량겁(一念卽是無量劫)

일념이 곧 무량겁이다.

돈오돈수와
돈오점수

선가(禪家)에는 견성성불(見性成佛)이라는 말이 있다. 자성(自性)을 보아서 부처를 이룬다는 의미다. 굳이 한 생각을 일으켜서 견성과 성불의 순서를 정한다면 견성이 먼저다. 견성(見性)하여 깨달은 후 이미 익은 술을 더욱더 숙성시키듯, 되찾은 자성(自性)을 잘 보호하여 지키는 보임(保任)을 거쳐 성불한다는 의미로 볼 수 있다. 그렇다고 돈오점수(頓悟漸修)가 맞고 돈오돈수(頓悟頓修)가 틀리다는 주장을 하려는 것은 아니다.

'나'가 있다는 생각을 텅 비워버린 아공(我空) 법공(法空)을 증득케하기 위한 방편으로 견성과 성불을 세웠다면, 그 순서 또한 얼마든지 정할 수 있다. 견성을 성불의 필요조건으로 보아도 되고, 견성이 성불이고 성불이 견성이라고 해도 문제될 것은 없다. 견성과 성불을 필요충분조건으로 보아도 된다는 말이다. 말이 견성성불일 뿐, 이미 성불해 있는 존재인 까닭에 자성을 보는 일이 가능하다며 성불이 먼저고 견성이 나중이라고 해도 문제될 게 없다.

　자전거를 막 배운 사람이나 배운지 오래된 사람이나 넘어지지 않고 자전거를 탄다는 사실은 동일하다. 그러나 자전거에 쌀을 한 가마니 싣고서 논두렁길을 달린다면 분명 큰 차이를 보일 것이다. 이같은 실례을 통해 알 수 있듯이 자전거를 탄다는 체(体)와 쌀을 한 가마니 싣고서 잘 탈 수 있느냐의 용(用)을 구분할 수도 있다. 즉 체(体)의 측면에선 돈오(頓悟)를, 용(用)의 측면에선 점수(漸修) 강조하고 주장할 수 있다는 말이다. 그러나 알음알이를 통해 돈오(頓悟)했다는 견해를 고집하거나, 해오(解悟)의 귀신굴 살림을 차린 채 끝없는 업식놀음을 일삼는 병에 즉한 약으로써 돈오돈수를 강조할 수도 있다. 엄엄(嚴嚴)하고 치열한 수행가풍을 세우기 위해 단박에 깨쳐서 더이상 수행할 것이 없는 돈오돈수(頓悟頓修)만이 진정한 깨달음이라고 주장할 수도 있다는 말이다. 병에 즉한 약으로써 더이상 닦을 것이 있다면 돈오가 아니라는 주장은 탁견(卓見)이다. 적확(的確)한 진단인 동시에 정확(正確)한 처방이며 투약이다.

　그러나 돈오점수(頓悟漸修)가 되었건, 돈오돈수(頓悟頓修)가 되었건 간에 수행의 방편일 뿐이다. 돈오점수와 돈오돈수가 각각 별개의 것으로 실재하며 하나는 맞고 하나는 틀리다는 견해를 짓는 것은 양변으로 곤두박질치는 어리석은 짓에 다름 아니다. 돈오(頓悟)하지 못한 학자들이 자신들의 학문적 스펙을 쌓기 위해 벌이는 생각놀음 속의 학술세미나에서나 가능한 일이다. 돈오(頓悟)하지 못한 학자들이 돈오(頓悟) 이후의 점수(漸修)와 돈수(頓修)에 대해 입을 대는 것은 3층 건물을 짓는데 1층은 올리지도 않고 3층을 지으려는 것과 똑같은 어리석은 짓이다. 말과 글을 통한 알음알이가 아니라 실참실오(實參實悟)를 통한 아공(我空) 법공(法空)의 돈오(頓悟)라면 돈수니 점수니 하는 말이 붙을 자리가 없을 뿐만 아니라 돈오(頓悟)라는 말조차도 붙을 자리가 없기 때문이다.

그렇다면 개구즉착(開口卽錯) 즉, 입만 열어도 어긋난다는 말인가? 진리는, 부처님 정법은 말로는 결코 표현할 수 없다는 말인가? 도(道)를 도(道)라고 하면 이미 도(道)가 아니란 말인가? 그렇지 않다. 돈오(頓悟)한 후에 말길이 끊어지고, 말길이 끊어지면 입에서 저절로 연꽃이 피어난다. 어떠한 말을 해도 어긋나지 않는 정언(正言)일 뿐이다. 사구백비(四句百非)로 벌어져도 사구백비(四句百非)가 아니다. 천만 마디의 말로도 결코 넘치는 법이 없다. 견성이니 성불이니, 돈오점수니 돈오돈수니 하는 온갖 악지악각(惡知惡覺)이 타파(打破)된 돈오(頓悟)라면, 견문각지(見聞覺知)가 그대로 정견(正見)이고 정각(正覺)이다. 이같은 까닭에 그때그때 필요에 따른 방편으로 돈오점수를 주장할 수도 있고 돈오돈수를 주장할 수도 있다. 붉은 화로에 떨어진 한 송이 눈처럼 '내가 있다'는 주견이 흔적도 없이 녹아서 사라진 아공(我空) 법공(法空)의 돈오(頓悟)라면 능히 죽이고 살리고 주고 빼앗는 살활종탈(殺活縱奪)이 가능하기 때문이다.

귀로 보고, 눈으로 듣는다

과거 현재
미래의 마음

 뜨거운 햇살을 받으며 빨갛게 피어난 장미꽃들이 여기저기에서 하나
둘 눈에 띄기 시작한다. 자신의 생각을 덧씌우지 않고, 있는 그대로의 장
미꽃을 온전히 볼 수는 없을까?

 장미꽃을 본 경험이 있다면 올 여름 막 피어나는 장미꽃을 볼 때, 있는
그대로 온전히 본다는 게 쉽지만 않다. 과거에 봤던 장미꽃에 대한 기억
으로부터 자유로운 마음이 아니라면, 장미꽃을 보는 순간 자신도 모르게
장미꽃에 대한 이런저런 과거의 기억들이 현재의식 위에 덧씌워진다. 과
거의 기억이 눈앞의 장미꽃을 바라보며 잠시나마 장미꽃과 하나 되었던
실존적 삶을 순식간에 망치는 주범이 된다. 장미꽃과 관련된 온갖 기억
의 편린들이 순수해야 할 현재 의식을 지배하기 때문이다.

"내가 제일 좋아하는 장미꽃이네, 저렇게 예쁜 흑장미를 다 보다니, 언제 봐도 장미꽃은 열정적이란 말이야, 꽃집에서 사는 것 보다 훨씬 더 꽃잎이 싱싱한데…" 등등 이런저런 생각이 일기 시작하면서 눈앞에 있는 장미꽃을 있는 그대로 보고, 하나 되는 일은 이미 물건너간 셈이다. 이런저런 생각들이 아니더라도, 단순히 "장미네" 혹은 "예쁘다" 정도의 생각들이 일어도 장미꽃을 온전히 본 것이 아니다. 지속적으로 장미꽃을 보고 있는 것 같아도 실상은 그렇지 못하다. 장미꽃을 보다가, 과거의 기억을 떠올리다가 하면서 갈팡질팡할 뿐 일심으로 장미꽃과 하나 된 것이 아니다. 마치 형광등 불빛이 항상 빛나고 있는 것처럼 보이면서도 켜졌다, 꺼졌다 반복하는 것처럼 장미꽃을 보는 마음도 전일(全一)하지 못한 채 오락가락 한 것에 다름 아니다.

눈앞에 활짝 핀 장미꽃을 온전히 본다는 것은 장미꽃이라는 생각, 예쁘다는 생각, 붉다는 생각 등 어떠한 생각도 일어날 틈이 없이 번개보다 더 빠르게 장미꽃을 봄으로써 장미꽃과 하나가 될 때 비로소 가능하다. 장미꽃을 보는 주체와 눈을 통해 보여지는 대상인 장미꽃, 그리고 주체와 대상을 연결해주는 보는 작용, 이 셋이 하나가 될 때 비로소 전도몽상으로부터 벗어나, 있는 그대로의 장미꽃을 본 것이다. 보되 보는 바 없이 정견(正見)이 이뤄진 것이다. 주체와 대상과 작용이 하나가 되었다는 것은 따로 주체도 없고 대상도 없고 작용도 없는 아공(我空) 법공(法空)을 말한다. 아공 법공은 일체가 사라지고 없다는 단멸공(斷滅空)이 아니라 졸리면 잠자고 배고프면 밥 먹는 평상심(平常心)을 말하는 것이다.

귀로 보고, 눈으로 듣는다

花笑聲未聽(화소성미청),

꽃은 웃어도 웃음소리가 들리지 않는다.

마조선사께서 "어떤 것이 도입니까"하고 묻자 "평상심시도"(平常心是道) 즉, 평상심이 곧 도라고 대답한 바로 그 평상심을 말하는 것이다. 평상심이란 말을 듣는 순간에도 장미꽃을 제대로 볼 때처럼 어떠한 사량분별도 일으키지 말고 한 순간 계합할 수 있어야 한다. 그렇지 않고 평상심을 어떤 특별한 상태의 마음 내지, 반대로 특별할 것 없는 습관에 젖은 채 일상생활을 하는 밋밋한 마음을 평상심으로 생각하고 받아들인다면, '평상심'이란 말에 떨어진 채 한로축괴(韓盧逐塊)의 어리석음에 빠진 것에 다름 아니다.

어떠한 기억이나 업식에도 영향을 받지 않고 있는 그대로의 장미꽃을 정견(正見)함으로써 장미꽃과 하나가 될 수 있는 평상심을 그대로 드러내 보인 금강경의 가르침이 있다. "과거심불가득 현재심불가득 미래심불가득(過去心不可得 現在心不可得 未來心不可得) 즉, 과거의 마음도 얻을 수 없고 현재의 마음도 얻을 수 없고 미래의 마음도 얻을 수 없다는 금강경 18분의 가르침이 그것이다.

과거의 마음도 현재의 마음도 미래의 마음도 없다면, 지금 이 순간 책을 보고 있는 마음은 어떤 마음인가?

귀로 보고, 눈으로 듣는다

문 밖의
깃발을 꺾어라

　아난존자는 부처님의 법문을 가장 많이 듣고 기억까지 하고 있어서 '다문(多聞)제일'로 칭송을 받았다. 그럼에도 불구하고 부처님 열반 후 가섭존자의 주창으로 오백 성승이 참여한 가운데 진행된 경전 결집에 참석하지 못했다. 깨닫지 못했다는 이유로 참석이 허락되지 않았기 때문이다.

　경전 결집에 참석하지 못하게 된 아난존자는 답답한 마음에 가섭존자께 물었다.

　"부처님께서 사형에게 전법(傳法)하실 때 금란가사 외에 따로 무엇을 전하셨습니까?"

　이에 가섭존자께서 문득 "아난아!" 하고 불렀다.

　아난존자가 "예" 하고 대답하자, 가섭존자께선 즉시 "문 앞에 있는 찰간대를 꺾어 버리라"고 말했다. 그러나 아난존자는 가섭존자의 말을 알 아듣지 못했다.

아난존자는 상심에 빠지지 않고 초심으로 돌아가 사흘 밤낮 동안 용맹 정진했다. 어째서 찰간대를 꺾으라고 했는지 간절히 의심한 끝에 법계에 가득한 한 권의 살아 숨쉬는 경전을 읽고 깨달음을 성취했다. 그리고 곧바로 경전 결집에 참여해 부처님 말씀을 들은 그대로 하나도 빠짐 없이 구술하여 경전 결집의 주역이 되었다.

무수한 법문을 듣고 기억까지 했으면서도 깨닫지 못했던 아난존자의 마음이 활짝 열리게 한 살아있는 경이란 무엇일까?

이 경과 관련된 반야다라 존자의 일화가 있다. 달마스님에게 법을 전하신 불조 정맥 27대인 반야다라존자께서 어느 날 궁궐의 재에 참석하셨을 때의 일이다.

왕으로부터 "다른 스님들께서는 모두 경을 읽고 계시는데, 스님께서는 어째서 경을 읽지 않습니까?"란 질문을 받게 되자 반야다라 존자께서는 다음과 같이 대답하셨다.
"빈도는 숨을 들이 쉴 때에는 오온(五蘊)과 십팔계(十八界)에 머물지 않습니다. 숨을 내 쉴 때에는 뭇 인연에 얽매이지 않습니다. 항상 이와 같이 백천만억 권의 경을 읽는 것입니다."

귀로 보고, 눈으로 듣는다

반야다라 존자께서 말씀하신 '백천만억의 경'에 대해 친절하게 설파해 놓은 불조의 게송이 있다.

아유일권경(我有一券經) 내게 한 권의 경이 있는데
불인지묵성(不因紙墨成) 종이와 묵으로 이뤄지지 않았네.
전개무일자(展開無一字) 펼치면 한 글자도 없으면서
상방대광명(常放大光明) 늘 큰 광명을 발하고 있구나.

종이와 먹으로 이루어지지도 않았고, 한 글자도 없지만 항상 광명을 발하는 이 한 권의 경전이 보고 듣고 말하는 것을 보고 듣고 말할 수 있는가?

오토매틱과
중립기어

"옳다 그르다, 길다 짧다, 깨끗하다 더럽다, 많다 적다를 분별하면 차별이 생기고 차별하면 집착이 생기게 된다. 옳은 것도 놓아버리고 그른 것도 놓아버려라."

수행의 요체를 설파하신 원효스님의 법문이다. 법문의 핵심은 그른 것만 내려놓는 것이 아니라, 옳은 것도 내려놓으라는 대목이다.

수행이란, 물(物)뿐만 아니라 심(心)까지 일체가 공(空)한데도, 실재하는 것처럼 생각하는 무명(無明)을 타파하는 것이다. 제행무상(諸行無常)과 제법무아(諸法無我)의 실상을 깨달아, 놓으려는 '나'도 없고 놓을 것도 없는 아공(我空) 법공(法空)의 열반적정(涅槃寂靜)을 증득하는 것이다.

탐진치(貪瞋痴) 삼독(三毒)을 벗어나 열반적정의 니르바나 언덕에 도

귀로 보고, 눈으로 듣는다

달하기 위해선 아공(我空) 즉, '나 없음'이 전제되어야만 한다. 이같은 까닭에 그른 것만 내려놓는 것이 아니라, 옳은 것마저 도 사무치게 내려놓아야 한다. 그른 것만 내려놓는다는 것은, 옳고 그름을 분별한 '나'를 인정하고 따름으로써 아상(我相)을 강화시키는 짓에 다름 아니다. '나'가 여전히 남아 주인 노릇을 하고 있는 것이기 때문이다.

그 '나'가 텅 비워져야 하기 때문에 원효스님께서는 제 입맛에 맞는 것은 옳다고 붙잡고 있고, 제 입맛에 맞지 않는 것은 그르다며 내려놓는 것이 아니라, 옳고 그름을 모두 내려놓으라고 하신 것 이다. 득실(得失)과 시비(是非)를 몰록 내려놓음으로써 '나'를 비워내는 것이 바로 수행의 요체이며 열반적정에 이르는 첩경이기 때문이다.

'나'를 비워내는 가장 요긴하고 강력한 방법은 끊임없이 일어나고 사라지는 생각을 쉬고, 또 쉼으로써 정(定)이 충만해지고 혜(慧)가 발현되도록 하는 것이다. 모든 부처님과 조사님들께서 생각을 쉬는 공부를 강조하신 까닭도 여기에 있다. 특히 짧은 게송의 형태를 띤 석상(石霜) 선사의 칠거(七去) 법문은 수행이 무엇인가를 명료하게 드러내고 있다.

도휴거헐거(道休去歇去) 도란 쉬어가고 쉬어가며,
일념만년거(一念萬年去) 한 생각을 만년과 같이 하며,
한회고목거(寒灰枯木去) 찬 재와 마른 나무같이 하며,
일조백연거(一條白練去) 한 가닥 흰 비단같이 이어가며

냉추추월거(冷湫秋月去) 가을 물에 달처럼 맑고 밝게 가며

고묘향로거(古廟香爐去) 옛 사당의 향로와 같이 하며,

역여유천거(亦如流川去) 마치 강물이 흘러가듯 하라.

선문(禪門)의 초조이신 달마 대사께서도 다음의 게송을 통해 수행의 요긴한 법로(法路)를 확연히 드러내 보이셨다.

외식제연(外息諸緣) 밖으로는 모든 인연을 다 쉬고

내심무천(內心無喘) 안으로 마음의 헐떡임이 없게 하라

심여장벽(心如墻壁) 마음이 담벼락과 같게 되면

가이입도(可以入道) 비로소 도에 들었다 하리라.

밖으로 모든 인연을 쉬고, 안으로 마음의 헐떡임이 없는 아공(我空) 즉, '나 없음'에 이르면 '집으로 돌아가는 길도, 친구의 전화번호도 다 잊고 생각하지 말라는 것인가' 하는 의문이 일어날 수도 있다. 그렇다면 즉시 그 생각을 내려놓는 것이 생각을 쉬는 공부다. 생각을 쉬면 쉴수록 집으로 돌아가는 길 뿐 아니라 초행길도 거침없이 활보하게 된다. 친구의 전화번호뿐만 아니라 처음 듣는 전화번호도 필요하다면 즉시 기억하게 된다.

생각을 쉼으로써 고요한 가운데 또렷한 마음이 발현되기 시작하면, 애써 기어를 변속하지 않아도 상황에 맞게 저절로 기어가 변속되는 오토

귀로 보고, 눈으로 듣는다

매틱 기어처럼 된다. 따로 생각을 일으켜 분별하지 않아도 된다. 어떤 가치관이나 사상(思想)에도 물들지 않은 마음은 있는 그대로의 세상을 정견(正見)하게 된다. 정견은 현실을 직시함으로써 가장 올바르고 적합한 행동으로 자연스럽게 이어진다.

정견(正見)에 따른 정행(正行)을 사서삼경 중 하나인 '중용'(中庸)은 다음과 같이 말하고 있다.

喜怒哀樂之未發(희노애락지미발) 謂之中(위지중)
희노애락이 나타나지 않은 상태를 중(中)이라고 하고
發而皆中節(발이개중절) 謂之和(위지화)
나타나서 모두 절도에 맞는 것을 화(和)라고 한다.

생각을 쉬고, 그 쉬는 일마저 쉼으로써, 어떠한 지식이나 주의(主義)-주장(主張)에도 물들지 않은 담벼락 같은 무심(無心)을 증득하게 된다. 담벼락 같은 무심(無心)이 희노애락이 일어나기 전의 중(中)이며, 바로 그 중(中)에서 발현(發顯)되는 마음은 오토매틱 기어처럼 모두 절도에 맞아 그 무엇과도 부딪침 없이 온전한 조화(調和)를 이룬다는 말이다.

오토매틱이 아닌 수동기어라고 해도 크게 걱정할 필요는 없다. 잘 길들여지지 않은 소가 곡식밭으로 향하려고 해도 그 즉시 알아차리고 고삐를 당기면 된다. 언덕길을 오르는데 고단 기어를 넣어서 시동이 꺼지려 한다면 즉시 알아차리고 중립기어로 돌아오면 된다. 그리고 상황에 맞는 저단의 기어를 넣고 다시 운행하면 된다. 너무 저단 기어인 탓에 윙 하고 소리를 내면서 차가 가속이 되지 않아도 당황할 필요가 없다. 즉시 중립기어로 돌아왔다가 적합한 고단 기어로 변속하면 된다.

언제든지 맞물려 있는 외부의 상황과 몰록 인연을 끊고, 무심(無心)의 중립으로 돌아올 수 있다면 시동이 꺼지는 일은 없다.

귀로 보고, 눈으로 듣는다

수행은
비누공예처럼

어떠한 진리도 말로 표현되는 순간, 실존과 괴리된 채 관념화되기 쉽다. 서로 간 의사소통을 위해 어쩔 수 없이 말을 하게 되지만, 말하고자 하는 진실이 온전하게 전달되는 경우는 그리 많지 않다.

생각을 주고받기 위한 약속부호인 말은 의미를 내포하고 있다. 의미를 갖는다는 그 자체만으로 이미 이중성을 갖는 상대적 세계를 건립한다. 상대적 차원의 일시적 현상세계에 대한 일반적 대화가 문제 될 것은 없다. 그러나 '참나' '본래면목'등 절대적 차원의 영원한 본원(本源)의 세계를 이야기할 때는, 치명적 오류가 발생하기 쉽다. 절대적 실존의 '참나'를 생각으로 헤아리고 추론할 수 있는 대상으로 전락시키기 때문이다.

생각하고, 인식하고 자각하는 주체는 자기 자신을 대상으로 생각하고 인식하고 자각할 수가 없다. 비유컨대 눈은 모든 대상을 볼 수 있지만, 그 자신은 볼 수 없는 것과 같다. 그렇다면 '참나'란 무엇인가? 태어난 바도 없고 죽지도 않고 영생불멸하는 부모에게서 태어나기 전의 본래면목(本來面目)이란 것은 있는가? 있다면 그것은 무엇인가?

본래면목을 깨달아 마칠 수 있는 연금술은 의외로 간단하다. 알려고 하면 할수록 하늘과 땅만큼 멀어진다는 사실을 이해하고, 알려고 하는 생각과 온갖 분별의식을 쉬고 또 쉬는 것이다. 쉬고 또 쉼으로써 쉬는 일마저 몰록 사라지는 순간 여지없이 본래면목이 뚜렷하게 나타난다. 그럼에도 불구하고 본래면목을 인식의 대상으로 삼고, 알아보려는 욕심에 온갖 알음알이를 동원해, 이런저런 견해를 짓는다면 본래면목을 깨닫는 일은 요원한 일이 되고 말 것이다. 이같은 얘기들 또한 알음알이로 이해한 후 죽은 지식으로 전락시켜선 안 된다.

온몸과 온마음으로 번개보다 빠르게 요달(了達)해야 한다. 그래야만 시공이 끊어진 채 귀로 보고 눈으로 들을 수 있게 된다. 그럼에도 불구하고 많은 수행자들이 생사에 걸림 없는 자신의 본래면목을 알고자 하는 욕망의 노예가 되어 있음을 종종 본다. 본래면목을 알아야만 하는 객관적 실체로 대상화시킨 후, 그것이 무엇인가를 알기 위해 끊임없이 망상과 망동을 일삼는 짓을 한다. 그러면서도 명상이나 수행을 하고 있는 것으로 착각하고 있다. 본래면목은 있는 것도 아니고, 없는 것도 아니다. 대소유무(大小有無)의 양변을 여의고 '없이 있는 탓'에, 찾고자 하는 짓만 멈추면 그토록 애타게 찾던 본래면목이 아침에 일어날 때도, 밥먹을 때도, 잠잘 때도 언제나 함께 했음을 저절로 깨닫게 된다.

언제나 생사에 걸림 없는 본래면목, 즉 '참나'만 있을 뿐, 그 이상도 그 이하인 적은 단 한번도 없었다. 깨달음은 작위적이고 의도적인 어떤 행동을 통해 획득되어지는 것이 아니다. 무엇인가를 하겠다거나, 하지 않겠다는 한 생각을 일으키는 것이 문제다. 그 한 생각이 항상 밝게 빛나고 있는 태양을 가리는 구름이다. 그래도 무념무상의 상태가 되어 '나 없음'의 경지를 체험하고, 깨닫고야 말겠다는 집착을 내려놓지 못한다면 어쩔 수 없다. '담배 끊는 담배'를 피울 수밖에 없다. 담배를 피우지 말아야지 하면서도 끊지 못하는 탓에 담배 끊는 담배를 피우는 것은, 오직 담배를 끊기 위함일 뿐이다. 담배 대신, '담배 끊는 담배'를 피우는 것이 목적이 아님을 분명하게 알아야 한다.

비유하자면, 담배 끊는 담배를 피우는 것 즉, 수행을 한다는 것은 어린 시절 미술시간에 배웠던 비누공예와 같다. 비누공예는 비누의 가장자리를 쳐냄으로써, 자신이 원하는 형상이 드러나게 한다. 이와 달리 철사를 휘어서 뼈대를 만들고 실을 감은 뒤, 신문지를 물에 불리고 으깨서 찰흙처럼 붙여나가는 종이찰흙공예도 있다. 수행을 한다는 것은 비누공예일 뿐이다. 철사를 휘어 그 위에 실을 감고 종이찰흙을 붙여가며 없는 형상을 그럴듯하게 만들어가는 것은 수행이 아니라 망동(妄動)일 뿐이다.

두 번째 화살이란
무엇인가

"오늘 날씨 왜 이래?"

"웬 비가 이렇게 많이 오지?"

"나 참~ 추워도 너무 추운데…"

날씨에 대해 별생각 없이 늘어놓는 푸념들이다.

모처럼 겨울 등산을 가기로 한 날 폭설이라도 내리면 날씨를 원망
할 수도 있다. 하루 전에 확인한 일기예보가 틀리는 일이 발생하면 일
기 예보로 인해 빈정상하거나 심지어 기상 캐스터를 비난하기도 한다.

등산 도중에 갑작스런 이상 기후로 폭설이 쏟아지거나, 살갗을 에는
칼바람이 휘몰아쳐 오는 상황을 만날 수도 있다. 이같은 상황을 만났을
경우, 불법 수행자와 그렇지 않은 사람은 어떻게 다른가?

부처님께서는 잡아함경을 통해 다음과 같이 말씀하셨다.

"나의 교법을 듣지 못한 사람들은 고통을 받게 되면 근심하고, 슬퍼하며 어찌할 바를 모른다. 그들은 몸과 마음으로 두 가지의 수(受)를 느낀다. 이는 한 화살을 맞고, 다시 두 번째 화살을 맞는 것과 같다."

부처님께서 말씀하신 '수(受)'는 무엇인가?

수(受)는 불교의 대표적인 경전 중 하나인 반야심경의 "조견오온개공(照見五蘊皆空)"이라는 구절 속에도 등장한다. 색(色), 수(受), 상(想), 행(行), 식(識)으로 구성되는 오온 중 하나인 수(受)는 의식 속에 쾌-불쾌 등의 단순 느낌을 받아들이는 감수작용을 말한다. 수(受)가 감수작용을 의미한다면 몸과 마음의 두 가지 수(受) 중에서도 몸으로 느끼는 수 즉, 첫 번째 화살은 무엇인가?

산으로 출발하기 전 따뜻한 날씨만 생각하고 가벼운 옷차림으로 집을 나섰다가, 등산 중 돌연 폭풍한설이 쏟아진다면 살갗을 에는 고통을 느끼게 된다. 이것이 육신을 가지고 있는 이상 어쩔 수 없이 받아들여야만 하는 몸의 수(受)로 부처님께서 말씀하신 첫 번째 화살이다.

부처님께서 당신의 교법을 듣지 못한 사람들이 마음의 수(受)로 인해 맞게 된다고 말씀하신 두 번째 화살은 무엇인가? 폭설과 칼바람으로 인한 몸의 수(受)인 첫 번째 화살의 고통을 온전히 받아들이지 못한 채 날씨를 탓하기 시작하고, 당일 산행을 제안한 친구를 원망하는 일 등이 바로 마음의 수(受)로 인한 두 번째 화살이다.

두 번째 화살의 맹독은 첫 번째 화살보다 더욱더 독하다. 등산 도중 몸을 피할 산장도 없고 폭설이 계속된다면, 어두워지기 전 하산할 수 있을까, 동상에 걸리는 것은 아닐까, 조난당하지 않고 무사히 하산할 수 있을까? 등등 두려움과 공포를 동반한 온갖 종류의 두 번째 화살을 끊임없이 맞으며 고통 속으로 빠져들게 된다.

마음의 수(受)로 인한 두 번째 화살은 신속하고 안전하게 산을 내려와 집에 도착하는데 아무런 도움도 되지 않는다. 오히려 부족한 열량을 소모시키며 공포와 고통만을 가중시킨다. 곧 폭설이 그치겠지, 아무 일 없이 무사히 하산하게 될 거야 등의 긍정적 생각들 또한 잠시잠깐 현실을 잊게 해주는 진통제 역할을 할 뿐이다. 실질적으로는 에너지를 소모시키며, 신속하고 안전한 하산을 방해하는 두 번째 화살에 다름 아니다. 살아 꿈틀대는 지혜의 나툼이 아니라면, 긍정 부정을 떠나 그 어떠한 생각도 하산하는데 도움이 되지 않는다. 오히려 한 걸음 한 걸음에 집중하지 못하게 함으로써 실족하게 만드는 사고의 원인이 될 수도 있다.

부처님의 교법을 들은 수행자가 등산 도중 폭설을 만났다면 어떨까? 부처님께선 다음과 같이 말씀하셨다.

"나의 교법을 들은 제자들은 고통을 받게 되더라도 근심치 않고, 슬퍼하지 않으며 어찌할 바를 몰라하지 않는다. 그들은 다만 몸에 속하는 수

(受)만을 느낌으로써 한 화살을 맞지만, 다시 두 번째 화살은 맞지 않는 것과 같다."

부처님의 교법을 들은 제자라면 등산 도중에 폭설 등 곤란한 상황을 만난다고 해도 눈앞에 펼쳐진 상황에 대해 불평불만하거나 누군가를 원망하는 일, 무사히 하산할 수 있을지 근심걱정하거나 두려워하는 등의 두 번째 화살을 맞는 일은 결코 없어야 한다. 폭설로 시야가 보이지 않고 등산로가 눈에 덮여서 발걸음이 무거워지고, 뼛속 깊숙이 찬바람이 파고들어도 눈 하나 꿈쩍하지 않아야 한다. 배낭 속의 바람막이 점퍼를 꺼내 입고, 사탕이나 초콜릿 등으로 부족한 열량을 보충하며 가장 짧고 안전한 코스를 선택해 신속하게 하산할 뿐이다.

현대인들의 생명을 위협하는 대표적인 질병인 암에 걸렸을 경우에도 부처님의 화살 법문은 그대로 적용된다. 대부분의 암 전문의들이 암 환자들에게 들려주는 말의 요지는 다음과 같다.

"첫 번째 화살인 몸속의 암세포들로 인한 육체적 고통보다도, 두 번째 화살인 암에 걸렸다는 사실에 대한 두려움과 공포 등의 심적 고통이 생명력을 고갈시키며 끝내 목숨을 앗아가는 주범인 경우가 비일비재하다."

한여름 찜통더위가 기승을 부릴 때도 마찬가지다. 몸에 속하는 1차적 '수'(受)만 있을 뿐, 마음까지 더위에 지쳐 짜증을 내는 2차적 '수'(受)로 인한 두 번째 화살을 맞는 일은 결코 없어야 한다.

몸에선 땀이 줄줄 흘러내리고, 쉴 새 없이 부채질을 하며 냉수를 벌컥벌컥 들이키면서도 마음만은 결코 더위에 지친 채 불쾌감에 사로잡히는 일이 없어야 한다. 스스로 덥다는 생각을 일으킨 후 시원했으면 하는 욕심으로 실존하는 '지금 여기'와 싸우며 갈등하는 두 번째 화살을 맞는 일은 없어야 한다. 평온하고 청정한 평상심으로 서늘한 일상삼매를 누릴 수 있어야 비로소 부처님의 교법을 들은 제자라고 할 수 있을 것이다.

비어 있음과
차 있음

배를 타고 강을 건너는데 빈 배가 하나 와서 부딪히면 속이 좁은 사람일지라도 화를 내지 않는다. 그런데 그 배 위에 누군가가 타고 있다면 곧장 화를 내며 고함을 칠 것이다. 게다가 고함소릴 듣지 못하고 계속 다가온다면 더 큰 소리로 고함을 치며 욕을 할 수도 있을 것이다.

장자의 산목편에 나오는 '빈 배'라는 이야기다.

배가 와서 부딪쳤다는 사실은 똑같은데도 배 위에 사람이 타고 있느냐, 없느냐에 따라 그 반응이 크게 다르다는 사실을 이야기하고 있다.

장자는 말한다. "처음은 화를 내지 않다가 나중에 화를 내는 까닭은 처음은 비어 있었고 나중은 차 있었기 때문이다"

처음에 화가 나지 않은 것은 어떤 이유 때문인가? 배 위에 아무도 타고 있지 않은 탓에 화를 낼 대상이 없었기 때문이다. 화를 낼 대상이 없는 까닭에 화를 낼 주체인 '나' 또한 생겨나지 않았던 것이다. 배 위에 사람이 없는 상황, 곧 대상 세계인 제법(諸法)이 공(空)한 법공(法空)으로 인해 화를 낼 주체인 '나'마저 아공(我空)이 된 탓에 화가 나지 않았던 것이다.

배 위에 사람이 타고 있지 않은 법공(法空)의 조건 속에서 일시적이고 피동적으로 아공(我空)이 되는 것은 특별한 일이 아니다. 일상 중 누구에게나 쉽게 일어날 수 있는 일이다. 견물생심(見物生心)이란 말을 통해서도 알 수 있다. 금덩어리나 보석 등 무엇인가 탐나는 물건을 보아야 욕심이 생기는 것이다. 탐낼만한 어떤 물건도 보지 않았다면 욕심이 일어나고 말고 할 일도 없다. 경계가 없는 탓에 경계에 끄달릴 일이 없는 것이다.

사람이 타고 있는 배가 부딪혀 왔을 때가 문제다. 경계를 만났을 때도, 화를 내지 않기 위해 억지로 화를 억누르며 참는 것이 아니라, '나'가 텅 비어 고요하고 또렷할 수 있어야 한다. 배 위에 사람이 있고 없음에 관계없이 화의 불꽃에 휘말리는 일이 없어야 한다.

배 위에 사람이 있든 없든 배가 부딪혀 왔다는 실제적인 사실은 다르지 않다. 그럼에도 불구하고 화를 내기도 하고, 안 내기도 한다. 대상보다는 대상을 어떻게 바라보는가의 문제 즉, 대상을 인식하는 주체의 문

귀로 보고, 눈으로 듣는다

제라는 것을 알 수 있다. 배 위에 사람이 타고있지 않다는 조건하에서 이루어지는 조건적이고 제한적인 아공(我空)이 아니라, 배 위에 사람이 있고 없음에 상관없는 무조건적인 아공(我空)이 되어야 한다.

'나'가 텅 비워진 '나 없음'의 아공(我空)에 이르는 길은 무엇인가? 아공(我空)이랄 것도, 아공(我空)으로 통하는 문도, 아공(我空)에 이르는 길도 없음을 깨닫고, 줄 없는 거문고를 타고 구멍 없는 피리를 불며 외손뼉 소리를 들으면 그뿐이다. 줄 없는 거문고와 구 멍 없는 피리를 탄주하고 부는 일이 딴 세상의 이야기처럼 들린다면 어떻게 해야 하는가? 배 위에 사람이 있고 없음에 따라 화가 나기도 하고, 화가 나지 않기도 한다면 어떻게 해야 하는가?

매 순간 일어나는 생각을 비춰보는 관(觀)이 자재(自在)하도록 수행(修行)할 수밖에 없다. 활활 타오르는 불꽃이 한순간도 멈추지 않고 장작을 모두 태우듯이, 관심(觀心)의 불꽃이 끊어짐 없이, 일어나는 생각들을 비춰볼 수 있어야 한다. 장작이 다 타서 사라지면 장작을 태우던 불꽃도 흔적없이 사라진다. 마찬가지로 생각이 다 타서 법공(法空)이 되면, 그 즉시 관심의 불꽃마저 돈망(頓忘)해 아공(我空)이 된다. 그리고 아공(我空) 즉시 법공(法空)으로 구공(俱空)이다. 주객이 끊어진 아공(我空) 법공(法空)의 구공(俱空)은 오직 간절한 마음으로 실참실오(實參實悟)해서 증득할 뿐이다. 생각으로 헤아릴 수 있는 것이 아니다. 생각이 끊어진 아공(我空) 법공(法空)을 생각으로 헤아려서 절대 허무니 하면서 단멸공(斷滅

空)이라는 견해를 뒤집어쓰는 것은 원숭이 짓일 뿐이다. 구공(俱空) 즉시 구족(俱足)이기 때문이다.

10년 동안을 생각이 들고 남을 비추어 보시고 아공법공(我空法空)을 한 입에 삼키고 토해버리신 태전선사의 게송이 있다.

十年不下竺嶺峰(십년불하축령봉)
觀色觀空卽色空(관색관공즉색공)

십년간 축령봉을 내려가지 않았다는 첫 번째 구절은 차치하고, 두 번째 구절은 어떤 의미인가? 그동안 무수한 학인들이 "색을 관하 고, 공을 관하니, 곧 색이 공이더라"는 기계적 풀이를 하며 안다는 상을 일으킨 것이 두 번째 구절이다. 색을 관하는 것은 그렇다고 쳐도 공(空)을 관할 수는 없다. 공(空)이 관(觀)의 대상이 될 수는 없다. 격외도리로 일구(一句)를 이르는 것도 아니고, 게송의 앞과 뒤를 놓고 볼 때 공(空)을 관(觀)한다는 것은 도리에 맞지 않는 말이다.

그렇다면 관공(觀空)은 어떤 의미인가? 태전선사께서 관색(觀色) 즉, 생각이 뜨고 가라앉는 것을 비춰보시고, 관공(觀空)이 되었다는 것이다. 장작이 다 타서 없어지듯이 더이상 생각이 일어나지 않아 비춰볼 수 없게 되자, 장작을 태우던 불꽃이 사라지듯 '관(觀)하는 놈'마저 텅 비게 된 것이 바로 관공(觀空)이다. 반야심경의 조견오온개공(照見五蘊皆空)과 동

귀로 보고, 눈으로 듣는다

일한 경지다.

즉색공(即色空)은 어떤 의미인가? 반야심경의 색즉시공(色即是空) 공즉시색(空即是色)과 다르지 않다. 생각으로 헤아리고 설명을 덧붙일 필요가 없다. 관공(觀空)의 경지를 몸소 밟아 이를 때 비로소 즉색공(即色空)의 경지를 증득할 수 있을 뿐, 생각으로 헤아릴 수 없는 까닭에 더이상 입을 대는 것은 어리석은 짓이다. 실참실오를 통한 증득의 경지일 뿐, 사량(思量)으로 헤아릴 수 있는 영역이 아니기 때문이다.

제아무리 선지식을 자처할지라도 색(色)과 공(空)을 실재(實在)하는 둘로 놓고, 이런저런 논리와 온갖 과학 이론들을 억지로 끌어다 붙이면서 색이 곧 공이고, 공이 곧 색인 이유를 밝힌다면, 아직 생각놀음을 벗어나지 못한 채 범부의 견해에 집착하고 있는 것이다. 색과 공이 다르지 않다는 반야심경의 색불이공(色不異空) 공불이색(空不異色) 또한 마찬가지다. 시공(時空)이 끊어진 구공(俱空)의 자리에서나 할 수 있는 말이다. 색도 공도 따로 찾아볼 수 있는 것이 아니란 사실만이라도 분명히 이해해야 할 것이다.

이 문안으로
들어서면

"입차문래 막존지해(入此門來 莫存知解)"라는 말이 있다.

이 문에 들어서면 알음알이를 내지 말라는 뜻으로 수행의 요체 중 요체다.

이리저리 보고 들어서 알게 된 알음알이와 온갖 건(마른) 지혜로는 강 건너 니르바나 언덕에 도달할 수 없다. 어떠한 가르침도 자기 자신에게 온전히 용해되어 그 흔적이 사라지지 않으면 아무 소용이 없다. 마치 황금을 배부르게 먹고도 소화를 시키지 못한 채 복통으로 죽어가는 것과 다르지 않다. 알음알이를 일으키는 것은 강 이쪽에 그대로 퍼질러앉아서 강 건너 저편에 대한 이런저런 꿈을 꾸는 것에 다름 아니다.

배가 고파 죽을 지경인 사람은 흙 묻은 빵 한 조각이라도 먹어야 한다.

184

빵의 재료가 어떻고, 영양 성분이 저떻고를 얘기하는 것이 배고픔을 해결해주지 못한다. 고향집으로 돌아갈 마음을 먹었다면 일체의 생각을 내려놓고, 밑바닥 없는 배에 올라타야 한다. 밑 없는 배에 몸을 실었다면 애써 무거운 짐을 짊어진 채, 따로 걸어 갈 필요가 없다. 일말의 의심 없이 밑 없는 배에 온 몸을 내맡기면 된다. 밑 빠진 배를 타야만 니르바나의 언덕에 도달할 수 있기 때문이다.

명상서적을 통해, 각 종교의 경전을 통해, 누군가에게 들은 법문을 통해 이미 듣고 알고 있는 내용들을 떠올리며 자신의 머릿속 견해와 대조하고 확인할 필요도 없다. 논리와 이론의 성벽을 굳건하게 쌓는 어리석은 짓을 멈추고 밑 없는 배에 몸을 싣고 흘러가기만 하면 된다. '쉽다, 어렵다, 옳다, 그르다'의 시비를 내려놓아야 한다. 어떤 가르침도 옳다고 믿는 순간, 결국 자신의 판단력을 믿으며 아상(我相)을 강화시킨 것이다. 자신의 주견을 강화시킨 것에 다름 아니다. 생각의 틀을 깨고, 생각의 덫에서 벗어나 걸림 없는 대자유인이 되는데 아무런 도움이 되지 않는다.

굳이 수행을 둘로 나누면 몸 수련과 마음공부로 대별할 수 있다. 몸과 마음은 둘이면서 하나이고, 하나이면서 둘이다. 비유하자면 자동차를 운전하는 사람이 마음이고 자동차가 몸이다. 아파트가 몸이고 그 아파트에 사는 사람이 마음이다. 아파트 창문이 다 깨져서 황소바람과 빗물이 새들어 온다면 그 안에 사는 사람이 편안하기는 어렵다. 마찬가지로 몸이 건강하지 못하면 마음이 편안하기 쉽지 않다. 막힌 곳을 뚫고, 꺾인 곳을 펴고, 굳은 곳을 부드럽게 함으로써 생명력이 넘치도록 하는 몸 수련에 대해서는 생략한다. 보다 근본적이고 시급한 마음공부에 대해서 살펴보는 것만으로도 충분하기 때문이다.

'어떻게 수행을 할 것인가'하는 수행의 실제에 대해선 뒤의 글을 통해 알아보기로 하고, 우선 먼저 마음공부의 효과에 대해서 살펴볼 것이다. 마음공부의 효과로는 어떤 것들이 있을까?

마음공부를 제대로 하면, 어떠한 견해와 주의나 주장에도 집착하지 않고 걸리지 않게 된다. 돈과 명예와 권력이 나쁜 것이란 견해에도 매이지 않기 때문에 돈, 명예, 권력 등이 필요하다면 능히 가지고 누릴 수 있는 권능과 지혜가 발현된다. 또한 이미 가지고 있는 돈과 명예, 권력이 과하거나 불필요함을 알아차렸다면 일말의 머뭇거림도 없이 그 순간 즉시 내려놓게 된다. 갈등하거나 좌절하는 일 없이 항상 원하는 모든 일을 이루면서 살게 된다.

마음공부를 하면 원하는 모든 일이 이루어진다는 말은 그대로 진실이다. 그러나 잘못 알아들으면 안 된다. 비유컨대 밤새 쏟아진 비로 냇물이 불어서 거센 물살이 징검다리를 삼켰다. 전혀 보이지 않게 되었다. 그래도 수행자라면 물에 젖지 않고 냇물을 건널 수 있어야 한다. 어떤 신통력을 부리기에 그러한 일이 실제로 가능하단 말인가?

결론부터 말하자면 신통력을 부린다는 말이 아니다. 징검다리를 통해

귀로 보고, 눈으로 듣는다

냇가를 건널 수 없다는 현실을 직시하고, 십 리 길을 우회해서 새로 건설된 높고 튼튼한 다리위로 안전하게 건너간다는 말이다. 징검다리를 밟으며 곧바로 냇가를 건너지 못한다는 사실에 대한 안타까움이나 불만이 없기에 십리 밖의 다리를 향해 걸어가는 내내 짜증을 내거나 힘들어하는 일도 없다. 위험을 감수하고라도 곧바로 물에 뛰어들어서 냇가를 건너야할 상황이라면, 주저함 없이 곧바로 물로 풍덩 뛰어든다. 이미 물에 뛰어들었다면 새로 산 비싼 신발이 물에 젖었다는 사실에 대해 안타까워하지도 않는다.

마음공부를 통해 지혜의 눈이 떠졌다면, 원하는 모든 일을 할 수 있어야 한다. 어떠한 상황에서도 과한 욕심을 일으키지 않기에 가능한 일이다. 자신의 능력 밖의 일에 대해선 아예 관심조차 두지 않는다. 자신이 하고 싶고, 할 수 있고, 해야 되는 일과 인연을 맺기 때문에 원하는 일은 반드시 성취하게 된다. 자신이 잘할 수 있고 해야 하는 상황인데도 불구하고, 외면하거나 도망치는 일도 없다. 지레짐작으로 잔뜩 겁을 집어먹고 움츠려 드는 짓도 하지 않게 된다. 그렇기 때문에 언제, 어느 곳에서나 불보살님의 가피와 호념 속에서 자신이 하고 싶고, 할 수 있고, 해야 되는 일들을 원만성취하며 환희심 넘치는 행복한 삶을 누리게 된다. 이것이 육바라밀과 보살도를 실천하는 수행자의 삶이다.

육바라밀과 보살도를 실천하는 수행자라면, 냇물에 두발을 담그고 텀벙 텀벙 걸어가면서도 물에 젖지 않는 것 또한 사실이다. '참나'는 몸이 아니고 마음이기에 실제로 물에 젖지 않는다거나, 젖지 않았다고 생각하면 젖지 않은 것이라는 괴변을 늘어놓으며 경계를 좇는다면, 이는 망상이고 망언일 뿐이다. 제불조사님의 어록이나 말씀을 보고 들은 뒤, 흉내나 내는 원숭이짓에 다름 아니다.

태어나면서부터 부모에게, 또는 초등학교 때의 친구 및 선생님에게, 그리고 무수한 책 속의 가르침들로부터 이렇게 저렇게 물든 업식(業識) 덩어리를 녹여 내는 것이 마음공부다. 각자 각자의 업식에 따른 '매트릭스'를 부셔버리고 '아바타'의 삶을 일소함으로써 다리가 흐르고 물이 흐르지 않음을 볼 수 있게 된다. 이때 비로소 냇물에 발을 담그면서도 젖지 않게 되고, 젖지 않는다는 말도 할 수 있는 것이다.

냇물을 건너면서도 젖지 않는 경지에 대해 달마스님께서는 '혈맥론 (血脈論)'을 통해 다음과 같이 친절하게 설파하셨다.

종일거래이미증거래(終日去來而未曾去來) 종일견문이미증견문(終日見聞而未曾見聞) 종일희소이미증희소(終日喜笑而未曾喜笑)
"종일토록 가고 오되, 가고 온 적이 없다. 종일토록 보고 들되, 보고 들은 적이 없다. 종일토록 기뻐하고 웃되, 기뻐하고 웃은 적이 없다."

냇물을 건너면서도 젖지 않고, 종일토록 움직이고 행하되, 움직이고 행한 바가 없는 경지를 온몸으로 직접 드러내신 경허선사의 일화가 있다.

경허선사께서는 누더기를 걸친 채 마등령을 내려오다가, 한 떼의 아이들을 보았다. 그들에게 다가가 허리춤의 돈을 흔들어 보이며 다음과 같이 말씀하셨다.

"너희들 모두 있는 힘껏 나를 때려 보아라. 그러면 이 돈을 다 주마."

아이들은 어리둥절했지만 돈 욕심에 용기를 내서 작대기로 경허 선사를 때리기 시작했다. 그러나 경허선사께서는 작대기가 몸에 부딪힐 때마다 외쳤다.

"나는 안 맞았다! 나는 안 맞았다!"

아이들은 경허선사에게 속은 줄 알고 따졌다.

"분명히 우리는 때렸는데 왜 맞지 않았다고 하십니까? 돈이 주기 싫어서 그러십니까?"

그러자 경허선사께서 아이들에게 돈을 주시면서 말씀하셨다.

"너희들은 틀림없이 나를 때렸다. 그러나 나는 분명히 맞지 않았다. 삼세의 모든 부처와 조사들을 다 때려 죽여도 이 경허만은 못 때린다."

시간도
공간도 없는

연꽃 같은 눈, 아름다운 목소리 등 부처님께선 32길상 80종호의 모습
으로 나투셨다고 한다.

어느 날 한 제자가 부처님의 환하게 빛나는 얼굴을 뵙고 나서 질문했
다.
"어찌하면 저도 부처님처럼 환한 얼굴을 가질 수 있습니까?"

부처님께서는 다음과 같이 말씀하셨다.
"사람의 얼굴빛이 어두운 것은 지나간 일에 대한 근심과 오지 않은 일
에 대한 걱정 때문이다. 사람의 얼굴빛이 환한 까닭은 어제의 후회나 내
일의 걱정이 없이 오직 지금 하는 일에 최선을 다하기 때문이다."

귀로 보고, 눈으로 듣는다

부처님 말씀처럼 과거의 일은 이미 지나갔고, 미래의 일은 아직 오지 않은 탓에 후회하거나 걱정할 필요가 없다. 걱정을 한다고 해도 아무 소용이 없기 때문이다. 아무 소용도 없는데, 지나간 일을 후회하고 괴로워하거나, 오지도 않은 미래의 일을 앞당겨 걱정하고 두려워하는 것은 어리석은 짓이다. 지혜로운 수행자에게는 결코 있을 수 없는 일이다.

취직시험을 앞두고 이런저런 일들에 정신을 쏟느라 충분한 준비를 하지 못한 탓에 시험에 떨어졌다면 그뿐이다. 후회하기 보다는 후회하는데 소모되는 에너지를 다음 시험을 준비하는데 쏟아붓는 것이 현명한 처사다. 한 달여의 시간을 남겨놓은 시점에서 시험의 경쟁률이 사상 최대라는 뉴스를 보아도 그뿐이다. 미리 걱정하거나 두려워하는데 아주 작은 에너지도 새어나가는 일이 없어야 한다. 그럴 에너지가 있다면 실질적인 시험준비에 쓰는 것이 지혜로운 수행자다. 할 수 있고, 해야 되는 일은 오직 일심의 지극정성으로 눈앞에 펼쳐지는 지금 여기에서 최선을 다하는 것뿐이다.

양궁선수의 경우에도 마찬가지다. 갑자기 거세진 바람으로 첫 번째 화살이 10점 만점에 6점이라는 저조한 점수를 받았다고 해서 후회하며 집착해선 안 된다. 두 번째 화살을 쏠 때 또다시 바람이 거세게 불지도 모른다는 불안감에 미리 걱정할 필요도 없다. 지혜로운 궁사라면 활을 쏘는 매 순간순간이 세상에 태어나서 처음으로 쏘는 첫 화살일 뿐이다. 이미 쏜 화살에 대한 후회나 앞으로 쏴야 할 화살에 대한 일말의 걱정도 없는 고요하고 또렷한 마음으로 바람의 세기에 감응한 뒤 오직 단 한발의 화살에 몸과 마음을 온통 바칠 뿐이다.

생각지도 못한 큰일을 당했을 경우에는 어떠한가? 아파트를 계약하기 위해 계약금 1억 원을 은행에서 찾아 약속시간 보다 1시간 정도 이르게 부동산 사무실에 도착한 탓에 시간이 조금 남았다. 마침 부동산 사무실 근처에 사는 친구가 생각나 계약할 아파트 자랑도 할 겸 전화를 걸어 근처의 커피숍에서 만났다.

계약을 앞두고 긴장한 탓에 커피 한 모금을 마시자 속이 불편해졌다. 평상시 잘 들고 다니지 않던 손가방이지만, 1억 원짜리 수표가 든 탓에 잊지 않고 챙겨서 화장실로 갔다. 볼 일을 마치고 아 무 일도 없었다는 듯이 탁자로 돌아와 친구와 담소를 나누다가 돌연 얼굴에 핏기가 사라지고 온 몸이 사시나무 떨듯 떨리며 하늘이 무너진다. 계약금 1억 원이 든 손가방을 화장실에 두고 온 사실을 뒤늦게 알아차렸기 때문이다. 황급히 화장실로 달려가 구석구석 찾아보지만 손가방은 어디에도 없다.

이같은 일을 당했을 경우에도 자신의 머리를 쥐어박으며 "그 가방이 어떤 가방인데"하며 어처구니없는 실수를 후회하거나 괴로워할 필요는 없다. 살고 있던 아파트는 이미 계약이 되어서 비워 주어야 하는데, 이사 갈 아파트를 계약하지 못하면 어쩌나 하는 걱정도 할 필요가 없다. 발뒤꿈치의 무뎌진 굳은 살처럼 과거든 미래든, 후회든 걱정이든 나 몰라라

귀로 보고, 눈으로 듣는다

하는 모르쇠로 일관하거나 자포자기를 하라는 말이 아니다.

후회하거나 걱정해서 문제가 해결된다면 밤을 새워서라도 후회하고 걱정해야한다. 그러나 아무 소용없는 어리석은 짓인 줄 안다면, 후회나 걱정에 사로잡히지 말아야 한다. 고요하고 또렷한 마음으로 잃어버린 손가방을 찾기 위한 수순을 차분히 밟아가면 그뿐이다. 우왕좌왕 허둥대며 실기(失機)하지 말고 손가방을 찾을 수 있는 확률을 높이는데 최선을 다할 뿐이다. 설혹 찾지 못한다고 해도 돈 잃고 건강까지 잃는 상황에 이르지 않아야 수행자라고 할 수 있다.

어제의 후회나 내일의 걱정뿐만 아니라 '지금 여기'라는 생각도 붙지 않는 삶을 살아야 한다. '지금 여기'라는 것은 하나의 말이고 표현일뿐이다. 생각으로 헤아릴 수 있는 '이전과 나중 및 저기'에 상대되는 어느 한 순간의 시간과 공간을 지칭하는 것이 아니다. 그래서 부처님께서도 금강경을 통해 "과거의 마음도 얻을 수 없고, 현재의 마음도 얻을 수 없고, 미래의 마음도 없을 수 없다"고 말씀하셨다. 과거와 미래의 마음만 얻을 수 없는 것이 아니라, 현재의 마음도 얻을 수 없다고 분명하게 못 박으셨다.

'지금 여기'조차 붙을 틈이 없이 온몸과 온마음으로 찰나찰나를 간절하고 밀밀하게 살아갈 뿐이다. 이런저런 수행을 통해 선정의 힘을 키워서 언젠가 견성성불하면 부처님처럼 환하고 빛나는 얼굴로 살 수 있겠지 하는 막연한 망상(妄想) 속으로 도망쳐서도 안 된다. 우리 모두는 이미 부처인 까닭에 스스로 중생의 가죽을 뒤집어쓰는 일만 하지 않으면 된다. 그렇다고 해서 이미 부처라는 견해에 집착해서도 안 된다. 이미 부처라는 생각 또한 망상으로 중생의 가죽을 뒤집어쓰는 일에 다름이 아니기 때문이다.

이미 부처라든가 혹은 부처가 되어야겠다는 망상을 쉬는 것이, 어둡고 침침한 귀신굴 속으로 곤두박질치지 않고 천상천하유아독존(天上天下唯我獨尊)할 수 있는 유일무이한 지름길이다.

삼법인과
아공 법공

제행무상인(諸行無常印), 제법무아인(諸法無我印), 열반적정인(涅槃寂靜印)을 삼법인(三法印)이라고 한다. 불교의 세 가지 근본 교의(教義)로 부처님 가르침의 골수(骨髓)라고 해도 과언이 아닐 것이다.

불교사전에 따르면 "제행무상은 온갖 물심(物心)의 형상은 모두 생멸 변화하여 항상(恒常)하며 불변하는 것이 아닌데도, 사람들이 이를 항상(恒常)하는 존재인 것처럼 생각하므로, 이 그릇된 견해를 없애기 위하여 무상(無常)하다고 말하는 것"이라고 설명 되어 있다.

제행무상인(諸行無常印)의 첫 글자인 諸(제)는 모두 제자다. 行(행)은 일반적으로 '갈 행', 다닐 행'등으로 쓰인다. 제행(諸行)에서의 행(行)은 음양오행(陰陽五行)의 경우처럼 이 세상을 구성하고 있는 근본적인 요소라는 뜻으로 쓰였다. 行(행)을 자세히 살펴보면, 왼쪽의 자축거릴 척(彳)

자와 오른쪽의 앙감질 촉(疋) 자가 합해져서 만들어졌음을 알 수 있다. 자축거린다는 것은 다리를 절룩거리며 건는다는 뜻이다. 앙감질은 한쪽 발을 들고 깡충깡충 뛰는 모습을 나타내는 말이다. 세상을 구성하는 모든 것, 즉 行(행)이라는 말 자체가 이미 고정불변의 것이 아니고 살아서 파동치고 있음을 나타내고 있다.

諸行(제행)이란 이 세상의 모든 존재, 즉 삼라만상을 총칭하는 말로서, 굳이 무상이란 말을 덧붙이지 않더라도 이미 어느 한 순간도 고정 불변하지 않고, 살아서 파동(波動)치며 변화하고 있다는 의미를 내포하고 있다. 無常(무상)이란 글자 그대로 항상(恒常)함이 없다는 뜻이다. 죽어있는 듯 보이는 바위도 꼼짝도 하지 않고 언제나 그 자리에 서 있는 거대한 빌딩도 고정 불변의 상태가 아니라 끊임없이 변화하고 있음을 강조한 말이다. 사람의 얼굴 또한 한 호흡간의 짧은 순간에도 수많은 세포들이 죽어가고 새롭게 생겨나는 등 끊임없이 변하고 있음은 이미 잘 알고 있는 사실이다.

제행무상이란 부처님의 가르침을, 병을 고치기 위한 약에 대한 설명 정도로 알아들어선 안 된다. 목적지에 도착하데 필요한 길 안내문 정도로 알아들어서도 안 된다. 부처님께서는 단순히 병을 고칠 수 있는 약에 대한 정보나, 목적지로 안내하기 위한 교통정보를 제공하신 것이 아니다. 제행무상이란 법문은 약에 대한 설명이 아니라 그 자체 그대로 약이며 투약이다. 듣는 즉시, 꿀꺽 삼킴으로써 건강을 회복하게 해 주는 깨달음의 연금술이다. 제행무상이란 법문은 듣는 그 순간 타임머신보다도 UFO보다도 더 빠르게 목적지에 도달하도록 해 주는 밑바닥 없는 배다.

　제행무상이란 약을 언젠가 꿀꺽 삼켜서 병을 고치고 말겠다고 결심하는 일도 장한 일이다. 그러나 실상은 막연히 미래라는 생각 속으로 숨어든 것이다. 부처님을 외면하는 짓에 다름 아니다. 제행무상이란 법문과 인연이 닿은 지금, 즉시 꿀꺽 삼켜야 된다. 지금 즉시 제행무상이라는 밑 없는 배에 올라타면 그뿐이다. 모든 것이 다 변한다는 것을 단순한 알음알이로 받아들인 뒤 관념의 창고 속에 저장시켜선 안 된다. 지금 여기서 꿀꺽 삼켜 세포 하나하나에 제행무상의 약효가 녹아들게 해야 한다. 굳이 해탈이니 깨달음이니 말할 필요도 없이 본래 부처였음을 증득하면 그뿐이다.

　삼라만상 모든 것들이 한순간도 고정 불변하는 실체가 아니라는 가르침을 머리로 이해하는 것은 아무 소용이 없다. 온몸과 온마음으로 사무치게 증득해야만, 모든 것이 고정 불변하는 것도 아닐뿐더러, 변화하는 것도 아니란 사실을 즉각 알아차릴 수 있다. 모든 것이 변화한다는 것을 알기 위해선 주변의 변화하는 것들과 달리, 그 변화하는 대상을 인식하는 '나'는 변하지 않아야 한다. 과거와 현재를 아우를 수 있는 변하지 않는 고정 불변의 '나'가 있어야 비로소 과거에는 저랬던 것이 현재에는 이렇다며 비교-분석할 수 있다. 어떤 것이 어떻게 얼마나 변했는지 알 수 있는 것이다.

그런데 부처님께서는 분명 모든 것이 항상(恒常)함이 없음을 말씀하셨을 뿐, 결코 예외를 두지 않으셨다. '나'라는 고정 불변의 실체가 따로 있어 모든 것이 변한다는 사실을 알 수 있다고 말씀하신 것이 아니다. '나' 또한 제행무상으로부터 예외일 수 없다. 어린 시절 읽었던 동화속의 소풍간 돼지 형제들 이야기처럼, 집으로 돌아오기 전 자기 자신만 빼놓고 머릿수를 세는 어리석음을 범하지 않아야 한다. '나' 또한 끊임없이 변화하는 모든 것 속의 일부분일 뿐, 결코 예외일 순 없음을 분명히 아는 것이 중요하다.

끊임없이 변한다면 고정 불변의 실체로서 '나'란 것이 존재할 수 없다. '나'라는 고정 불변의 실체가 없다면 아공(我空)이다. 아공(我空)이면 그 즉시 법공(法空)이다. 나도 공하고 제법도 공하고 모두가 공한 구공(俱空)인데, 누가 있고 무엇이 있어서, 항상(恒常)하느니 변하느니 할 수 있겠는가? 제행무상을 단순히 지식으로 이해하고 기억하는 것이 아니라 꿀꺽 삼켰다면, 제행(諸行)이란 것이, 있고 없고 항상(恒常)하고 변하고 하는 것이 아니라, 오직 여여(如如)하게 독로(獨露)할 뿐임을 깨닫는 것은 결코 어렵지 않다. 과거 현재 미래니, 여기저기니 하는 시간과 공간이 뚝 끊어진 여여(如如) 부동(不動)한 우담바라만이 홀로 활짝 피어 있을 뿐이다.

제법무아인(諸法無我印)에 대한 불교사전의 풀이는 다음과 같다. "모든 법은 인연으로 생긴 것이어서 실로 자아인 실체가 없거늘, 사람들이

귀로 보고, 눈으로 듣는다

집착하는 그릇된 견해를 일으키므로, 이를 없애기 위하여 무아(無我)라고 말하는 것"이다. 제행무상의 첫 단추를 옳게 꼬였다면, 제법무아는 따로 거론할 여지도 없다. 제법(諸法)이란 제행(諸行)과 다르지 않다. 제행무상이니 당연히 제법무아일 뿐이다. 고정불변하며 항상(恒常)하는 '나'랄 것이 따로 있을 수 없다. 즉 아공(我空)인 탓에 아(我)가 인식하는 대상세계 또한 텅 빈 법공(法空)으로 제법무아(諸法無我)일 뿐이다. 제법의 실상이 오직 하나의 마음인 까닭에 주객이 따로 존재할 수 없기 때문이다.

이웃 종교의 "심령이 가난한 자 복이 있나니, 천국이 그들의 것"이란 가르침 또한 마찬가지다. '심령이 가난하다'는 것을 단지 세상에 대한 욕심이 없는 것으로 해석하는 경향이 있다. 그리고 '천국이 저들의 것'이란 의미를, 욕심을 부리지 않고 신앙생활 잘 하면 죽어서 천국에 가는 것으로 견강부회(牽强附會)하는 것을 종종 본다. 우물 속에서 보는 하늘에 대한 감상일 뿐, 천국을 등기 이전하는데 아무런 도움도 되지 않는 망언(妄言)일 뿐이다. 심령이 가난하다는 것은 단순히 욕심을 부리지 않는 정도가 아니다. 욕심을 일으키는 '나'조차 없는 무아(無我) 즉, 아공(我空)을 일컫는 말이다. 그래야만 성경(聖經)이라고 할 때 경(經)이란 글자를 붙일 수 있다.

'나'란 놈이 제 주견대로 이리저리 욕심을 부리면서 사는 것이 아니라, 오직 성령의 역사(役事)하심의 도구로 쓰이는 것이 바로 심령이 가난한 것이다. 비유컨대, 기차에 올라 타 있으면서도, 무거운 짐을 짊어진 채 애써 걷는 어리석은 '나'란 놈이 사라진 것이다. 이것이 무아(無我)고 아공(我空)이고 입류(入流)다. 아상(我相)을 여의고 무아(無我)로 거듭나 심령이 가난해짐으로써 천지만물과 둘 아니게 된 것을 '천국이 그들의 것'이라고 표현한 것일 뿐, 욕심내지 않고 신앙생활 잘 하면 먼 훗날 죽어서 천국에 간다는 말이 아니다. 심령이 가난해져서 아(我)와 비아(非我)의 대립-반목이 사라짐으로써 천국의 주인이 되어, 이 세상의 어떤 업연(業緣)에도 걸리지 않는 대 자유인으로 거듭나는 것, 이것이 바로 성경에서 말하는 휴거 즉, 공중 들림의 비밀이다.

삼법인의 마지막은 열반적정인(涅槃寂靜印)이다. 굳이 의미를 살펴볼 필요도 없다. 제행무상과 제법무아를 증득했다면 오직 열반적정인 까닭에 졸리면 잠자고 배고프면 밥 먹을 뿐이다. 제법무아면 나도 없고 남도 없어서 통하지 않는 곳이 없는 까닭에 열반적정이다. 굳이 설명을 붙이자면, 탐(貪) 진(瞋) 치(癡) 삼독(三毒) 즉, 탐욕과 노여움과 어리석음의 세 가지 독이 소멸됨으로써 모든 번뇌의 불꽃이 사라진 평온한 마음 상태를 열반적정이라고 말할 수 있다. 그러나 열반적정은 열반적정이란 말도 붙을 곳이 없는 오직 한마음일 뿐이다.

열반적정 대신 일체개고(一切皆苦)를 삼법인 중 하나로 꼽기도 한다. 열반적정과 일체개고는 바라보는 방향만 다를 뿐, 그 본질에 있어선 다른 말이 아니다. 한 생각이라도 일으키게 되면 서로 어긋나며 열반적정

귀로 보고, 눈으로 듣는다

과는 십만팔천 리가 멀어지면서 일체가 고통이 된다는 말이다. 이런저런
생각이 일어나면서 일체가 생겨나고, 일체가 생겨나서 이리 저리 벌어지
며 대립-반목하게 된다. 비로소 생사왕래(生死往來) 고저장단(高低長短)
의 파란고해(波瀾苦海)가 펼쳐지는 까닭에 일체개고(一切皆苦)인 것이다.
이웃 종교의 경전에서 아담과 이브가 열반적정의 천국에서 쫓겨난 이유
를 선악과(善惡果)를 따 먹었기 때문이라고 설명하는 것도 일체개고와
다르지 않다.

왜 사람으로
태어났는가?

식당에 가는 것은 밥을 먹기 위해서다. 밥을 먹는 것은 주린 배를 채움으로써 배고픔을 해소하기 위해서다. 학교에 가는 것은 공부를 하기 위해서다. 영화관에는 영화를 보기 위해서, 노래방에는 노래 부르기 위해서 간다. 모든 곳은 그에 상응하는 존재 이유가 있고 그곳과 인연이 닿는다는 것은 그곳에서 할 일이 있기 때문이다. 이 세상이라는 곳도 식당이나 학교와 마찬가지다. 우리가 사람의 몸을 받아서 이 세상에 왔다는 것은 무엇인가 할 일이 있기 때문이다. 그것이 무엇일까? 인간의 몸으로 이 세상에 온 목적은 무엇일까?

돈을 많이 벌어서 부자가 되고, 재벌이 되는 것이 인생의 목표인 사람들도 있다. 국회의원이 되고 장관이 되어 명예와 권력을 누리기 위해 사는 사람들도 있다. 어느 한 분야의 최고가 되어서 세계적으로 이름을 날리기 위해서, 그도 아니면 멋지고 아름다운 이성을 만나 사랑하고 결혼해서 행복하게 살기 위해서 등등 사람 수 만큼이나 다양한 삶의 목적들이 있다. 청소년기, 장년기 등 각 시기별 크고 작은 삶의 목적들까지 포함한다면 그 수는 헤아릴 수 없을 정도로 많다. 그러나 인생의 목표가 부(富)가 되었든, 명예가 되었든, 권력이 되었든, 그 무엇이 되었든 최종적인 본 목적은 하나로 귀결될 수밖에 없다. 바로 '인간 완성'이다. 이 세상 자체가 인간 완성을 위한 학교며, 도량이며, 교회다. 이것을 분명히 알아야만 한다.

인간 완성은 무엇을 말하는 것인가? 완전한 인격체가 되는 것이다. 성인군자(聖人君子)가 되는 것이다. 도인(道人)이 되는 것이다. 성불(成佛)하여 부처가 되기 위해, 하나님의 온전한 종으로 거듭나기 위해서 이 세상에 온 것이다. 동서고금에 따라, 종교에 따라 그 표현은 제각각이지만 의미하고 지향하는 바는 다르지 않다. 태어나는 것부터 시작해 울고 웃고, 아프고 고통 받고, 사랑하고 결혼하고 이혼하는 모든 삶이 인간 완성을 위한 여정이다. 장사하고 사업해서 돈을 벌거나 망하는 것도, 승진하거나 진급에서 탈락되는 것도, 주먹다짐을 하며 싸우는 것도, 죽도록 몸이 아파 병원에 입원하거나 소소한 감기 몸살로 이불을 덮고 드러눕는 것도, 마지막 숨을 내 쉬는 죽음의 순간까지 이 세상에서 겪게 되는 모든 일들이 인간 완성을 위한 성(聖)스런 여정이며 그 자체가 그대로 목적이다.

인문사회과학, 자연과학, 예체능 등으로 나눌 필요도 없다. 종교나 철학뿐 아니라, 경영학, 경제학, 행정 및 법학, 음악, 미술, 체육 등등 이 모든 것들 또한 인간 완성의 필요에따라 파생된 것들이다. 심지어 돈과 권력을 누리는 부모의 자식으로, 배운 것 없고 가난한 부모의 자식으로, 건강하고 따뜻한 인품을 갖춘 부모의 자식으로, 극심한 장애를 겪고 있는 부모의 자식으로 태어난 것 또한 인간 완성을 위한 최적의 조건과 환경을 스스로 선택한 결과물이다. 세속적인 욕심의 잣대를 들이대지만 않는다면, 자신의 그릇과 복덕(福德) 및 인연에 따라 인간 완성을 위한 최고의 맞춤형 프로그램을 스스로가 선택한 것이다. 그래서 자신과 처지가 다른 환경 속에서 태어난 타인을 부러워하거나 무시할 일이 아니다. 받아들이고 말고의 문제가 아니라 사람의 몸을 받기 전 자신이 할 수 있었던 최고의 선택이었다는 사실을 분명히 알아야 한다.

인간의 몸을 받고 이 세상에 온 목적이 인간 완성이라면, 그 목적을 달성하기 위해서 어떻게 해야 하는가? 인간완성 후 해야 하는 시급한 일은 무엇이며 어떤 삶을 살아가야 하는가? 이같은 의문에 대해 명료하게 밝혀놓은 가르침이 있다. 사서삼경(四書三經) 중 읽기만 해도 귀신을 마음대로 부릴 수 있다는 대학(大學)의 첫 구절이 바로 그것이다. 大學之道(대학지도)는 在明明德(재명명덕)하고, 在親民(재친민)하고, 在止於至善(재지어지선)이라는 구절 속에는 어떤 의미가 내포되어 있는가? 명명덕(明明德), 친민(親民), 지어지선(止於至善)이라는 대학의 삼강령을 간략하게 살펴보는 것만으로도 인간완성의 길과 인간완성 이후의 삶 등을 개괄하는데 부족하지 않을 것이다.

삼강령에 앞서 大學之道(대학지도)란 무엇을 말하는가? 큰대(大) 자는 크다는 의미로 쓰였다. 작은 것에 비해 상대적으로 크다는 것이 아니다. 크고 작은 모든 것을 포함한 전체를 말하는 것이다.

◉ 대(大)란? ◉

크다는 것은 '온 누리'할 때의 '온'의 의미이다. 우리 백두산족 고유의 철학 사상인'한'또한 하나부터 무한대까지 전체를 아우르는 절대적인'큼'을 의미하는 말이다. 기독교의 무소부재(無所不在)한 '하나님'도 같은 의미다. 우리 민족의 가슴 속 깊이 내재해 있는'하느님'이란 말과 전혀 다르지 않다. (정확히 말하면 성경을 번역함에 있어서 우리 민족의 하느님이란 말을 차용하고 변용해서 하나님이라고 썼을 뿐이다. 중국의 성경은 상제(上帝)라는 표현을 쓰고 있다.) 하늘은 네 것 내 것, 동서남북이 없이 온통 하나인 까닭에 하늘이다. 흔울님이나 한얼, 흔이란 말도 마찬가지다. 一始無始一(일시무시일)과 一終無終一(일종무종일) 즉, 하나는 시작이 없는 하나에서 시작되고, 하나는 끝이 없는 하나로 끝난다는 천부경(天符經)의 첫 구절과 마지막 구절의 하나도 같은 의미이다.

시간과 공간이 영속하며 무한대로 펼쳐지는 절대적이고 영원한 '큼'을 불교에서는 어떻게 표현했을까? 반야심경의 원 제목인 '마하반야바라밀다심경'의 '마하'가 바로 시간과 공간을 초극한 절대적인 '큼'이다. 달마대사께서 마음의 속성에 대해 말씀하신, "寬時遍法界(관시편법계) 窄也不容鍼(착야불용침) 즉, 넉넉할 때는 온 법계에 퍼지고 좁기로 말하면 바늘 끝도 용납지 않는다."는 구절 또한 무한소부터 무한대를 아우르는 '마하' '큼' '한'등과 동일한 의미의 표현이다. 삼라만상 우주만물을 있게 한 근원적인 존재인 '도(道)'라는 말도 동일한 의미를 내포한다. 영어에서 어느 것 하나 배제하지 않은 전체의, 전부의, 모든, 온전하다는 뜻의 'whole'과 신성하고 성스럽다는 'holy'의 어원이 같은 것도 이같은 맥락이지 결코 우연만은 아니다.

큰 대(大)자에 배울 학(學)이라는 글자를 합친 대학(大學)은 어떤 의미일까? 오직 하나일 뿐이고, 없는 곳 없이 무소부재(無所不在)하고, 어느 것 하나 배제함 없는 전체로서 영원하고 온전한 '큼'을 배우는 것, 크게 배우는 것, 큰 학문이 곧 대학(大學)의 의미다. 그 다음에 이어지는 지도(之道)에서 도(道)는 길, 방법 등으로 새기면 된다. 따라서 대학지도(大學之道)는 큼을 배우는 길, 크게 배우는 길, 큰 학문의 길 등을 의미한다. 그리고 큼을 배운다는 것은 특별히 가치가 있는 몇몇의 가치있고 의미있는 일만을 지칭하는 것이 아니다. 태어나면서부터 죽는 순간까지 어느 것 하나 빼놓지 않는 삶의 전 과정이 그대로 큼을 배우는 대학(大學)의 도(道)라는 말입니다.

도(道)란 형이상학적(形而上學的)으로 '천지만물의 근원'이라고 정의 내릴 수도 있겠지만, 이곳과 저곳으로 나뉘어져 있는 곳을 하나로 연결시킴으로써 사람들이 왕래하며 소통할 수 있게 해주는 '길'로 봐도 무방하다. 마음공부를 통해 도(道)를 닦던, 불도저로 길을 닦던 결국 나와 너를 회통시켜 하나가 되도록 한다는 점에서 똑같은 작업이다. 이같은 맥락에서 큼을 배움으로써 소아적이고 이기적인 나를 고집함 없이 대아적(大我的)이고 자타불이(自他不二)한 '큼'의 흐름 속으로 입류(入流)되고 합일(合一)되는 것이 대학의 도(道)이다. 나와 '큼'이 회통(會通)하여 둘 아니게 되는 것, 곧 '참나'로서 인간 완성을 이루는 것, 도를 통하는 것, 자신의 주견을 버리고 심령이 가난한 자 되어 하나님의 온전한 종으로 거듭 나는 것, 아공(我空) 법공(法空)을 깨달아 성불(成佛)하는 것, 사람이

귀로 보고, 눈으로 듣는다

하늘에서 부여받은 텅 비고 신령스러운 명덕(明德)을 밝히는 명명덕(明明德)이 바로 대학(大學)의 도(道)다.

대학의 도는 재명명덕(在明明德)에 이어 재친민(在親民)하는 것이다. 이미 밝은 덕을 밝힌다는 것은 중생이 따로 있고 부처가 따로 있다는 말이 아니라, 중생이라는 망상을 쉼으로써 무명을 타파하기만 하면 본래 부처라는 말이다. 한번도 어둠에 물든 적 없는 소소영영(昭昭靈靈)한 성품을 봄으로써 본래 부처임을 증득하는 견성성불(見性成佛)을 말한다. 모든 사람들이 하나님과 다르지 않은 독생자란 사실을 기도를 통해 응답받는다는 말이다. 견성(見性)함으로써 올바르게 보고 올바르게 생각하고 올바르게 말하고 올바르게 행동하는, 정견(正見) 정사(正思) 정어(正語) 정업(正業)이 가능하게 되면, 저절로 보살행을 실천하게 된다. 보살행이 바로 백성과 친해지는 재친민(在親民)이다. 자신의 발등에 붙은 불을 껐다면 비로소 남의 발등에 붙은 불로 관심을 옮길 수 있다.

재친민(在親民)하기 위해선 명명덕(明明德)이 전제되어야 한다. 명명덕(明明德)은 이미 밝기에 따로 밝힐 필요가 없다는 말이다. 이 한마디를 통해 언하대오(言下大悟)함으로써 밝음을 회복할 수 있다면 그뿐이다. 그렇지 않다면 밀밀하고 실제적인 수행이 필요하다. 기도를 통해 신에게 무한 헌신하며 자신을 비워가는 법, 호흡과 함께 몸을 수련하는 법, 갖가지의 명상법, 그리고 백두산족 고유의 수련법으로 삼일신고에 명기되어 있는 지감(止感) 조식(調息) 금촉(禁觸) 등등 밝은 덕을 밝히기 위한 수행법은 무수히 많다.

대학의 첫 번째와 두 번째 강령인 명명덕(明明德)과 친민(親民)은 불교의 상구보리(上求菩提) 하화중생(下化衆生)의 가르침과도 일맥상통한다. 위로는 지극한 깨달음인 보리를 구하고 아래로는 중생을 교화한다는 말이 상구보리 하화중생이다. 굳이 선후를 따질 필요는 없겠지만, 깨닫고 나서 비로소 보살도를 실천할 수 있게 된다는 것은 매우 중요한 사실이다. 깨닫기 전의 어떤 선행(善行)도 자신의 필요에 의한, 자기 자신의 욕심을 채우기 위한 몸부림에 지나지 않기 때문이다. 정견(正見)할 수 있는 마음의 눈을 떠야만 비로소 널리 인간을 유익하게 하는 홍익인간(弘益人間)의 보살도를 실천할 수 있게 된다. 여기에 보태서 하나 더 강조하고 싶은 것은 "위로는 구해야 할 보리가 없고, 아래로는 제도해야 할 중생이 없다"는 육조 혜능선사의 말씀을 사무치게 증득해야만 한다는 사실이다.

그렇지 않으면 자신이 깨달아 알고 있다는 착각에 빠진 채, 미혹한 백성을 가르치고 계몽하며 다스린다는 망상(妄想)과 망동(妄動)으로 자기 자신뿐 아니라 타인까지 망치게 되기 때문이다. 나를 텅 비우고 밝은 덕을 밝혀 '큼'과 합일(合一)이 되었다면, 나와 너라는 주객은 사라질 수밖에 없다. 지배층과 피지배층의 이분법적인 구조 속으로 함몰되는 일은

결코 일어나지 않는다. 오랫동안 함께 한 친구(親舊)처럼, 가족처럼 하나
가 되는 것이 친민(親民)이다. 하화중생(下化衆生)이란 말에서도 겉모습
만 함께 하는 물리적 변화가 아니라, 온전히 녹아들어 중생과 하나 되는
화학적 변화를 의미하는 화(化)라는 글자를 쓴 것도 이같은 까닭이다.

　실상이 이러함에도 중국 송나라의 정자(程子)가 "親(친)은 當作新(당작
신)"즉 친(親)은 마땅히 신(新)으로 바꿔 써야 한다는 망언을 하고, 주희
가 동조함으로써 그 이후 수많은 유자(儒者)들이 맹목적으로 정자와 주
희에게 영혼을 빼앗기는 해프닝이 벌어졌다. 친(親)을 신(新)으로 바꿔
서 백성을 새롭게 변모시켜야 하는 대상으로 전락시키며 민중지배 논리
로 도용하는 짓은 이 순간 이후 근절되어야 한다. 농부가 밭을 갈기 위해
소에게 쟁기질을 가르치듯, 지배층이 백성을 유용하게 부리고 쓰기 위한
의도라면 이것은 이미 교육(敎育)이 아니다. 이같은 까닭에 부처님께서
도 금강경 제25분인 화무소화(化無所化) 즉, 교화하되 교화하는 바가 없
다는 가르침을 통해 "내가 마땅히 중생을 제도한다는 생각도, 그같은 말
도 하지 말라"고 말씀하셨던 것이다.

　명명덕(明明德), 친민(親民)에 이은 대학의 세 번째 강령인 지어지선(止
於至善) 즉, 지극한 선(善)에 머문다는 것은 어떤 의미인가? 지선(至善)이
란 지극하고 지극하여 선(善)이랄 것도 없는 무심의 한마음자리일 뿐이
다. 대소유무(大小有無)와 원근친소(遠近親疎)가 끊어진 열반적정(涅槃寂
靜)의 니르바나 언덕을 의미하는 말이다. 정의가 강물처럼 흐르는 천국,

모든 사람들이 행복하게 사는 유토피아, 모두가 하나인 대동사회(大同社會) 등 이렇게 저렇게 표현할 수는 있겠지만, 생각으로 헤아리고 말로 설명하면 할수록 지선(至善)과는 천지현격(天地懸隔)인 까닭에 더이상 입을 대지 않는 것이 가장 친절한 설명이 될 것이다.

◎ 대학의 팔조목(八條目) ◎

대학은 명명덕(明明德), 친민(親民), 지어지선(止於至善)의 삼강령에 이어 격물(格物), 치지(致知), 성의(誠意), 정심(正心), 수신(修身), 제가(齊家), 치국(治國), 평천하(平天下)를 팔조목(八條目)으로 명시하고 있다.

이중 '격물, 치지, 성의, 정심, 수신'은 명명덕에 해당된다. '제가와 치국'은 친민에, '평천하'는 지어지선에 관한 일로 보면 된다. 격물, 치지, 성의, 정심, 수신을 한번 더 세분화한다면 '격물과 치지'를 견성(見性) 내지 합일(合一)로, '성심과 정심과 수신'은 득도 후의 보임(保任)으로 볼 수도 있다.

그런데 대학에는 뜻을 정성스럽게 하는 '성의', 마음을 하나에 그치게 함으로써 바르게 하는 '정심', 몸을 닦는 '수신', 가족 친지를 보살피고 집안을 돌보는 '제가', 만백성을 어버이로 섬기고 자식으로 보살피는 '치국', 그리고 천하를 태평케하는 '평천하'의 여섯 조목과 달리 '격물과 치지'에 대한 직접적이고 구체적 언급이 없다. 이 때문에 송대(宋代) 이후 유학자들 사이에 격물과 치지에 대한 설이 분분했다.

대표적인 학설로 송대 주자(朱子)의 설과 명대 왕양명(王陽明)의 설이 있다. 그리고 '실제 사물의 이치를 연구하여 지식을 완전하게 한다'는 사전식 풀이가 가장 일반적 해석이다. '성의, 정심, 수신' 등에 앞선 팔조목의 첫째, 둘째 조목인 격물과 치지가 단지 사물의 이치를 연구하고 지식을 완전하게 하는 것은 아닐 것이다. 격물과 치지가 그런 의미라면 명명덕의 본류가 아닌 곁가지에 지나지 않기 때문이다.

격물과 치지의 진정한 의미는 무엇인가? 格(격)은 이를 격, 격식 격, 감통(感通)할 격, 다툴 격 등으로 쓰인다. 격물에서는 감통할 격으로 쓰였다. 따라서 물(物)에 格해서 앎에 이른다고 할 때, 물에 격한다는 것은, 탁상공론에 따른 관념적 희론을 배제하고 실질적으로 사물에 접하여 그 이치를 연구함으로써 앎에 이른다는 단순한 의미가 아니다. 물에 격한다는 것은 사물을 대상으로서 놓고 이리저리 궁리하고 분석하는 것을 말하는 것이 아니다. 우주만물 삼라만상에 감응하여 통(通)함으로써 궁리하고 분석할 대상이 사라진 합일(合一)을 말

귀로 보고, 눈으로 듣는다

하는 것이다.

致知(치지)는 知至(지지)의 의미를 곁들여서 풀이하면 그 뜻이 명확하다. 앎에 이른다는 것은 앎이 지극해져서 그 앎이 다한다는 의미다. 물리학자들이 물질의 최소 단위를 관찰하다가, 마지막 순간에 관찰자의 마음과 관찰 대상의 경계가 모호해지다가 일순간 사라지는 것을 발견하고 물질의 최소 단위란 '규명할 수 없는 것'이란 사실을 깨달은 것과 다르지 않다. 천지만물과 격(格)하여 즉, 감통(感通) 합일(合一)하여 둘이 아니게 됨으로써 앎이 지극해지고 끝내 앎이 다하여 진정한 앎에 이른 것, 이것이 격물치지다.

격물치지(格物致知)면 매일 아침 출근길에 스쳐지나갔던 은행나무가 무슨 말을 하는지 모를 리 없다. 무한경쟁 속에서 계산적이고 형식적인 관계로 지내왔던 직장동료의 수심 가득한 얼굴을 나 몰라라 하며 외면하는 일은 하지 않게 된다. 천지만물과 둘이 아니기에 애써 보살피지 않아도 저절로 친민(親民)이 되어 상생(相生)하게 된다. 언제 어느 곳에서나 홍익인간(弘益人間)하는 보살도를 실천하게 된다. 나, 내 자식, 내 부모 뿐 아니라 이웃을 자신의 몸처럼 돌보며 선도 없고 악도 없는 지어지선(止於至善)의 천국 생활과 극락의 삶을 누리게 된다.

마음을
비추어 보는 법

부처님께서 삼처전심(三處傳心)을 통해 가섭존자에게 전한 무문인(無門印)을 중국에 전하시고 선가(禪家)의 초조(初祖)가 되신 분이 달마대사이다. 한쪽 팔을 자르는 위법망구(爲法忘軀)를 통해 달마대사의 골수를 얻어 2조가 되신 분은 혜가스님이다.

혜가스님이 달마대사에게 물었다.
"도를 얻고자 하면 어떤 수행을 해야 합니까?"
달마대사께서 간단명료하게 대답하셨다.
"관심일법 총섭제행(觀心一法 總攝諸行) 즉, 마음을 관(觀)하는 한 법이 모든 수행을 포함한다"

관심(觀心), 곧 마음을 본다는 것은 무엇인가? 어떻게 하는 것이 마음

귀로 보고, 눈으로 듣는다

을 보는 것인가?

　하루 중 조용한 시간을 정해서, 혹은 선방을 찾아서 좌선을 하며 호흡을 관하거나 숫자를 세는 등의 수식관만이 관(觀)은 아니다. 아침저녁으로, 혹은 주말에 선방을 찾아 틈틈이 수행을 하는 것도 장한 일이다. 그러나 따로 수행한다는 상이 없이 언제 어디서나 항상 관법(觀法)수행을 할 수 있어야 한다. 잠자고 꿈꾸는 시간까지도 포함해 하루 스물네 시간 내내 수행해야 한다. 일상생활과 구별하여 시간을 정해 놓고 틈틈이 하는 수행은 마치 외국어를 배우는 것처럼 시간도 오래 걸릴뿐더러 어려울 수밖에 없다.

　일부러 배우지 않아도 매일매일 쓰다보면 저절로 익혀지는 모국어처럼 수행도 그렇게 해야 한다. 매 순간순간 끊어짐 없이 일상 속에서 한줄기 실을 늘어놓은 듯 지속되어야 한다. 그래야만 '직지인심 견성성불'(直指人心 見性成佛) 즉, 곧바로 마음을 가리켜 성품을 보고 부처를 이룬다는 불조의 골수를 이식해 마칠 수 있다. 물은 98도씨에 이르렀다가도 잠시 가열을 멈추면 100도씨에 도달하지 못하고 다시 식어버린다. 2도씨라는 아주 미세한 차이때문에 액체에서 기체로 차원 변화가 이뤄지지 않는 것처럼 수행 또한 마찬가지이기 때문이다.

　이런저런 일로 바쁜 현대인들이 일상생활을 유지하면서 어떻게 지속적으로 관법(觀法)수행을 할 수 있는가? 예를 들어, 월요일 아침 늦잠으로 지각의 위기에 처한 회사원이라면 출근 준비시간을 단축하기 위해

세수도 양치질도 하는둥 마는둥 허겁지겁 서두르게 된다. 서두른다고 출근을 준비하는 시간이 단축되지 않는다. 오히려 양말을 짝짝이로 신는다든지 와이셔츠를 거꾸로 입는다든지 하는 실수를 범하며 더욱더 출근이 늦어지게 된다.

이처럼 눈코 뜰 새 없이 바쁜 와중에서도 전혀 허둥대지 않고 관법수행을 할 수 있다. 칫솔을 잡았을 때 칫솔의 손잡이가 손바닥에 닿는 미세한 감촉, 치약을 눌러 짜는 순간의 말랑말랑한 튜브, 치약을 짜서 칫솔에 바르는 순간 코를 자극하는 치약 향, 칫솔질과 동시에 들리기 시작하는 칫솔과 치아의 마찰음 및 어깨와 팔의 움직임 등등 모든 것들을 하나도 놓치지 않고 비춰보는 것이 관법수행이다.

그렇다고 해서 양치질을 하면서 파생되는 이런저런 느낌들을 놓치지 않고 느끼려고 잔뜩 긴장하거나, 의도적인 노력을 기울이며 애써 집중하는 것이 관법수행은 아니다. 지각에 대한 불안감 및 제 시간에 전철을 타야만 한다는 강박감 등 모든 생각들로부터 허허롭게 풀려난 고요하고 또렷한 마음이, 자신의 행위와 그로인해 벌어지는 낱낱의 상황들을 저절로 비춰봄으로써, 행위자와 행위간의 틈새가 사라진 가운데 밝고 환한 알아차림만이 홀로 드러나야 나야 한다. 이것이 제대로 된 관(觀)이다.

지각할 수밖에 없는 필요충분조건들이 이미 갖추어져 있음에도 불구하고, 관법수행을 한다고 해서 물리적 시간이 단축되며 지각을 면할 수는 없다. 관법수행으로 신통력이 발휘되어 지각을 하지 않을 것이라고 생각한다면 이는 망상에 지나지 않는다. 그런 일은 일어나지 않는다. 지각을 할 수도, 하지 않을 수도 있는 상황일 경우라면 자신이 할 수 있는 가장 신속한 출근 준비를 가능하게 해 줌으로써 지각하지 않을 확률을 높일 수는 있다. 심리적인 시간의 압박에서 벗어나 정신없이 허둥대는 일 없이 고요하고 또렷한 마음으로 차분하게 출근 준비를 하기 때문에 중요한 서류를 놓고 출근하는 등의 어떠한 실수도 하지 않게 될 뿐이다.

관법수행은 특별한 시간도, 조력자도, 장비도, 경비도 필요하지 않다. 오직 밀밀하게 깨어있는, 간절한 마음 하나면 충분하기 때문에 길을 걸어가면서도 가능하다. 잘 걷는 법을 따로 배울 필요도 없다. 걸음을 걸으면서 고요하고 또렷한 마음으로 발끝부터 머리끝까지 온전히 비춰보기만 하면 된다. 두 발이 땅에 닿을 때 전해 오는 감촉, 고관절의 움직임과 두 팔의 흔들림, 심장박동 소리 등등을 비춰보기만 하면 된다. 이래야 되고 저래야 된다거나, 이게 문제였다거나 하는 어떠한 긍부정(肯不定) 생각도 일으킴 없이 마음이 온몸의 세포 하나하나에 꽉 차는 순간, 가장 편안하고 아름다운 걸음걸이로 세상을 활보하게 된다.

저절로 다리와 허리, 척추가 반듯하게 정렬되며 기울었던 허리가 바로 서고 휘었던 등이 쭉 펴지면서 점차 요통도 사라질 것이다. 머리까지 가볍고 시원해지면 마음이 여유를 되찾게 된다. 마음이 여유로워지면 걸어가면서도 주변 사람들의 생생한 얼굴 표정, 자동차 소리, 나뭇잎 위에서

반사되는 햇살 등 눈물 나도록 가슴시린 정경들과도 저절로 하나가 된다.

숟가락으로 밥과 국을 뜨고, 젓가락으로 반찬을 집을 때도, 팔을 뻗어 커피 잔의 손잡이를 잡을 때도 관법수행은 지속되어야 한다. 하기 싫은 숙제를 하듯이 억지로, 의무적으로 강박증에 걸린 것처럼 하는 것이 아니다. 가장 자연스럽고 편안하게 함이 없이 하는 것이 관법수행의 요체 중 요체다.

사람들과 말을 할 때도 관법수행은 밀밀하게 이루어져야 한다. 어느 순간 자신의 무용담에 취해 목소리가 불필요하게 커지고 호흡이 거칠어졌다면 그 즉시 놓치지 않고 비춰봄으로써 다시 나지막한 목소리와 평온한 호흡으로 돌아올 수 있어야 한다. 듣는 사람이 지루해하는 줄도 모른 채 두서없이 길고 장황한 이야기를 늘어놓으며, 삐딱하게 기울어진 자세가 척추에 무리를 주고 있다는 사실을 놓친다면 관(觀)이 끊어진 것이다. 모든 면에서 부족하지도 넘치지도 않는 제대로 된 말, 즉 정언(正言)을 하기 위해서는 말하는 동시에 자신의 목소리를 자신이 가장 먼저 듣는 관(觀)이 이뤄져야만 한다.

행동하고 말할 때뿐만 아니라 머릿속에서 생각이 뜨고 가라앉는 것도 빠짐없이 관(觀)할 수 있어야 한다. 모처럼 친구들과 어울려 맛있게 저녁을 먹고 술까지 곁들인 탓에 포만감을 가득 안고 집으로 돌아오다가, 평

귀로 보고, 눈으로 듣는다

소 즐겨 찾던 생맥주집 앞을 지나는 순간, 돌연 매콤한 치킨 냄새가 코를 찌를 수도 있다. 하지만 그뿐이어야 한다. 몸으로 느껴지는 1차적 수(受)인 첫 번째 화살만 맞아야 수행자라고 할 수 있다. 마음으로 맞는 두 번째 화살인 2차적 수(受)는 없어야 한다.

저녁을 과하게 먹은 탓에 포만감을 넘어서 속이 더부룩하기까지 한데도 "내가 좋아 하는 매운 양념치킨이구나. 한 마리 사가지고 가서 시원하게 맥주나 한잔 더 할까?"하는 생각이 일어나는 즉시 관(觀)할 수 있어야 한다. 강렬하게 일어나는 식탐을 비춰보지 못하고 오히려 그 생각에 끌려가서 덥석 매운 치킨 한 마리를 샀다면, 관(觀)은 끊어지고 매운 치킨을 좋아하는 업식이 주인 행세를 한 것이다. 곡식밭을 향하는 소에게 사람이 끌려간 것이다.

고요하고 또렷한 마음으로 관(觀)이 이루어진다면, 매운 치킨 냄새가 콧속의 후각 세포를 자극하는 첫 번째 화살만 맞을 뿐이다. '너무 맛있겠다, 한 마리 사 먹어야겠다'는 생각이 삐죽이 고개를 들려고 하는 그 즉시 비춰봄으로써 두 번째 화살에 맞는 일은 일어나지 않게 된다. 빛이 비추면 어둠이 저항 없이 일순간 사라지는 것처럼 마음의 수(受)는 관(觀)의 불꽃에 의해 사라진다.

그러나 욕망의 불꽃이 강렬할수록 관(觀)이 끊어질 확률은 더 높다. 비춰보려는 순간 욕망의 불꽃이 거세게 일면서 관심의 불꽃을 휘감아 삼키기 때문이다. 길들여지지 않은 소가 곡식밭으로 들어가려고 할 때 고삐를 당겨봐도 막무가내여서 별 소용이 없는 것과 같다. 그러나 걱정할 필요는 없다. 관심의 불꽃과 욕망의 불꽃이 서로 싸운다는 그 자체만으로 이미 관(觀)이 발동된 것이기 때문이다. 소가 온전히 길들여지지 않았지만 소를 찾아서 이미 고삐를 쥐고 길들이는 과정에 있는 것이다. 아무것도 모르는 채 생각의 꼭두각시가 되어서 업식놀음을 일삼는 줄도 모르고 살다가, 도가 높아짐에 따라 마(魔)가 치성한 것을 알아차리는 도고마성(道高魔盛)의 단계에 도달한 것이다.

욕망의 불꽃에 관심의 불꽃이 밀려났다고 해서 실망할 일도, 걱정할 일도 아니다. 실망스러움과 걱정이 일어나는 그 순간, 즉시 간절하고 밀밀하게 관(觀)함으로써 태산보다 굳건하고 바다보다 더 깊은 선정의 힘을 키워야 한다. '어떻게 하면 선정의 힘을 키울 수 있을까' 하는 생각 또한 일어나는 즉시 놓치지 않고 관(觀)함으로써, 선정의 힘을 키우려는 그 생각조차 쉬고 또 쉴 뿐, 굳이 다른 방법을 찾을 필요가 없다. 언제 어느 곳에서나 고요하고 또렷한 마음으로 관심의 불꽃을 이어가면, 마음을 들뜨게 하고 혼탁하게 하는 밖의 모든 인연들이 점차 줄어들게 된다. 그러면 저절로 지계바라밀이 실천될 것이다. 안으로도 마음이 가라앉고 맑아지게 되면서 저절로 선정바라밀이 실천될 것이다. 관(觀)이 자재(自在)함으로써 안과 밖이 맑고 밝아 따로 비춰볼 필요가 없는 반야바라밀 또한 저절로 실천될 것이다.

귀로 보고, 눈으로 듣는다

화장실에서 볼일을 마친 뒤 화장지를 잡아당길 때도 습관적으로 잡아당기는 일은 사라지게 된다. 그렇다고 해서 화장지를 잡아당기기 전 몇 칸인지 일일이 확인해야 한다는 것이 아니다. 아무 생각 없이 습관적으로 화장지를 낭비하는 일이 사라지게 됨으로써, 세 칸이 되었던 열 칸이 되었던, 그때그때 필요한 만큼의 가장 알맞게 화장지를 뽑아 쓰게 되는 자동화 시스템이 발동된다는 말이 다. 제불조사님들께서 말씀하신 배고프면 밥 먹고 졸리면 잠잘 수 있게 되는 경지이다.

부처님께서는 당신의 아들 라훌라에게 간곡히 말씀하셨다.
"라훌라여!
생각할 때, 말할 때, 행동할 때 항상 거울을 보아라."

담배 끊는
담배

현대 사회는 언뜻 보기에 억압보다는 자유가 지나쳐서 생기는 문제가 많은 듯하다. 그러나 대다수의 현대인들은 알게 모르게 의식의 감옥에 갇혀있다고 한다.

'자기도취'의 감옥과 함께 타인의 단점만 보는 '비판'의 감옥, 세상을 부정적으로 보는 '절망'의 감옥과 옛날이 좋았다며 현재를 낭비하는 '과거지향'의 감옥, 남의 처지를 부러워하는 '선망'의 감옥과 사촌이 잘 되는 것을 배아파하는 '질투'의 감옥 등이 현대인들을 억압하고 있는 대표적인 감옥이다.

이 여섯 유형의 감옥에서 벗어나 걸림 없는 대자유인의 삶을 누리기 위해선 어찌 해야 되는가?

부처님께서 49년 동안 설하신 일체의 감옥으로부터 벗어나는 여러 길들 중, 가장 쉽고 안전하며 빠른 지름길은 바로 계정혜(戒定慧), 삼학(三學)이다.

파란고해(波瀾苦海)를 건너 해탈의 니르바나 언덕에 이르러 환희심(歡喜心)' 넘치는 행복한 삶을 누리도록 해 주는 삼학(三學)이란 무엇인가? 어떻게 계정혜 삼학을 이해하고 체득해야만 일체의 고통과 액난을 여의고 견성성불(見性成佛)함으로써 불국정토를 친히 밟아 이를 수 있는가?

결론부터 말하자면, 해야 할 그 무엇이 따로 있는 것이 아니다. 비춰 보아야 할 오온(五蘊)도 없고, 건너야 하는 고와 액이 있는 것도 아니다. 보아야 하는 성품이 있고 이뤄야 하는 부처가 따로 있는 것이 아니다. 오직 마음일 뿐, 마음 외에 다른 것은 없다.

그럼에도 불구하고 제불조사님들께서는 오온이니, 공이니, 고액(苦厄)이니, 성품이니 부처니 하는 방편을 시설하셨다. 그러나 그같은 말에 떨어져 마음으로써 마음을 찾으려고 하는 것은 어리석은 짓이다. 모든 사람이 이미 일체의 고액을 건너 성불해 마친 부처이기 때문이다. 중생은 교화해야 할 대상이고, 부처는 언젠가 미래에 이루어야 할 목표라는 한 생각을 일으킨 뒤, 자신은 중생인 탓에 수행을 통해 부처가 되겠다고 생각한다면, 이것이 바로 마음에 병이 생긴 것이다. 정(定)이 깨지고 혜(慧)가 빛을 잃으며 부처가 중생의 가죽을 뒤집어쓰는 순간이다.

이미 부처라는 생각을 굳게 믿고, 따로 수행할 필요가 없다는 견해를 짓는 것 또한 지독한 망상에 다름 아니다. 중생이라는 생각, 있는 그대로가 부처라는 생각 등 모든 견해를 쉬고 양변을 여의기 전에는 어떤 지식도 알음알이 망념에 불과할 뿐이다. 그래서 제불조사님들께서도 참됨을 구하려 하지 말고 망령된 견해만 쉬면 된다는 말씀을 하셨던 것이다. 비유하자면, 굳이 담배를 끊으려고 애쓸 필요도 없이, 그냥 담배를 피우지 않으면 된다. 그러나 항상 담배를 끊어야지 생각은 하면서도, 끊임없이 담배를 피우며 건강을 잃어가고 있다면, 담배를 끊는 담배가 필요할 수밖에 없다. 이미 부처이면서도 무수한 먼지가 낀 거울처럼, 마음이 이런저런 생각과 견해들로 얼룩진 채 탐진치(貪瞋癡) 삼독(三毒)에 미혹되어 있다면 담배를 끊기 위한 담배, 즉 각자의 근기(根機)에 맞는 수행이 절대적으로 필요하다.

몸이 아프기 때문에 약의 필요성이 생겨나듯이, 부처님께서 제시하신 계정혜(戒定慧) 삼학(三學)은 탐진치(貪瞋癡) 삼독(三毒)이라는 마음의 병에 상즉(相卽)한 처방이다. 욕심과 화냄, 그리고 어리석음이라는 탐진치(貪瞋癡) 삼독이 일체 고액의 원인으로 작용하며 부처를 중생으로 전락시키는 주범이라고 진단하신 것이다. 탐진치 삼독이 끊임없이 얽히고 설킴으로써 세상의 모든 고통과 불행을 만들어 내고 있다는 사실은, 일상의 실례를 통해 쉽게 확인할 수 있다. 패가망신의 지름길 중 하나인 도박에 손을 대는 것은 욕심에서 비롯된다. 땀 흘려 일해서 차근차근 돈을 모으기 보다는 짧은 시간 내에 쉽게 많은 돈을 벌기 위한 욕심이 바로 도박판에 발을 들여 놓게 만드는 주된 원인이다.

욕심은 항상 기대치에 미치지 못하거나 이루어지지 않음으로써 불만족스러운 상황을 초래한다. 비유하자면 헬스클럽에 가서 건강을 위해 바벨을 들 때 자신의 현재 능력으로 들 수 있는 무게가 50kg정도인데도 불구하고 무리해서 70kg을 들려고 하는 것이 욕심이다. 억지로라도 몇 번은 들 수 있겠지만 오히려 건강을 해치는 역효과를 불러올 뿐이다. 거꾸로 70kg의 바벨을 드는 것이 가장 효과적임에도 50kg을 든다면, 이 또한 욕심이 없는 것이 아니라 쉽고 편하고자 하는 욕심에 사로잡혀 있는 것이다. 욕심을 부리지 않는다는 것은 매 순간의 처한 상황을 꿰뚫어보는 정견(正見)에서 출발해 올바르게 행동하는 정업(正業)으로 이어져야 한다.

돈 욕심때문에 도박에 뛰어들었다면 돈을 잃게 될 것은 뻔하다. 욕심은 정견(正見)의 눈을 멀게 함으로써 현실을 왜곡시키는 탓에, 원하는 결과에 못 미치거나 정반대의 결과를 낳게될 것은 뻔하다. 원하는 것이 뜻대로 이루어지지 않으면 화가 치밀어오르게 된다. 화가 거세질수록 점점 더 어리석어지고, 어리석어지면 어떻게든 잃은 돈을 되찾으려는 욕심에 이전보다 더 큰 돈을 마련해 놀음에 빠져들게 된다. 어리석음에서 욕심이 일어나고, 욕심은 화를 불러일으키고, 화는 어리석음 불러오는 등 탐진치 삼독은 서로서로를 자양분 삼아 끊임없는 악순환을 계속하게 된다.

부처님께서는 인생을 파란고해(波瀾苦海)로 만드는 불행의 원인을 탐진치 삼독이라고 진단하신 후 악순환의 고리를 끊고, 파란고해를 건너서 해탈의 언덕에 이르는 처방으로 계정혜(戒定慧) 삼학(三學)을 제시하신 것이다. 계정혜 즉, 계율(戒律) 선정(禪定) 지혜(智慧)의 삼학은 삼발이 솥의 세 발과 같다. 솥이 넘어지지 않기 위해서는 세 발이 온전해야 하는 것처럼 계정혜 삼학 중 어느 것 하나라도 소홀히한다면 제대로 된 수행이라고 할 수 없다. 효봉선사의 말씀처럼 계는 집터가 되고, 정은 재목, 혜는 집짓는 기술이 되듯이 계정혜 삼학은 셋이면서 하나이기 때문이다.

계정혜 삼학 중 첫 번째 위치를 차지하는 계(戒)란 무엇인가?

계 중에서도 출가자 재가자를 막론하고 모두가 지켜야 하는 가장 기본적인 계율이 오계다. 살생하지 말라는 불살생(不殺生), 도둑질 하지 말라는 불투도(不偸盜), 음행을 하지 말라는 불사음(不邪淫), 거짓말 하지 말라는 불망어(不妄語), 술을 마시지 말라는 불음주(不飮酒) 등이 바로 오계다. 이 밖에도 출가한 스님들이 받는 사미 10계와 구족계 등 비구 250계, 비구니 348계를 비롯해 대승의 보살계로 10중대계와 48경계가 있다.

다양한 삶의 환경에 노출될 수밖에 없는 바쁜 현대인들에게 수백 가지의 계율들은 복잡하게 느껴질 수 있다. 그러나 우선 간절한 마음으로 오계만 잘 지켜도 삼학 수행의 성공적인 첫 걸음이 될 것이다. 출가의 환경이라면 수백 가지의 계를 철저히 지킴으로써 수행의 반석을 굳건하게 다질 수도 있다. 그러나 출가자가 아니라면 수백 가지의 계율을 일일이 챙기지 않아도 된다. 계율의 근본을 이해하고 매 순간순간 살아 숨쉬는 계율을 성심성의껏 지키기만 하면 되기 때문이다.

계율의 근본적 의미란 무엇인가? 신구의(身口意) 삼업으로 짓는 나쁜 짓을 미연에 방지하는 것이다. 고요하고 또렷해야 할 마음을 뒤흔들어서 들뜨게 만들고, 탁하고 어둡게 만드는 일들과의 접촉 자체를 끊는 것이다. 마음거울에 먼지가 묻고 금이 가는 일들이 일어나지 않도록 원천봉쇄하는 것이 계율이다. 그 결과 밖으로 치닫던 들뜬 마음이 가라앉고, 탁하고 어두운 마음이 맑고 밝아짐으로써 선정(禪定)에 들게 된다. 마지못해 억지로 계율을 실천하려고 하지 말고, 마음을 산란하게 하는 일체의 망상(妄想)과 망언(妄言)과 망동(妄動)을 쉬고 또 쉬는 것이 살아 숨쉬는 계율을 실답게 지키는 것이다.

계율의 근본적 의미를 제대로 이해하고 실답게 지키는 수행자라면, 불음주의 계는 마지못해 지키면서 대마초는 오계에 명시되지 않았기 때문에 피워도 된다는 망상은 피우지 않을 것이다. 이미 몸과 마음이 감당하지 못할 만큼 술에 취한 줄도 모르면서 손바닥으로 하늘을 가리듯 '곡차를 마시며 무애행(無碍行)을 하는 중'이라는 요설로 자신의 막행막식(莫行莫食)과 파계(破戒)를 미화하며 감추는 짓도 하지 않을 것이다. 물론 겨울 산행시 급격히 체온이 떨어지는데도 불구하고 기계적으로 불음주라는 계를 지키느라 술 한 모금 마시는 일을 파계 운운하며 벌벌 떠는 일도 없을 것이다.

좌선을 할 때 뿐 아니라 언제 어느 곳에서나, 끊임없이 밖의 인연들을 향해 치닫는 마음을 쉬고 또 쉬다 보면 분주하던 일상이 한가로워진다.

점점 마음이 여유로워짐에 따라 굳이 이래선 안 되고 저래선 안 된다는 형식적 계율로부터도 자유롭게 된다. 너무 늦은 시간까지 TV를 본다거나, 연예인 및 정치 등에 관해 지나친 관심을 갖는다거나, 괜한 체면치레 때문에 온갖 애경사에 시달리는 일 등이 점차 줄어들게 된다. 지나친 오락, 과도한 음주와 흡연 등등 몸과 마음을 지치고 혼탁하게 하는 습관들이 고개를 삐죽이 내밀며 유혹하는 일이 생겨도, 그 즉시 곡식밭으로 향하는 소의 고삐를 잡아당기듯 살아 숨쉬는 계율이 저절로 발동되어 온갖 망상(妄想)과 망언(妄言) 망동(妄動)들로부터 점점 벗어나 정(定)이 충만하게 된다.

정(定)이 충만해지면 동시에 혜(慧)가 발(發)해진다. 혜(慧)가 발현되기 시작하면, 집안 구석구석에 쌓인 먼지들을 청소하고 서재 책장에 어지럽게 꽂혀있는 책들을 정리하게 된다. 입으로 모든 것에 불성이 내재해 있다는 소리를 종종 하면서도 화분의 화초가 말라 비틀어져가는 줄도 모른 채 물 한번 주지 않던 짓도 더이상 할 수 없게 된다. 화초가 "물 좀 주세요!"하고 속삭이는 소리도 놓치지 않고 다 들을 수 있게 된다. 계를 지키다보니 선정의 힘이 생겼고, 선정의 힘이 지혜로 발현되었기 때문이다. 지혜가 발현된다는 것은 자신의 몸과 마음은 물론 주변을 보살필 수 있는 창조적이고 능동적인 수행자가 되었다는 말이다.

비유하자면 계율을 지킨다는 것은, 잔잔하고 투명한 연못에 돌이 떨어져 물결을 출렁이게 한다거나, 시커먼 오폐수가 흘러들어와 혼탁하게 되

귀로 보고, 눈으로 듣는다

는 일을 만들지 않는 것이다. 그러다보면 기존의 출렁임과 오염이 서서히 멈추고 정화되면서 잔잔하고 투명한 연못 본래의 모습으로 돌아가게 된다. 이것이 정(定)이다. 연못이 잔잔하고 투명할수록 주변의 나무는 물론 나뭇잎, 그리고 나뭇잎 위를 기어 다니는 작은 벌레 한 마리조차 있는 그대로 비추게 된다. 이것이 안팎이 환하게 밝아 둘 아닌 내외명철(內外明徹)의 혜(慧)이다.

안팎이 환하게 밝으면 따로 지켜야 되는 계율이랄 것도 없게 된다. 형식적인 계율을 작위적으로 지키는 것이 불가능해진다. 애써 계를 지키는 순간 곧 파계(破戒)한 것이기 때문이다. 이 때문에 달마스님께서는 혈맥론을 통해 "불부지계(佛不持戒)하며 불부범계(佛不犯戒)하며 불무지범(佛無持犯) 즉, 부처는 계율을 지니지도 않으며, 계율을 범하지도 않으며, 지니는 것도 없고, 범하는 것도 없다"고 말씀하신 것이다. 이때에 이르면 선정의 힘이 태산처럼 굳건해지고, 선정의 힘이 커질수록 지혜는 고요한 바다처럼 깊어질 것이다.

부처님께서 설하신 계정혜 삼학의 가르침을 증득해 내외명철(內外明徹)이 되었다면, 어떤 순간에도 욕심에 사로잡히는 일이 없다. 매 순간순간 눈앞에 펼쳐지는 상황을 바르게 봄으로써 바르게 행동하게 된다. 더 이상 실패하고 좌절함으로써 분노하는 일이 없게 된다. 여유롭고 편안하여 분노의 불꽃을 일으키며 어리석음에 빠져드는 일은 없게 된다. 계정혜 삼학의 가르침을 듣고 언하(言下)에 탐진치 삼독을 뿌리 채 뽑은 상근기(上根機)라면, 옆구리에 술병을 차고, 용과 뱀이 한데 엉켜있는 저잣거리로 나간다고 해서 어찌 막행막식의 파계일 수 있겠는가?

그런데 담배가 몸에 해롭다는 사실을 잘 알고, 건강검진에서도 담배가 원인이 되어 간이 나쁘다는 진단을 받았고, 여름 휴가동안 금연학교를 다녀왔음에도 불구하고 담배의 유혹을 이기지 못하고 있다면 어찌해야 하는가? 본래 부처라는 망상만 부여잡고 허송세월하기보다는 끝없는 삼독의 늪에 빠져 헤매고 있는 자신의 현주소를 정확하게 파악하고, 더욱 더 독하고 강력한 담배 끊는 담배를 피울 수밖에 없다. 바이러스에 감염된 컴퓨터를 포맷시키듯, 마음속 깊숙이 뿌리를 내린 채 주인 노릇을 하고 있는, 온갖 생각의 덫들을 송두리째 뽑아버리는 수행법으로 어떤 것이 있는가?

세상에 알려진 수많은 수행법 중에 화두 참선법이 있다. 화두참선법에서 간택되는 여러 화두들 중에서도 모든 악지악각(惡知惡覺)을 일거에 쓸어버리는 쇠 빗자루가 있다. 근세의 선지식이신 성월, 효봉 스님을 견성오도하게 한 무문관(無門關) 제1칙의 '무(無)자' 화두가 바로 그것이다.

"개에게도 불성(佛性)이 있습니까? 없습니까?"하고 묻는 학인의 질문에 조주스님께서 "무"(無)라고 대답하신데서 비롯된 것이 바로 조주 무(無)자 화두다.

귀로 보고, 눈으로 듣는다

부처님께서는 "일체 중생이 모두 불성이 있다"고 하셨는데, 개에게 불성이 있는지 없는지를 묻는 학인의 질문에 어째서 조주스님께서 무(無)라고 하셨는지 의심하기만 하면 된다. 반드시 좌선의 자세를 유지하면서 의심해야 하는 것도 아니다. 눕거나, 앉거나 서거나 어떤 자세라도 간절한 마음으로 의심을 키워가면 된다. 옛사람들을 닭이 알을 품듯이, 물에 빠져 죽은 자식을 그리워하듯 끊어짐 없이 간절히 참구(參究)하라고 하셨다.

하루 일상 중 안이비설신의(眼耳鼻舌身意) 육근(六根)을 쓰지 않아도 되는 한가한 때가 생기면, 그때가 어느 때이건 어느 곳이건 무자 화두를 참구하면 된다. 특히 잠들기 전과 아침에 한 시간 정도씩이라도 안정된 좌선의 자세로 화두 참구를 생활화 한다면 생사 일대사를 해결하는 일이 어렵지만 않을 것이다. 아침 참선의 경우, 처음 10여 분 정도는 "어째서 무라고 했는가?"를 또박또박 소리 내며, 두 귀로 자신의 목소리를 온전히 듣는 것으로 시작해도 나쁘지 않을 것이다. 화두 참구는 선방 수좌들만의 전유물도 아니며, 까다롭거나 복잡하고 위험한 수행도 아니다. 지나치게 성급한 마음으로 화두를 참구함으로써 상기(上氣) 증상이 일어나는 것만 조심하면 된다. 거문고 줄을 고르듯 너무 느슨하지도 않고, 팽팽하지도 않게 고요하고 또렷한 마음으로 '어째서 무라고 했는가?' 의심하기만 하면 된다.

내외명철(內外明澈)

안과 밖이 밝고 또 밝다.

❀ 좌선이란 무엇인가 ❀

좌선(坐禪)은 하나의 수행 방법이다. 동시에 그 자체가 그대로 불성이, 본래면목이 활짝 꽃 피어난 지고지선(至高至善)이다. 좌선은 배워서 하는 것이 아니다. 저절로 현현(顯顯)하는 한 송이 우담바라이기 때문이다.

이런저런 자세를 중시하면서 하는 좌선은 참다운 좌선이 아니다. 진정한 좌선에 이르는 예비 선로(線路)일 뿐이다. 좌선이 현현하는 것을 방해하는 온갖 악지악각(惡知惡覺)을 깨부수는 일이다. 새 건물을 짓기 위해 낡은 건물을 폭파하는 작업이다. 좌선을 위한 좌선은 망상(妄想)이며 망동(妄動)이다. 그럼에도 불구하고 유의미(有意味)한 일이다. 좌선을 흉내 내는 것만으로도 최선(最善)은 아니지만 차악(次惡)은 담보해 낼 수 있기 때문이다.

❀ 좌선시 올바른 자세란? ❀

좌선의 자세로 화두를 참구하면 구조적으로 몸이 안정 되면서 수승화강(水乘火降)에 따른 기혈의 흐름이 원활해지는 효과가 발생한다. 몸과 마음은 하나도 아니지만 둘도 아닌 까닭에 몸이 안정되면 마음 또한 고요해지면서 수행의 효과를 극대화 할 수 있다. 아침과 저녁에 정갈하고 고요한 장소를 택해 좌선을 하며 화두를 참구할 경우, 어떤 자세를 취하는 것이 바람직한가?

좌선은 결가부좌나 반가부좌, 혹은 책상다리, 그도 아니면 의자에 앉는 것 등 어떤 자세를 선택해도 무방하다. 고관절이 유연하지 못하다면 엉덩이에 방석을 깔고 앉는 것이 편할 수 있다. 왼손과 오른손은 포개되, 오른 손바닥이 왼 손등을 밑에서 위로 둥글게 감싸 쥔다. 양손의 엄지 손가락 끝은 서로 맞댐으로써 들뜨고 흐트러진 마음을 보다 효과적으로 가라앉히고 모을 수 있게 된다. 호흡은 코로 고요하고 깊게 하되 의도적이지 않으면 된다. 척추의 기반이 되는 청량골을 곧게 세워 좌우로 치우침 없이 허리를 쭉 펴되 경직되지 않도록 한다. 양쪽 어깨는 뒤로 젖혀지지 않도록 힘을 빼고 툭 떨어뜨린 자연스런 자세면 된다. 턱은 당기고 눈은 느슨하게 반쯤 뜬 채 코끝을 향한다. 혀는 위쪽으로 말아 입천장에 가볍게 붙임으로써 임독(任督) 양맥이 회통되어 음양이 화평하게 한다. 이때 입안에 침이 가득 고이면 조용히 삼키면 됩니다. 가장 중요한 것은 오직 간절한 화두 일념으로 의심에 의심을 더해 갈 뿐, 그밖의 것들은 각자 각자의 인연 및 근기에 따르면 된다.

간절하게 의심하고 또 의심하다보면 생각과 분별을 모두 떠나게 된다. 처음에 애써 생각으로 헤아리고 의심하던 것과 달리 저절로 '어째서 무라고 했는가?' 하는 의심이 커지면서 화두 이외의 다른 생각들은 점차 사라지게 된다. 어째서 무라고 했는가 하는 의심이 온몸의 세포 하나하나에 꽉 들어차면 모든 생각들이 사라지고 의심 덩어리만 홀로 남게 된다. 행주좌와(行住坐臥) 어묵동정(語默動靜)간 오직 화두 일념만이 독로(獨露)하게 된다. 그리고 마침내 풍선이 부풀대로 부풀어 올라 더이상 견디지 못하고 펑~ 터지듯이 의심 덩어리가 산산이 부서지면서 '알려고 해도 알 수 없고, 모르려고 해도 모를 수 없는' 시절인연을 맞게 된다. 오직 간절한 마음 하나면 누구에게나 가능한 일이다. 특별한 일이 아니다. 이같은 사실을 승고선사께서는 직지심체요절에서 다음과 같이 완고하게 말씀하셨다.

莫學佛法但自無心去(막학불법단자무심거) 利根人晝時解脫(이근인주시해탈) 鈍根人或三五年(둔근인혹삼오년) 遠不過十年(원불과십년) 若不悟去(약불오거) 老僧替你入拔舌(노승체니입발설)

"불법을 배우지 말고 다만 스스로 무심하게 가라. 근기가 예리한 사람은 한나절 만에 해탈하고, 근기가 둔한 사람은 해탈하는데 3년이나 5년이 걸린다. 길어도 10년을 넘지 않는다. 만일 깨닫지 못한다면 노승이 그대를 대신하여 발설지옥에 들어가리라."

개에게도 불성(佛性)이 있습니까? 없습니까?

　　　　　　　　　　　　　　　귀로 보고, 눈으로 듣는다

무(無)!

⚜ 무(無)란? ⚜

무무무무무무무무(無無無無無無無無)

⚜ 법거량 ⚜

법거량이란 한 마디로 견성(見性)하여 바른 안목이 열림으로써 정견(正見)이 이루어지는지 아닌지를 가리기 위함이 그 목적이다. 법거량을 일반적 상식이나 논리로써 이해하려고 든다면 엉뚱한 소리처럼 들릴 수도 있다. 그러나 인류 최고의 문화유산을 꼽으라면 즉시 화두 참선법과 더불어 법거량을 꼽을 것이다. 실상을 바로 보고 하는 소리인가 아닌가를 가장 정확하면서도 극명하게 드러내 주는 것이 바로 법거량이기 때문이다.

비유컨대, 육신의 눈이 먼 맹인이 수십 권의 점자책을 통해 색깔 및 온갖 꽃들에 대해 공부했다면 백합은 희고 개나리는 노랗고 동백이 붉다는 것을 모를 리가 없다. 그렇다고 해서 눈으로 직접 백합과 개나리와 동백이 희고 노랗고 붉은 것을 보는 것은 아니다. 색과 꽃에 대해 수십 권의 책을 쓰고 아는 소리를 한다고 해도 결코 보는 것이 아니다. 그럼에도 불구하고 정작 자신은 그 누구보다도 바른 안목을 갖추고 실상을 정확히 꿰뚫어 본다고 확신하고 있다면 어떻게 할까? 이때 필요한 것이 법거량이다. 법거량을 통해 사실 여부를 간단명료하게 가릴 수 있기 때문이다. 백합이 무슨 색깔이고 개나리가 무슨 색깔인가를 묻는다면 즉시 답할 것이다. 흰색이고 노란색이라는 것은 얼마든지 알음알이를 통해 답할 수 있기 때문이다. 그러나 돌연 흰색과 노란색 중 어떤 색이 더 길고 딱딱한가를 묻는다면 당황하며 망설일 것이 뻔하다. 즉문(卽問) 즉답(卽答)이 불가능할 것이다. 백합과 동백 한 다발을 양손에 나눠 쥐고 보여주면서 어느 쪽의 꽃다발이 동백인가를 묻는다면 즉시 답을 하지 못할 것이다.

이같은 경험을 하고 난 뒤에 이런저런 점자책과 주변 친구들로부터 귀동냥한 알음알이를 통해 백합과 동백의 꽃향기가 다르다는 사실을 알아차린 후 백합과 동백을 구분할 수 있는 눈을 떴다고 주장할 수도 있을 것이다. 그러나 눈을 뜬 선지식의 안목을 속일 수는 없다. 법거량 시에 얼마든지 생화(生花)가 아닌 조화(造花)를 사용할 수도 있다. 심지어 손으로 만져서 확인할 수 없도록 하얀 도화지 위에 백합과 동백의 그림을 그려놓고 그 위에 동백과 백합의 향기를 정반대로 뿌린 뒤 확인해 볼 수도 있다. 실상을 바로 볼 수 있는 마음의 눈을 뜨고 바른 안목을 증득하지 못했다면 견성했다는 망상을 즉시 내려놓는 것이 가장 귀한 일이다. 법거량을 통해 자존심이 상하고 상처를 입었다면 그 만큼 '나'가 부서져 떨어져 나간 것일 뿐, 결코 두려워하거나 기분 상해할 일도 아니다.

누군가에게 자신의 깨달음을 인가받고 싶어하는 '나'가 남아 있다면 굳이 법거량을 할 필요조차 없다. 그같은 사실만으로도 이미 '나'를 비워내지 못한 채 마음의 눈이 깜깜하다는 사실이 여실히 드러난 것이기 때문이다. 하늘과 땅이 알고 주변의 도반이 잘 아는데도, 자기 자신만 까맣게 모르는체 견성했다는 망상을 끊어내지 못하는 담판한(擔板漢)이라면 법거량을 통해 망상을 제거하는 수술을 받는 것이 요긴하다. 단, 법거량은 눈 밝은 선지식을 통해서만 가능하다. 자기 자신과 업식의 주파수대가 유사한 동업중생을 만나 망상(妄想)을 주고받는 것은 법거량이 아니다. 서로가 서로를 인정하면서 흐뭇하게 입맛을 다시는 짓은 이미 법거량이 아니다. 빨갛고 파란 리트머스 시험지가 붉게 혹은 파랗게 변하면서 산성인지 알칼리성인지를 극명하게 드러내 보여 주듯, 눈 밝은 선지식만이 법거량을 통해 바른 안목이 열린 것인지, 바른 안목이 열렸다는 생각을 고집하고 있는 것인지 판단해 줄 수 있기 때문이다.

제 3 장

깨달음의
연금술

문을
열어 두어라

옛날 어느 마을에 어린 아들과 함께 외로이 사는 홀아비가 있었습니다. 어느 날 홀아비가 장에 갔다 돌아와 보니 도적떼의 습격을 받은 마을은 온통 불에 타 폐허가 되어 있었습니다.

홀아비는 불 타 무너진 집에서 숯검정이 된 시신을 한 구 발견했습니다. 그리고는 아무런 의심도 없이 당연히 아들일 것이라는 생각으로 정성스럽게 화장을 하였습니다. 유골을 수습해 가슴속에 간직한 홀아비는 늘 아들을 그리워하며 눈물로 세월을 보냈습니다.

그런데 아들은 몇 년 후 도적떼의 소굴에서 도망쳐, 옛 집터에 세워진 초막문을 두드리며 아버지를 불렀습니다. 아들은 죽은 것이 아니라 납치되었던 것입니다. 그러나 아들이 죽었다는 생각에 사로잡힌 아버지는 끝내 문을 열어 주지 않았습니다.

부처님께선 이와 같은 이야기를 들려주신 후,

다음과 같이 말씀하셨습니다.

"언제나 자기 편리에 따라, 어떤 것만을 진리로 받아들이고 그것에 너무 매달리면, 참 진리가 찾아와 문을 두드려도 문을 열지 않을 것이다."

불국 정토의
열쇠

자신이 진정으로 하고 싶은 일,

소질과 재능이 있어 잘 할 수 있는 일,

그리고 자신이 처한 환경 속에서 해야 할 일.

이 세 가지가 모두 합치되는 일이라면,

그 일이 바로 자신의 천직입니다.

누구나 천직을 갖는다면 더이상 바랄 것 없는

행복하고 성공적인 삶이 가능 할 것입니다.

자신이 하고 싶고, 잘 할 수 있고, 해야 하는 일이 무엇인지를 알아, 그 일과 인연을 키우고, 직업으로 갖기 위해선 무엇보다도 먼저 자기 자신을 바로 아는 것이 전제되어야 합니다.

이런저런 세속의 가치에 흔들리거나 물들지 않는, 언제 어느 곳에서나 여여(如如)하게 지혜의 빛을 발하고 있는 '참나'를 깨닫는 일, 바로 불국정토를 여는 열쇠일 것입니다.

왼손의 일을
왼손도 모르게

"왼손이 하는 일을 오른 손이 모르게 하라"는 성경 말씀이 있습니다. 자신이 행한 선행을 타인에게 드러내거나 자랑하지 않는다는 의미로 널리 인용되는 구절입니다.

여기서 한걸음 더 나아가 보다 수승한 삶을 누릴 수 있는 불조의 가르침이 있습니다.

자신의 공덕을 바라지 않고 아무 조건 없이 베푸는 '무주상보시'(無住相布施)와 머무는 바 없이 그 마음을 내는 금강경의 '응무소주 이생기심'(應無所住而生其心)이 바로 그것입니다.

왼손이 하는 일을
오른손이 모르게 하는 정도가 아니라,

귀로 보고, 눈으로 듣는다

왼손이 하는 일을

왼손 자신조차 모르는 안팎이 둘 아닌 무애자재(無碍自在)한 삶, 세상이 바로 이런 삶을 사는 대자유인들로 넘쳐나길 바랍니다.

외눈박이
달마

중국에 선불교를 전한 초조(初祖) 보리달마.
어찌 보면 아주 무서운 얼굴을 하고 있습니다.
그러나 선원(禪院)과 대중음식점 등
우리 주변에서 자주 접하다 보면
정겹고 친숙한 느낌이 들기도 합니다.

달마도 중에서도 간혹 눈이 하나인
외눈박이 달마도를 보신 적도 있으실 겁니다.
두 눈이 아닌,
외눈의 달마도가 의미하는 바는 무엇일까요?

이럴까 저럴까 하는 두 마음으로 세상을 보면

이미 갈등에 빠진 것입니다. 갈등은 불행의 씨앗입니다.
오직 일심의 한마음으로 세상을 정견(正見)할 때
몸은 건강하고, 마음은 편안한, 지복으로 넘쳐나는 삶이
가능할 것입니다.

세상을 일목요연(一目瞭然)하게 꿰뚫어 볼 수 있는
제3의 눈, 바로 마음의 눈인 혜안(慧眼)을 번쩍 뜨라는
외눈박이 달마스님의 사자후가 귓가를 때립니다.

관상은
심상만 못하다

사람의 얼굴 모습을 통해 길과 흉, 장수와 단명, 성격, 빈부귀천 등을 알아보는 관상법의 소의경전으로 '마의상법'을 꼽을 수 있습니다.

이 책의 서문에는 다음과 같은 글이 있습니다.

"흉한 마음의 사람을 상이 좋다며 칭찬해주고, 좋은 마음을 지닌 사람에게 상이 좋지 않아 흉하다고 말한다면, 그러한 상법이란 단지 까마귀의 족적을 익히는 쓸모없는 짓에 불과할 뿐이다."

수행자라면 얼굴의 관상 등 겉모습에 신경을 쓰며 그에 따른 길흉화복에 마음을 빼앗기는 일은 없어야 합니다.

관상불여심상(觀相不如心相) 즉, 관상이 아무리 좋아도 마음의 상만 못하기 때문입니다.

얼굴의 상(相)을 있게 한 근원적인 존재인 마음의 상(相),
곧 심상(心相)을 가꾸는 일에 온 정성을 기울이는 것이
수행자의 본분사일 것입니다.

맛없는
맛

"음식을 먹는 것은 몸을 유지하여 도(道)를 이루기 위한 것이다. 식도락을 즐기기 위해 맛좋은 음식을 탐하는 것은 음식을 먹는 것이 아니라 욕심이라는 독을 먹는 것이다."

부처님께서 열반에 드시기 전 제자들에게 당부하신 유교경의 말씀입니다.

보다 더 맛있고 자극적인 음식에 탐착하며, 편리하고 편안한 삶 속으로 빠져드는 수행자들에게 너무도 적실하고, 밀밀한 경책(警策)의 말씀이 아닐 수 없습니다.

부처님께서는 또 다음과 같은 말씀도 덧붙이셨습니다.
"감각기관이 마음대로 하게 내버려두면 걷잡을 수 없는 불길에 휩싸

귀로 보고, 눈으로 듣는다

이게 된다. 자신은 물론 승가 전체를 망치게 된다."

여기저기 맛 집을 찾아 기웃거리는 일을 쉬고, 자극적인 맛에 길들여진 혀를 감로수로 씻어 낸다면 맛없는 맛을 즐기며 참된 식도락을 즐길 수 있을 것입니다.

달지도, 시지도 않고 맵지도 쓰지도 않은
맛없는 맛이란 과연 어떤 맛일까요?

부처님의
농사

부처님께선 코살라의 한 시골 마을에서

밭가는 농부로부터 다음과 같은 질문을 받았습니다.

"우리는 손수 밭 갈고 씨 뿌려 먹고 삽니다.

당신도 밭 갈고 씨 뿌리고 수확해야 옳지 않겠습니까?"

이에 대해 부처님께서 대답하셨습니다.

"농부여, 나도 밭을 갈고 씨를 뿌린다."

부처님의 말씀을 이해하지 못한 농부가 물었습니다.

"당신이 농사를 짓는다면 씨앗은 어디에 있고,

보습은 어디에 있으며 소는 어디에 있습니까?"

부처님은 다음과 같이 대답하셨습니다.

"마음이 나의 밭이고, 믿음은 나의 씨앗이다.

지혜가 내 보습이며, 신구의(身口意)로 짓는 악업을 없애는 것이 내가 잡초를 뽑는 것이다.

이런 일을 하는 데 게으르지 않는 것이 나의 소며,

이렇게 밭 갈고 씨 뿌려 감로의 결실을 수확한다.

이것이 나의 농사다."

수행자의
시대적 소명

인도의 성자 간디는 나라가 망할 때 나타나는

일곱 가지의 사회악에 대해 언급한 바 있습니다.

원칙 없는 정치, 노동 없는 부, 양심 없는 쾌락,

인격 없는 교육, 도덕 없는 상업과 인간성 없는 과학,

희생 없는 종교 등이 바로 그것입니다.

간디가 말한 사회악들을 우리 사회 여기저기서 찾아보는 것이

그리 어려운 일은 아닐 듯합니다.

우리 사회 내 일곱 가지의 사회악이 팽배해 있다는 사실은

온갖 사회악을 일소하며 변혁을 모색하는 일이

매우 시급하다는 것을 입증하는 것입니다.

수행자로서 이 시대의 소명에 응답하며

사회 개혁의 거대한 불꽃을 피워낼 수 있는

최선의 길은 무엇일까요?

부처님의 가르침인 정견(正見) 정사유(正思惟)

정어(正語) 정업(正業) 정명(正命) 정정진(正精進)

정념(正念) 정정(正定)의 팔정도를 일체처일체시에서

올곧게 실천-수행하는 것, 그것이야말로 수행자가 시대의 소명에 온

전히 부응하는 첩경이 될 것입니다.

입에서
연꽃이 피고

과유불급(過猶不及)이란 말이 있습니다.

넘치면 모자라는 것만 못하다는 뜻입니다.

사람과 사람이 서로의 마음을 전달하고 소통하기 위해 약속한 부호가 말입니다. 그 말에도 과유불급은 예외 없이 적용됩니다. 한마디의 말은 적은 것이고 열 마디의 말이라고 해서 넘치는 것은 아닙니다.

꼭 해야만 되는 살아 있는 말이라면 열 마디도 결코 남아도는 법이 없습니다. 그러나 굳이 하지 않아도 되는 불필요한 말이라면 입만 뻥긋해도 차고 넘칠 것입니다.

열 마디의 말을 해도 넘치지 않고, 한 마디의 말로도 모자라지 않는 반야의 소리, 그런 말이 바로 부처님께서 말씀하신 연꽃처럼 아름답고 향기롭게 피어나는 정언(正言)일 것입니다.

귀로 보고, 눈으로 듣는다

혜능선사께선 육조단경을 통해

입에서 연꽃이 피어나는 법로(法路)를 드러내 보이셨습니다.

단신불무언 (但信佛無言) 다만 부처가 말 없음을 믿으면

연화종구발 (蓮花從口發) 입에서 연꽃이 피어날 것이다.

어째서 말이 없는데 입에서 연꽃이 피어날까요?

관운장 청룡도
휘두르듯

선가에 적적성성(寂寂惺惺)이란 말이 있습니다.

'적적'이란 바깥 경계에 마음을 빼앗기지 않고, 선악 등 분별심을 내지 않는 고요함을 말합니다.

'성성'이란 혼미한데 머물거나 무기력한 현상이 생기지 않는 깨어있음을 말합니다.

만약 적적하지만 성성하지 않으면 이는 혼미한 상태로 무기에 빠진 것입니다. 아무도 없는 텅 방안에 홀로 누워서 아무 생각 없이 이리 뒹굴 저리 뒹굴 한다면 적적하지도 않을뿐더러, 성성과는 천지현격입니다.

성성하지만 적적하지 않으면 인연에 끄달려 망상을 피워대는 것에 다름 아닙니다. 운전면허를 딴 후 첫 주행에 나섰다면 저절로 정신이 바짝

차려집니다. 중요한 면접을 볼 때도 흐리멍덩한 마음은 사라집니다. 그렇다고 해도 긴장된 마음은 성성하지도 않을뿐더러, 적적한 마음이라고도 할 수 없습니다.

"관운장이 청룡도를 휘두르듯"이란 말이 있습니다.

두려움도, 이기려는 욕심도, 싸우고 있다는 생각도 없이 온몸으로 청룡도를 휘두를 때의 마음은 어떤 마음일까요?

귀로 보고
눈으로 듣는다

절에 가면 가장 친숙하게 들을 수 있는 소리가
목탁소리와 종소리입니다. 목탁소리는 딱! 하면서
일순간 머릿속에서 일어나는 망상들을 끊어 내며
지금 여기에 실존하도록 해줍니다.

종소리는 꽝!!! 하고 울리면서
온 몸의 세포 하나하나를 공명시킴은 물론,
몸속에 웅크리고 있는 마음을 법계에 충만토록 해줍니다.
종소리는 목탁소리와 달리 그 여운이 아주 길게 이어진다는
특징이 있습니다.

절에 가서 종소리가 꽝하고 울리는 순간을 만나게 되면,

산해숭심(山海崇深)

산은 높고 물은 깊다.

그 소리와 하나가 된 채 점점 작아지는 소리를 놓치지 말고
끝까지 함께 해보시기 바랍니다.
끝내 귀로 들을 수 있는 소리가 다하는 곳에 이르러,
귀로는 들을 수 없는 '소리 없는 소리'를 듣게 된다면
'눈으로 듣고 귀로 볼 수 있는 일'이 가능해질 것입니다.

'소리 없는 소리' 란 무엇일까요?
어떻게 하면 한 손바닥 소리를 들을 수 있을까요?

시침과 분침의
본분사

분침이 시침에게 말했습니다.

"에이그, 게으른 녀석,

어떻게 한 시간에 한 칸 밖에 못 가니?

난 한 시간에 한 바퀴씩이나 도는데…"

이에 질세라 시침이 맞받아 쳤습니다.

"쯧 쯧~~ 무능한 녀석,

한 바퀴를 다 돌면서도 겨우 한 시간이라니,

난 단 한 걸음에 한 시간인데…"

어떤 일도 자신의 기준에 맞추면 나만 옳고 잘났으며, 타인은 그르고 못난이가 될 수밖에 없습니다. 그러나 너 나를 떠나서 분침과 시침을 바라본다면 문제될 것이 아무것도 없습니다.

시침이 한 시간에 한 칸을 가는 것이나
분침이 한 시간에 한 바퀴를 도는 것이나,
각자의 본분사일 뿐, 털끝만큼의 우열도 없습니다.

개가 멍멍 짖고, 고양이가 야옹하는 것을 문제 삼아,
왜 사람처럼 말을 하지 못하느냐고 따진다면,
그것은 개나 고양이의 문제가 아니라 그 사람의 문제일 뿐입니다.

빗방울
소리

우리나라의 경우 6월 말부터 8월초까지가

집중적으로 비가 내리는 우기에 해당됩니다.

비가 잦은 우기에는 과도한 습도와 교통 체증 등

이런저런 불편한 점도 많습니다. 그러나 다른 한편으론

마음의 여유를 가지고 떨어지는 빗방울 소리에

귀를 기울일 수 있는 절호의 기회가 되기도 합니다.

빗소리를 듣다보면 어느 순간 이근(耳根)이 활짝 열리며

잠시 동안이지만 빗소리와 하나 되는 짜릿한 경험을

누구나 하게 됩니다.

빗소리를 듣는 주체와 그 대상인 빗소리,

그리고 주체와 대상을 연결하는 듣는 작용이 하나가 되면서

깨달음의 연금술

몰록 시간과 공간이 끊어졌기에 가능한 일입니다.

금년 우기에도 전국 도처의 수행자들이
온전히 깨어있는 마음으로 빗소리를 듣다가

빗소리를 듣는 놈과 빗소리, 그리고 듣는 작용
즉, 체(體) 상(相) 용(用)이 셋이면서도 하나임을 확철하게
증득하는 시절인연을 만날 수 있기를 서원합니다.

모자 위의
모자

강아지가 자신의 꼬리를 뒤쫓으며
빙글빙글 돌고 있는 모습을 보고
어미 개가 그 까닭을 물어 보았습니다.

강아지가 대답했습니다.
"모든 개들이 행복해할 때
꼬리를 흔드는 것을 보았습니다.
행복이 꼭꼭 숨어있는 그 꼬리를 좇아가 꽉 물면,
행복이 영원히 내 것이 될 것 같아서요."

그러자 어미개가 웃으며 말했습니다.
"네가 꼬리를 좇아가면

꼬리 또한 좇아 간만큼 멀어질 뿐,

결코 잡을 수 없단다.

다만, 꼬리가 네 자신과 둘 아님을 깨닫기만 하면 된다."

이미 필요한 모든 것들이 구족되어 있는데도

스스로가 부족하다는 한 생각을 일으킨 채,

밖을 향해 무엇인가를 끊임없이 갈구하며

탐진치(貪瞋癡) 삼독으로 인해 고통 받고 있음을 알아차린다면,

모자위에 모자를 쓰는 어리석음을 여읠 수 있을 것입니다.

허물을
지적하려면

누군가의 허물이나 문제점을 들추고 지적하려면
어떻게 해야 할까요?
부처님께서 다음과 같이 말씀하셨습니다.

"우선 다섯 가지를 갖추어야 한다.
첫째, 반드시 사실이어야 한다.
둘째, 말할 때를 알아야 한다.
셋째, 이치에 합당해야 한다.
넷째, 부드럽게 말해야 하며,
다섯째, 자비심으로 말해야 한다."

어떤 사람이 자신에 대해 사실이 아닌 것을 사실인양 말하면 어찌 해야 할까요?

부처님께서 말씀하셨습니다.

"나쁜 도적이 와서 너를 묶고 해를 입히고자 할 때 나쁜 마음으로 욕하고 반항하면 어떻게 되겠느냐? 그러면 도적은 너를 더욱 괴롭힐 것이다. 누가 사실이 아닌 것을 사실이라고 말해도 그에게 나쁜 마음을 일으키지 마라. 원망하기보다는 불쌍한 마음을 일으켜라."

귀로 보고, 눈으로 듣는다

욕먹지
않으려면

어느 날 사마외도가 찾아와 부처님께 온갖 욕설을 퍼부었습니다.

그러나 부처님께서는 아무 대꾸도 하지 않으셨습니다.

다음날 외도가 다시 부처님을 찾아왔을 때, 부처님께서 질문하셨습니다.

"그대의 집에 손님이 왔을 때, 진수성찬을 차려 대접했는데 손님이 먹지 않는다면 그 음식은 누구 차지가 되겠는가?"

외도가 퉁명스럽게 되물었습니다.

"그런 건 왜 묻는 거요? 손님이 안 먹으면 그야 도로 내 차지지."

그러자 부처님께서 조용히 말씀하셨습니다.

"나도 그대가 차려주는 음식을 받지 않겠네."

부처님께서는 상대가 아무리 욕을 하고 비난을 해도 마음이 동해서 같이 맞장구치고 화를 내며 헐뜯지 않는 한, 아무런 욕도 먹지 않는다는 사실을 여실히 보여주셨습니다.

누군가 욕을 한다면 그것은 그의 일입니다. 마음이 동(動)해서 상응하지만 않는다면 욕하는 자만 있을 뿐, 욕먹을 일도 욕먹을 사람도 없을 것입니다.

설산동자의
위법망구

"옹기항아리를 깨서 금 항아리를 얻을 수만 있다면,
어찌 목숨인들 버리지 못하겠는가?"

부처님께서 설산동자로서의 삶을 사시던 전생에서 한마디의 법문을
듣기 위해 제석천에게 하신 말씀입니다.

설산동자는 최선을 다해 수행에 전념했습니다. 그럼에도 불구하고 별
진척이 없자 이를 본 제석천이 나찰의 모습으로 나타서 "제행무상, 시생
멸법(諸行無常 是生滅法)" 즉 모든 것은 항상함이 없으니, 이것이 생멸법
이라는 게송을 들려줍니다.

법문을 들은 설산동자는 마음이 환하게 밝아지면서도 뭔가 뒤 구절이
더 있을 것 같은 마음에 나머지 법문을 일러줄 것을 간청합니다. 그러나
나찰은 배가 고파 말할 기력조차 없다며 사람의 피와 살을 먹게 해 준다

면 나머지 게송을 말해 주겠다고 합니다.

설산동자는 즉시 자신의 몸을 바치기로 약속하고 "생멸멸이 적멸위락 (生滅滅而 寂滅爲樂)", 즉 생하고 멸함이 다하면 그것이 낙이라는 게송의 나머지 부분을 듣습니다. 그리고 약속대로 나찰에게 자신의 몸을 던집니다.

수행자자가 반드시 갖춰야 할 덕목을 하나만 꼽으라면,
법을 위해 몸을 던지는 위법망구(爲法忘軀)의 간절함일 것입니다.

귀로 보고, 눈으로 듣는다

원효 스님의
색안

"스님, 저도 목욕 좀 해야겠어요"

옷을 벗어 던진 여인이 폭포 속으로 들어와 스님 곁으로 다가왔습니다. 스님은 눈부신 여인의 나신을 보고 꿈틀거리며 일어나는 욕망에 강하게 항거하기 시작했습니다.

잠시 후, 스님은 눈을 부릅뜨고 외칩니다.
"너는 나를 유혹해서 어쩌자는 것이냐?"

그러자 여인이 답합니다.
"호호호, 스님도, 어디 제가 스님을 유혹합니까?
스님이 저를 색안(色眼)으로 보시면서…"

소요산 자재암 근처의 옥류폭포에서 원효스님과 젊은 여인으로 화현한 관세음보살 사이에 있었던 일입니다. 결국 원효스님은 "스님이 저를 색안으로 보시면서…" 라는 여인의 한마디에 사무쳐 어떤 경계에도 흔들리지 않는 금강부동지(金剛不動地)를 증득했다고 합니다.

습관적으로 상대방에게 문제의 원인을 전가하기 보다는 스스로가 한 생각 일으킨 채 갈등하고 있음을 몰록 깨달아, 색성향미촉법(色聲香味觸法)의 여섯 경계에 물들지 않는다면 가히 참다운 수행자라 할 수 있을 것입니다.

효과 만점의
재테크

현대인들의 최대 관심사중 하나는

바로 재테크입니다.

빠른 시간 내, 가장 효과적으로 큰 돈을 버는 것이

재테크의 핵심일 것입니다.

조산 본적선사께서는 종종 수행자들에게

"세상에서 가장 비싼 것이 무엇인가"를 묻곤 하셨습니다.

어느 날 당신 자신에게 자문하신 뒤, "사묘아두(死猫兒頭)"

즉, 죽은 고양이 머리"라고 자답하셨습니다.

누구라도 용맹정진을 통해,

"죽은 고양이 머리"를 증득할 수 있다면,

이 세상의 돈 많은 부자들조차 부러워하는 참다운 부자,
곧 화엄법계의 주인이 될 수 있을 것입니다.

세상에서 가장 비싼 것을 묻는 질문에
"죽은 고양이 머리"라고 답하신 조산 본적선사의
의지는 무엇일까요?

버들은
푸르다

　짜장면을 먹을 때 양파와 더불어 입맛을 돋궈주는 단무지를 '다꽝'이라고 부르던 때가 있었습니다.

　'다꽝'이란 말은 어디서 유래했을까요? 처음으로 단무지를 만든 일본 동해사의 유명한 선승의 이름인 다꾸앙에서 비롯됐다고 합니다.

　하루는 한 젊은 화공이 한 폭의 족자를 그려 가지고 와서 다꾸앙 선사에게 찬(讚)을 청했습니다.

　화려하게 채색된 창녀의 요염한 모습을 담고 있는 그림의 찬(讚)을 청함으로써 당대 최고의 도인인 다꾸앙 선사를 시험해 보려는 것이 숨은 의도였습니다.

　그림을 받아 든 다꾸앙 선사는 일말의 당황함도 없이 "참으로 예쁘구나. 이런 미인을 옆에 두면 얼마나 좋을까?" 하고 감탄한 뒤, 곧바로 찬

(讚)을 써내려갔습니다.

"부처는 진리를 팔고, 조사는 부처를 팔며, 말세 중생들은 조사를 판다. 그대는 다섯 자의 몸을 팔아 일체중생을 편안케 하는구나.

색즉시공 공즉시색(色卽是空 空卽是色)!
버들은 푸르고 꽃은 붉도다!"

성불
하십시오

불자님들 사이에 오가는 '성불하십시오'란 인사말이 있습니다.

부처님의 가르침을 배우고 실천함으로써 부처가 되는 것이 불교의 본질이라는데 초점을 맞추면 '성불하십시오'는 불자들간 최고의 인사말입니다.

그러면서도 '성불하십시오'란 말에는 비상(砒霜)같은 독이 있습니다. 성불하라는 말을 듣는 순간, 자신은 아직 부처가 아닌 중생이란 분별에 떨어져, 성불이 언젠가 이루어야 할 생각 속의 미래지사로 전락하기 때문입니다.

이같은 망상을 단숨에 부셔버리는 법문이 있습니다.

"착각으로 인해 자기가 본래 부처임을 모르고 중생이라고 합니다. 중생을 바꾸어 부처가 되라는 것이 아니고, 다만 자기가 중생이라고 생각하고 있는 실상을 바로 보면 원래 부처라는 것을 알 뿐입니다."

성철스님께서 성공회대 손규태 교수에게 보낸 편지글의 일부입니다.

'성불하십시요'란 인사를 주고받을 때, 습에 젖은 채 하는 단순한 인사 치례가 아니라, 말하는 부처님과 듣는 부처님의 장엄한 나툼이란 사실을 몰록 알아차리셨으면 합니다.

귀로 보고, 눈으로 듣는다

원숭이
잡는 법

아프리카 원주민들은 아주 재밌는 방법으로 원숭이를 잡는다고 합니다.

해질녘 원숭이가 좋아하는 밤과 땅콩 등을 넣은 조롱박을 튼튼한 나뭇가지에 매달아 놓는 방법이 그것입니다.

밤이 되면 먹을 것을 찾아다니던 원숭이들은 먹이로 가득 찬 조롱박을 발견하는 그 즉시 작은 구멍이 뚫린 조롱박속으로 손을 집어넣습니다.

그리고는 한 손 가득 밤과 땅콩을 움켜 쥔 채, 밤새 그 손을 빼내려고 몸부림을 칩니다. 밤과 땅콩 등 먹을 것을 포기하고 움켜쥔 손을 펴서 빼내기만 하면 됩니다. 그런데도 원숭이들은 먹이에 대한 욕심과 집착을 버리지 못한 채 끝내 손을 빼지 못함으로써 생명을 잃게 됩니다.

부처님께서 말씀하신 탐, 진, 치 삼독으로 귀중한 목숨을 잃고 마는 어리석은 중생심(衆生心)의 전형입니다.

언제, 어디서건 분에 넘치고 도를 지나쳤다 싶으면,

그 즉시 놔 버릴 수 있는 것이 반야 지혜일 것입니다.

귀로 보고, 눈으로 듣는다

콧구멍 없는
소
······

당나라 때 천태산 근처에 종종 모습을 나투신 한산과 습득은 문수보
살과 보현보살의 화신이라고 합니다. 한산과 습득의 여러 기행 중 특히
유명한 일화는 소떼를 위해 무상법문을 설하신 것입니다.

한산이 소떼를 향해

"오늘은 여러 도반들과 함께 무상법문을 나눌까 하여 왔으니 내가 호
명하는 대로 이쪽으로 나오라"고 한 후,

"첫 번째로 동화사 경진율사!"하고 호명하자, 검은 소 한 마리가 음~
메 하며 앞으로 나왔습니다. "다음 천관사 형지법사!"하고 부르자 누런
소가 음매하며 나왔습니다.

이렇게 하기를 수차례, 백여 마리의 소떼 중 30여 마리가 시주 밥만 얻
어먹고 공부하지 않은 과보로 소가 된, 스님의 후신인 것으로 전해지고

있습니다.

내생에 소가 되면 어쩌나 하는 막연한 두려움으로 성실히 수행하겠다는 결심을 하는 것도 중요합니다. 그러나 지금 즉시 경허선사를 깨달음으로 이끌었던 한마디, '소가 되더라도 콧구멍 없는 소가 된다'는 것이 무슨 뜻인지 실참실오(實參實悟) 하는 것이 더욱더 가치 있는 일이 될 것입니다.

무엇이 콧구멍 없는 소일까요?

돼지꿈과
용꿈

수년 전 한 지인이 TV에 출현해 어디에 사는 몇 살 누구임을 밝히고 나서, 흐뭇하고 여유로운 표정까지 지우며 수재의연금 모금함에 두툼한 돈 봉투를 넣은 일이 있습니다. 그같은 소식을 전해들은 또 다른 한 지인은 자신은 아무도 모르게 익명으로 수재의연금을 냈다며, 돈 몇 푼으로 자기 자신의 이름 세 글자를 드러내기 보다는 은밀히 베푸는 선행만이 진정한 보시라고 주장했습니다.

돼지꿈에 흠뻑 취한 채 좋아하는 것이나 龍꿈이야말로 보다 상서로운 꿈이라며 흐뭇해하는 것이나 거기서 거기입니다. 둘 다 지독한 망상을 피우고 있다는 점에선 하나도 다를 것이 없습니다.

응무소주이생기심(應無所住而生其心)의 무주상보시(無住相布施)가 아니면, 모두 다 아상(我相)을 키우는 생각 놀음에 지나지 않기 때문입니다.

스스로를 괴롭히고 불행하게 만드는 악몽보다는 기쁘고 행복하게 해주는 달콤한 꿈을 꾸는 것이 나은 듯이 보입니다. 그러나 둘 다 전도몽상의 꿈속을 헤매기는 마찬가지입니다. 오직 감로수를 마시고 꿈을 깨는 일이 소중할 뿐입니다.

만공선사의
진면목

"내가 이 산중에 와서 납자(衲子)를 가르친 지
사십여 년이 되었다. 그간에 나를 찾는 이가 적지 않았다.
그러나 찾아와서는 다만 내가 사는 집인 이 육체의 모양만
보고 갔을 뿐, 나의 진면목(眞面目)은 보지 못하였으니,
나를 못 본 것이 곧 자기 자신을 못 본 것이다."

덕숭 총림의 조실로 무수한 도인을 출세시키신 만공선사의 법문입니다.

만공선사께선 또, "자기를 못 봄으로써 자기의 부모 형제와 처자는 물론 일체 사람을 다 보지 못하니, 어찌 암흑세계라 아니할 것이냐"며 안타까워하셨습니다.

언제 어디서나 도량, 도반, 선지식과 함께 하며

대신심, 대분심, 대용맹심을 잃지 않고 정진한다면,

육체에 의존하지 않는 영원무궁한 한 물건,

바로 만공스님의 진면목을 보고 계합하는 일이

요원하지만 않을 것입니다.

익숙한 것을
서툴게 하라

"익숙한 것은 서툴게 하라.

그리고 서툰 것은 익숙하게 하라.

수행이란 한마디로 그것밖에 없다."

조사스님들의 어록 중에서도 수행자들의 필독서 중 하나로 꼽히고 있
는 '서장'에 나오는 대혜스님의 말씀입니다.

당대 최고의 지성인들과 관료들을 가르치기 위해 제자백가의 서(書)
와 팔만장경을 종횡무진 펼치셨던 대혜스님의 말씀은 어떤 뜻을 내포하
고 있을까요?

익숙한 것을 서툴게 하라는 역설적 표현은

이미 과거에 경험해본 바 있다는 아만심을 떨치고

지극정성을 다하는 초심의 무심을 강조한 말씀일 것입니다.

서툰 것을 익숙케 하라는 것은,
처음이라는 한 생각에 움츠려든 채
긴장하거나 경직되지 말고, 여여부동한 평상심으로
대기묘용의 일상삼매를 즐기라는 말씀일 것입니다.

그렇다면 어떻게 서투름과 익숙함이라는 양변을 여의고
지금 여기서 오롯하게 독로(獨露)할 수 있을까요?

몽중몽
(夢中夢)

"주인이 나그네에게 꿈을 이야기하고
나그네도 주인에게 꿈을 이야기하네.
지금 꿈 이야기를 나누는 두 나그네여!
꿈속에서 꿈 이야기 하고 있구나."

불자들뿐 아니라 일반에도 널리 회자되는 서산스님의 삼몽사(三夢詞)
라는 게송입니다.

길을 가다 주막집 툇마루에 앉아 쉬시던 서산스님께서 방안에서 들려
오는 두 사람의 꿈 이야기를 듣고 지은 즉흥시 삼몽사. 주인과 객 두 사
람이 각각 자신의 꿈 이야기를 나누는 그 자체 또한 꿈속의 일이라는 서
산스님의 사자후에 정신이 번쩍 듭니다.

꿈을 꾸고 있는 것은 아닌가 하고 자신을 돌아보는 것, 그리고 자신은 꿈에서 깨어났다는 견해를 짓는 것은 현실일까요? 꿈일까요? 아니면 꿈 속의 꿈일까요?

어떻게 해야 달콤한 꿈을 꾸려는 길몽에서서 깨어날 수 있을까요? 어찌 해야만 고통스럽고 괴로운 꿈을 두려워하는 흉몽에서 깨어날 수 있을까요? 전도몽상을 멀리 여의고 꿈에서 깨어났다는 가장 지독하고 깊은 꿈속에서 벗어나기 위해선 어찌 해야 할까요?

어떻게 하면 꿈과 현실이 둘 아닌 무안이비설신의(無眼耳鼻舌身意), 무색성향미촉법(無色聲香味觸法)의 불국정토에 태어날 수 있을까요?

무소유도
버겁다

"우리는 필요에 의해 물건을 갖지만

때로는 그 물건 때문에 마음이 쓰이게 된다.

따라서 무엇인가를 갖는다는 것은

다른 한편 무엇인가에 얽매이는 것이다.

그러므로 많은 것을 갖는다는 것은

그만큼 많이 얽매인다는 의미이다."

수필집 〈무소유〉에 나오는 법정스님의 말씀입니다.

꼭 필요한 것이 아니면 소유하지 않음으로써 마음이 얽매이는 일을 줄이는 것도 좋을 것입니다. 그러나 무엇무엇은 필요하지 않다는 분별을 일으킨 뒤, 그것을 소유하지 않음으로써 얽매이지 않게 된다면, 여전히 '나'가 남아서 '소유하지 않음에 따른 얽매이지 않음'을 소유한 채 그같은 경계에 얽매인 것에 다름 아닐 것입니다.

'나'의 마음이 탐착하는 이러 저러한 환경과 대립함이 없이 무소유조차 내려놓은 아공(我空) 법공(法空)의 일상삼매를 증득해야 합니다. 그때 비로소 그 무엇에도 얽매이지 않고 배고프면 밥 먹고 졸리면 잠자는 일 없는 무심도인이 될 수 있을 것입니다.

눈에
졸음만 없다면

일체유위법(一切有爲法)이 여몽환포영(如夢幻泡影)이니라!

중생들이 있다고 보는 것들이 다 꿈이요 허깨비요 물거품 같고,
그림자와 같다는 금강경의 말씀입니다.

청화스님은 "허상을 허상으로 알면 좋은데 그렇지 못한 것이 중생의
아견이요, 아집이다. 중생의 견해로 보면 주관과 객관이 서로 구분되어
존재하는 것같이 보이지만 모두가 다 허망한 것"이라고 말씀하셨습니
다.

아견, 아집으로부터 벗어나 허망을 허망으로 볼 수 있기 위해선, 삶이
란 큰 꿈을 깨는 일이 우선되어야 합니다.

깨달음의 연금술

꿈에서 깨어나기 위해선 어떻게 해야 할까요?

깨야 될 꿈이 있고, 그 꿈에서 깨어나야 할 내가 있다는 꿈을 어떻게 하면 깰 수 있을까요?

3조 승찬스님께서 일러주신 꿈을 깨는 지름길이 있습니다.

"눈에 졸음만 없다면, 모든 꿈은 저절로 없어진다."

발길
닿는대로

"기러기 차가운 연못을 지나가도 가고 나면 연못에 그림자가 남지 않는다. 그러므로 군자는 일이 닥쳐오면 마음에 나타나고 일이 지나가고 나면 마음도 따라 텅 비게 되느니라."

채근담에 나오는 고인의 게송으로 요즘 서양의 명상 수행자들에게 회자되는 It's over!란 말과도 일맥상통하는 듯합니다.

그 무엇에도 집착하거나 연연해하지 않고 다만 인연따라 마음을 일으킨다는 금강경의 응무소주이생기심의 가르침과도 크게 다르지 않을 것입니다.

거울은 인연하는 대상을 가감 없이 있는 그대로 비춥니다. 인연이 다하면 일말의 집착도 없이 텅 빔으로써 비추는 작용이 온전해집니다. 이같은 수행자의 용심에 대해 백여년 전 통도사 내원선원 조실로 선풍을 드날리시며 불조의 정법을 전하셨던 성월선사께서는 다음과 같은 법문을 하셨습니다.

即騎更騎, 即下更下(즉기경기, 즉하경하)
"타면 문득 타고, 내리면 문득 내려라."

거두는
힘

"은혜를 베풀어 남을 이롭게 하며
부드럽고 고운 말을 하며, 이익을 함께 나누는 것,
이것을 거두는 힘이라고 하느니라."

잡아함경에 나오는 부처님의 말씀입니다.
부처님께서는 세상의 어떤 힘 앞에서도
결코 무너지거나 흔들리지 않는
네 가지의 힘이 있다고 말씀하셨습니다.

그 첫째가 깨달음의 힘이고
두 번째가 바로 정진의 힘입니다.
죄를 짓지 않음으로써 얻는 무죄력의 힘이 세 번째며,

거둠으로써 얻는 힘인 섭력이 네 번째의 힘입니다.

네 가지 힘 중에서도 마지막인 거두는 힘,

그 가운데서도 부드럽고 고운 말을 쓰는 것 하나 만이라도 실천한다

면 서로가 말로써 상처를 주고받는 일은 없을 것입니다.

제사는
지내야 하는가?

공자님의 제자 한명이 묻습니다.

"오늘 밤이 저의 아버님 제사인데 죽은 개를 보았습니다. 불길한데 굳이 제사를 지내야 할까요?"

공자님께서 대답하셨습니다. "그래, 지내지 말아라."

조금 후 다른 제자가 와서 물었습니다.

"오늘이 저의 어머니 제삿날인데 죽은 개를 보았습니다. 그래도 제사는 지내야겠지요?"

공자님께선 잠시도 머뭇거림 없이 대답하셨습니다.

"그래, 지내거라."

이를 지켜본 또 다른 제자가 물었습니다.

"아니, 누구는 지내라고 하시고, 누구는 지내지 말라고 하시니, 어떤 말이 옳은지요?"

공자님께선 다음과 같이 대답하셨습니다.

"먼저 물은 제자는 이미 지내지 않을 마음으로 물었고, 나중에 물은 제자는 이미 지내려는 마음으로 물었기 때문이니라."

제사뿐 아니라 이 세상의 모든 일들은 마음의 투영인 일체유심조(一切唯心造)일 뿐, 그 이상도 그 이하도 아닙니다.

기도 성취의
비밀

옛날 어떤 노 보살님께서 지극정성으로 관세음보살을 염송했습니다. 어찌나 간절하게 염불을 하는지, 잠잘 때를 제외하고는 멈추는 법이 없었습니다.

아들이 어머니! 하고 불러도 관세음보살,

손자가 할머니! 하고 불러도 관세음보살,

그래서 가족들 모두가 노 보살님을 싫어할 정도였습니다.

어느 날 손자가 문지방에 걸려 넘어지는 것을 보고 깜짝 놀라면서 염불을 놓쳤습니다. 무엇을 염송했는지조차 까맣게 잊고 말았습니다.

"내가 무슨 염불을 하고 있었지?"

가족들에게 물어봐도 잘되었다고 고소하게 생각하며 아무도 "관세음보살"을 알려주지 않았습니다. 이같은 광경을 지켜보던 손자가 장난기 섞인 목소리로 아무렇게나 생각나는 대로 '담뱃집 샌님'이라고 일러줬습니다.

노보살님은 의심 없이 일심의 지극정성으로 '담뱃집 샌님'을 염송했습니다. 그리고 끝내 기도를 성취했습니다.

아미타불, 관세음보살, 지장보살, 광명진언 등등 무엇을 염송하느냐보다 더욱 더 중요한 기도 성취의 핵심과 비밀은 무엇일까요?

귀로 보고, 눈으로 듣는다

아무것도
하지 않는 일

약산 유엄선사가 좌선을 하고 있는데 석두선사가 그 모습을 보고 묻습니다.

"그대는 여기에서 무엇을 하고 있는가?"

"아무것도 하지 않습니다."

"그렇다면 한가하게 앉아있는 것이로구나."

"만약 한가하게 앉아있다면 그것은 곧 하는 것입니다."

"아무것도 하지 않는다는 것은 무엇인가?"

"일천 성인들도 모르는 일입니다."

이에 석두선사께서 게송으로 찬탄합니다.

"그동안 함께 살았어도 이름조차 몰랐는데,

마음먹는 그 즉시 이렇게 작용하는구나.

일천 성인들도 알지 못했는데, 범부들이 어찌 쉬이 밝히겠는가?"

보조선사께서는 수심결에서 "단지불회 시즉견성(但知不會 是卽見性)", 다만 알지 못할 줄 알면 곧 성품을 본다고 말씀하셨습니다.

석두선사께서 말씀하신 일천 성인도 알지 못 하는 것은 무엇일까요?

무재칠시
(無財七施)

부처님께서는 보시와 관련해 많은 말씀을 하셨습니다.
"보시에 대한 과보를 염두에 두지 말며,
보시를 받는 자로 하여금 보답이 없게 하고,
도리에 어긋난 방법으로 구한 재물이나,
독약, 짐승 잡는 도구, 칼이나 화살, 여색 등은
결코 보시해선 안 된다는 것"이 부처님의 가르침입니다.

그러나 무엇보다도 보시와 관련, 부처님께서 간곡하게 말씀하신 것은
재물이 없어도 베풀 수 있는 일곱 가지의 보시, 즉 무재칠시(無財七施)입
니다.

얼굴에 화색을 띠고 부드러운 얼굴로 남을 대하는 화안시,

격려의 말, 칭찬의 말, 위로의 말을 건네는 언시,

마음의 문을 열고 따뜻한 마음을 나누는 심시,

호의를 담은 눈으로 따듯하게 바라보는 안시,

남의 짐을 들어 준다거나 일을 돕는 신시,

자리를 내주어 양보하는 좌시,

굳이 묻지 않고 상대의 속을 헤아려서 도와주는 찰시 등입니다.

실천하는 그 즉시 복을 가져다준다는 무재칠시만으로도 모든 수행을
대신하며 불국정토를 이룩하는데 부족하지 않을 것입니다.

버릴 줄
알아야

"값이 없는 공기 한 모금도 가졌던 것을 버릴 줄 모르면
저승 가게 되는데, 어찌하려고 이것도 내 것, 저것도 내 것,
모두 다 제 것인양 움켜쥐려고만 하는가?"

서산대사께서 하신 법문입니다.

서산대사께서는 "아무리 많이 가졌어도 저승길 가는 데는, 티끌 하나
도 못 가지고 가는 법이니 쓸 만큼 쓰고 남은 것은 버릴 줄도 알아야 한
다."고 일갈하셨습니다.

깊어 가는 가을, 누렇게 물든 가로수 잎들이
여기저기서 한잎 두잎 떨어지며 바람에 날리고 있습니다.
나무들은 따로 배우지 않아도 찬바람이 불기 시작하면

어김없이 나뭇잎들을 내려놓기 시작합니다.

그 누군가를 위해서가 아니라 진정 자신을 위하는 길이
무엇인지를 잘 아는 나무들의 지혜에 절로 고개가 숙여집니다.

만국도성이
개미집

예미도중(曳尾塗中)이란 말이 있습니다.

꼬리를 진흙 속에 끌고 다닌다는 의미입니다.

부귀로 인하여 속박 받고 사는 것보다 차라리 가난함 속에서 자유롭게 사는 편이 낫다는 것을 비유하는 장자의 추수 편에 나오는 이야기입니다.

초나라 위왕이 신하를 보내 장자를 설득하여 나라의 재상이 되어 줄 것을 간청했습니다.

이에 장자가 신하에게 물었습니다.

"초나라에선 신귀라는 3천년을 살다 죽은 거북이 뼈를 비단 상자 속에 넣어 영물로 보관한다고 들었습니다. 만일 그 거북이 살아 있다면, 죽어서 소중하게 간직되는 뼈가 되기를 바라겠습니까? 아니면 살아서 꼬리를 진흙 속에 끌고 다니길 바라겠습니까?"

위왕의 신하가 대답했습니다.

"그야 물론 살아서 진흙 속에 꼬리를 끌고 다니기를 바라겠지요."

장자가 다시 되물었습니다.

"그렇다면 돌아가 주십시오. 나는 진흙 속에서 꼬리를 끌며 살아가고 있는 중입니다."

세상의 부귀공명에 탐착한 채 비단 상자속의 거북이 뼈로 전락하는 것을 경계하신 서산대사의 게송이 있습니다.

萬國都城如蟻垤(만국도성여의질) 만국의 도성은 개미집이요
千家豪傑若醯鷄(천가호걸약혜계) 천하의 호걸도 하루살이라
一窓明月淸虛枕(일창명월청허침) 창에 달빛 맑고 텅 빈 베갯머리
無限松風韻不齊(무한송풍운불제) 끝없는 솔바람 소리는 제각각

서산대사의 게송을 듣고, 자연과 벗 삼는 청빈한 삶을 꿈꾸며 세속적인 부와 명예를 버려야되는 것으로 여긴다면, 도둑이 파출소를 피해 경찰서를 만난 격입니다. 만국도성은 그만두고라도 '만국도성이 개미집'이란 견해조차 버리지 못한 채 꽉 움켜잡는 맹꽁이 짓에 다름 아니기 때문입니다.

만국도성과 천하호걸의 꿈에 취해 부와 명예를 추구하는 것과 정반대

귀로 보고, 눈으로 듣는다

로 부와 명예는 버려야 하는 부질없는 것이란 단견(短見)에 빠져 있는 것이 크게 다를 바 없습니다. 여전히 '나'란 놈이 제 입맛에 맞는 생각 놀음을 일삼고 있는 것입니다. 중도를 벗어난 채 양변에 떨어져 헤매고 있기는 마찬가지이기 때문입니다.

세속의 부와 명예를 애써 버리고 깊은 산속으로 들어가 토굴을 짓고 산다고 해서 밝은 달빛을 듣고, 솔바람 소리를 볼 수 있는 것은 아닙니다.

그렇다면 어찌해야

창으로 스며드는 달빛과 하나 되고,
솔바람과 둘 아닐 수 있을까요?

섭수자비와
절복자비

부처님께서는 열반경에서
섭수자비와 절복자비를 말씀하셨습니다.

섭수자비는 어머니가 아이를 돌보듯
상대를 포용하고 보살펴주는 자비를 말합니다.

절복자비는 아버지가 잘못을 저지른 아들을 꾸짖어
올바른 사람이 되게 하듯, 그릇된 외도나 사도를 꺾어
굴복시키는 자비를 말합니다.

이같은 부처님의 가르침은 아이들을 훈육함에 있어서도 그대로 적용
될 것입니다.

귀로 보고, 눈으로 듣는다

칭찬 일변도이거나 꾸짖는 쪽으로 치우쳐 있다면 아이를 훌륭하게 키우는 게 쉽지만 않을 것입니다. 보살도를 실천한다고 해서 언제나 따듯한 마음으로 상대를 포용하고 보살피는 섭수자비에 치우치면 안 됩니다.

"절복할 자는 절복하고, 섭수할 자는 섭수한다."는 승만경의 가르침처럼, 의사가 환자를 진찰하고 그에 맞는 약을 처방하듯이, 처한 상황에 따라 절복과 섭수의 방편을 자유자재로 나투는 대기묘용의 지혜를 발(發)할 수 있어야 할 것입니다.

매일 매일
좋은 날

산시산, 수시수!(山是山 水是水)

절 집안에 널리 회자되는 말 중 하나입니다.

"산은 산, 물은 물"이란 이 말은

천 년 전 운문종을 개종하신 운문선사의 법문입니다.

어느 보름날 아침, 대중을 향해 운문선사께선 다음과 같이 말씀하셨습
니다.

"사람들은 비가 오면 날씨가 나쁘다고 하고

해가 뜨면 날씨가 좋아졌다고 한다.

비가 오지 않으면 가뭄이 든다 하고

비가 많이 오면 홍수가 난다고 소란을 피운다.

山是山，水是水

그러나 우주가 사람을 위해서 있는 것은 아니지 않는가?

소나기 태풍, 홍수와 가뭄,

이 모두가 자연 현상일 뿐,

좋을 것도 나쁠 것도 없으니,

일일시호일!(日日是好日)

즉, 매일 매일이 다 좋은 날이니라.”

있음과
없음

"흙을 빚어 그릇을 만드는데,

그 가운데가 비어 있기 때문에 그릇의 쓸모가 생겨난다.

문과 창을 뚫어 방을 만들지만,

그 내부가 비어 있기 때문에 방으로서의 의미가 있다."

노자의 도덕경에 나오는 있음과 없음에 대한 가르침입니다.

있음이 쓰이는 것은 없음이 작용하기 때문으로,

있음과 없음은 어느 한쪽도 뺄 수 없는 상즉(相卽)의 관계입니다.

삼조 승찬 스님께선 신심명을 통해 유무(有無)에 대해

보다 명료하게 설파하고 있습니다.

견유몰유, 종공배공!(遣有沒有 從空背空)

즉, 있음을 버리려 하면 있음에 빠지고,

없음을 쫓게 되면 없음을 등진다는 가르침입니다.

있음을 버리지도 말고, 없음을 쫓지도 말아야 한다면

어찌 해야 할까요?

하늘에는
승패가 없다

살아가면서 예상치 못했던 상황을 만나곤 합니다.

어떤 일을 시작하는 시점에서 그 일의 진행을 거스르는

크고 작은 일들이 발생하는 경우가 비일비재합니다.

불전에 막 밝힌 촛불이 꺼지거나,

제사상에 차려진 음식이 무너지는 일이 발생하면

뭔가 불길한 일이 일어날 징조란 지레짐작으로

괜한 걱정과 불안에 휩싸이기도 합니다.

"나라의 대장군이 하늘에 이기기를 빌고,

적국의 대장군 또한 하늘에 승리를 빈다면

하늘은 누구의 소원을 들어 주냐"는 학인의 물음에,

서산대사께서는 "하늘에는 이기고 지는 일도, 길흉 따위도 없다"고 한

마디로 딱 잘라 대답하셨습니다.

하늘에 소원을 빌어 성취하려는 욕심이 있는 까닭에
불단의 촛불이 꺼질 때 두려워하는 마음도 생깁니다.

북소리에 깨달아 얻은 바가 있다면,
종소리에 고꾸라지는 것은 당연한 일입니다.

귀로 보고, 눈으로 듣는다

저울의
영점 조정

"집착하는 마음은 물건을 내려놨는데도
바늘이 원래대로 돌아오지 않는 저울과 같다."

숭산 스님의 법문입니다.

그같은 저울에 또다시 물건을 올려놓는다면 바늘이 영점이 아닌 첫
번째 물건의 무게를 가리키던 자리에서 출발하게 됩니다. 결국 첫 번째
와 두 번째 물건의 무게를 합한 자리를 가리키게 됩니다. 제대로 무게를
잴 수 없는 못 쓰는 저울입니다.

수행을 열심히 할수록 쭉~ 늘어났다가도 이내 제자리로 돌아오는 탄
력성 높은 용수철 같은 마음을 갖게 된다는 것이 숭산스님의 말씀입니
다.

저울의 바늘은 언제나 영점의 상태에서 물건의 무게만큼 움직였다가도 물건을 내려놓으면 곧바로 영점으로 돌아와야 합니다. 그래야만 고장이 나지 않은 저울입니다.

우리의 마음도 일체의 선입견에 물들지 않은 무심의 영점에서 인연에 응해 정확한 눈금을 가리킨 뒤, 그 인연이 다하면 머뭇거림 없이 즉시 무심의 영점으로 돌아올 수 있어야 할 것입니다.

부처님
손바닥 안

법신충만어법계!(法身充滿於法界)

절에 가면 쉽게 볼 수 있는 주련의 문구들 중 하나입니다.

한 송이 우담발화로 피어난 이 세상의 어떤 곳도

부처님 몸 아닌 곳이 없다는 뜻입니다.

어느 날 지나던 길에 절에 들려 부처님께 참배를 마친

한 선승이 법당의 부처님 손바닥에 담뱃재를 털었습니다.

이를 본 주지스님이 선승의 처사를 못마땅하게 여기며

심하게 꾸짖었습니다.

선승이 주련을 가리키며 온 법계가 다 부처님 몸일진대,

어느 곳에 담뱃재를 털어야 되느냐고 묻자, 잠시 주련의

내용을 살핀 주지스님의 말문이 꽉 막혔습니다.

법신이 법계에 충만할뿐더러, 법계가 그대로 법신이고
법신이 법계인데, 어느 곳에 담뱃재를 털어야 할까요?

한 순간의
꿈

무소오선사는 일본의 십대 선사 중 한 분입니다.

하루는 강을 건너기 위해

제자와 함께 작은 나룻배에 올라탔습니다.

술에 취한 하급 무사 하나가 배에 올라

비틀거리며 술주정을 하는 탓에 배가 심하게 흔들렸습니다.

사공도 난색을 짓고 승객들 모두가 겁에 질렸지만,

누구하나 나서지 않자 무소오선사께서 조용히 타일렀습니다.

술에 취한 부사는 칼을 빼어 들 기세로

무소오 선사를 노려보며 배 밖으로 밀어내려고 했습니다.

그때 무소오 선사를 시봉하던

일본 제일의 검객 출신인 제자가 분노하며

술주정뱅이 무사를 공격하려고 했습니다.

무소오 선사가 제자를 만류하며 바랑에서
종이 한 장을 꺼내 다음과 같은 글을 썼습니다.

"때린 사람도 맞은 사람도 모두 한 순간,
꿈속의 장난일 뿐."

귀로 보고, 눈으로 듣는다

별
보는 곳

부처님께서는 6년여 동안 고행을 마치시고

보리수 아래서 깊은 선정에 드셨다가 깨어나시면서

새벽하늘에서 반짝이는 별을 보시고 도를 깨치셨습니다.

오늘은 납월 초파일로 부처님께서 고집멸도 4성제 및 12연기 등을 깨닫고 도를 이루신 날을 기념하는 성도재일입니다.

달마, 혜능, 경허, 만공으로 이어지는 불조의 혜맥을 이으신 前 덕숭총림 방장 혜암선사께서는

"부처님께서 새벽별을 보고 도를 깨치셨다 하니,

그 별을 보실 때 실재로 어느 곳에서 별을 보셨는지

별 보신 곳을 일러 보라?"

는 성도재 법문을 하신 바 있습니다.

부처님께서는 어느 곳에서 별을 보셨을까요?

혜암 선사께서는 "물은 파도를 여의지 못하고, 파도는 물을 여의지 못하는 곳에서 별을 보셨다."고 말씀하셨습니다.

물은 파도를 여의지 못하고, 파도는 물을 여의지 못하는 곳이란 과연 어느 곳을 말하는 것일까요?

귀로 보고, 눈으로 듣는다

있음과
없음

법본불유(法本不有) 법은 본래 있는 것이 아니니

막작무견(莫作無見) 없다는 견해도 내지 말고,

법본불무(法本不無) 법은 본래 없는 것도 아니니

막작유견(莫作有見) 있다는 견해도 내지 말라.

백장 선사의 법을 이어 받아 임제 선사에게 전한 황벽 선사의 법문입니다.

있고 없음의 양변에 떨어지지 않으면서도 있음과 없음을 모두 수용할 수 있어야 한다는 견해를 짓는 것으로 황벽스님의 법문을 받아들이는 학인들이 있습니다.

있음과 없음에 대한 알음알이 내지 견해가 아니라, 유무 양변을 여의고 생사를 초탈하도록 이끌어 주는 파초선사의 주장자 법문이 있습니다.

"네게 주장자가 있다면 주장자를 주겠거니와,
네게 주장자가 없다면 주장자를 빼앗으리라."

있다면 줄 필요가 없고, 없다면 빼앗을 수 없는데,
어째서 있다면 주고, 없다면 뺏겠다고 하셨을까요?

귀로 보고, 눈으로 듣는다

까비르의
연인

"살아 있는 동안 손님을 맞이하라.

경험 속으로 뛰어들고, 삶을 이해하라.

살아 있는 동안 밧줄을 끊지 않는다면

죽은 뒤에 어떻게 자유를 얻겠는가."

동방의 예수로 불리며 수피즘의 토양위에 인도의 민중문학을 꽃피운
까비르의 '구도자의 노래'입니다.

기탄잘리로 노벨문학상을 수상한 타고르의 영적 스승이기도 했던 까
비르는 다음과 같이 말했습니다.

지금 그를 발견하라.

지금 그를 찾지 못한다면 그대 갈 곳은 죽음의 도시뿐,

지금 이 자리에서 그와 하나가 되라.

그러면 이 다음에도 그와 하나가 되리라.

까비르가 말하는 그는 누구이며,

어떻게 그와 하나가 될 수 있을까요?

땅에서 넘어진 자, 땅을 짚고 일어날 줄 알면

그를 만날 필요도 없이 이미 하나임을 알 수 있을 것입니다.

무정
설법

당송팔대가의 한 사람으로 적벽부란 시를 쓴 북송 제1의 시인.

독서가 만권에 달하여도 율은 읽지 않는다며 초유의 필화 사건을 일으켰던 소동파. 자신이 알지 못하는 학문이 없다는 자만심으로 가득 찬 소동파가 성총 선사에게 법을 물었습니다.

성총선사는 다음과 같이 일갈했습니다.

"그대는 어찌 유정설법만 들으려 하고 무정설법은 듣지 못하느냐?"

어떻게 하면 무정설법을 들을 수 있을까 하는 일념으로 하산하던 소동파는 마침 계곡 옆을 지나다가 물소리를 듣고 마음이 활짝 열리며, 다음과 같은 오도송을 읊게 됩니다.

溪聲便是長廣舌(계성변시장광설)

계곡의 물소리가 부처님의 음성인데

山色豈非淸淨身(산색기비청정신)

저 산 빛이 어찌 청정법신이 아니런가?

夜來八萬四千偈(야래팔만사천게)

이 밤에 팔만사천법문을 들었으니

他日如何擧似人(타일여하거사인)

훗날 어떻게 사람들에게 보일까 보냐?

　어떻게 하면 지금 이 순간에도 쉼 없이 설해지고 있는 무정설법을 들을 수 있을까요?

수행하지
않는 사람

부처님을 믿고 공경하되 의지하는 대상으로만 생각한다면 결코 참다운 수행자라고 할 수 없을 것입니다. 실참실오(實參實悟)를 통해 자신이 이미 부처임을 증득하는 것이야 말로 진실된 수행자일 것입니다. 부처님의 가르침을 배워, 그 뜻을 따르고 실천함으로써 부처님을 닮아가고 끝내 부처임을 증득하는 모든 과정이 바로 수행이요, 삶이기 때문입니다.

그런데 누가 참다운 수행자인지 몇 마디의 말로 정의 내리기란 결코 쉽지 않습니다. 다행히 야운스님의 "수행하지 않는 사람"이란 법문을 통해 참다운 수행자의 면모를 알아보는 것은 어렵지 않을 듯합니다.

"수행하지 않는 사람이란,

어리석어 배우지 않으니 교만만 늘고,

어두운 마음 닦지 않으니 '나'만 내세운다.

빈속에 뜻만 크니 주린 호랑이같고,

앎이 없이 방탕함은 미친 원숭이에 다름없다.

요사스런 말에는 곧잘 팔리면서 성현들의 가르침은

모른체 한다."

귀로 보고, 눈으로 듣는다

여산
진면목

"다만 때 묻지도 물들지도 않는 이것이
모든 부처님께서 호념하시는 것으로,
네가 이미 이와 같고 나 또한 이와 같으니라."

육조단경에서 혜능선사께서 남악회양 선사를 인가하시는 말씀입니다.

혜능선사께서 말씀하신 때 묻지도 물들지도 않는 이것을 그대로 드러낸 소동파의 시가 있습니다. 여산진면목(廬山眞面目)과 여산연우절강조(廬山煙雨浙江潮)라는 두 편의 시가 바로 그것입니다.

廬山眞面目(여산진면목)

橫看成嶺側成峰(횡간성령측성봉)

횡으로 보면 산줄기 옆에서 보면 봉우리.

遠近高低各不同(원근고저각부동)

멀고 가깝고 높고 낮음이 제각각이네.

不識廬山眞面目(불식여산진면목)

여산의 진면목은 결코 알 수 없음이여!

只緣身在此山中(지연신재차산중)

다만 이 몸이 산중에 있기 때문이라네.

廬山煙雨浙江潮(여산연우절강조)

廬山煙雨浙江潮(여산연우절강조)

여산의 안개비와 절강의 물결이여!

未到千般恨不消(미도천반한불소)

가보지 못함이 천만 한이었는데

到得歸來無別事(도득귀래무별사)

가서 보고 나니 특별할 것 없는

廬山煙雨浙江潮(여산연우절강조)

여산의 안개비와 절강의 물결일 뿐.

때 묻지도 물들지도 않는 이것,

여산진면목과 여산의 안개비, 그리고 절강의 물결!

목구멍을 통하지 않고 이를 수 있는 이것은 무엇일까요?

황제가
어디 있는가?

불조의 골수를 간직한

선가 불후의 명저인 '전심법요'를 남기신 황벽선사.

임제라는 선의 거장을 배출하기도 한 황벽선사는

중국 당나라에서 선풍을 드날린 대 선지식입니다.

하루는 선사께서 삼보에 예배를 드리고 있는데

당나라 선종 황제가 찾아와 물었습니다.

"선가에서는 삼보에 의지함 없이 견성성불 직지인심 한다고

하는데, 선사께선 어찌 예배를 다 드립니까?"

질문이 채 끝나기도 전 선사께서 황제의 뺨을 치자,

선종 황제는 "황제에게 어찌 이럴 수 있느냐?"며

버럭 화를 냅니다.

선사께서 다시 한번 황제의 뺨을 치신 후 반문합니다.

"황제라는 것이 어디 있는가?"

관불용침

(官不容針)

서양의 속담 가운데 마귀가 사람을 꾀어
죄에 빠져 들도록 하는 네 가지 말이 있습니다.

그 첫째가 "누구든지 하니까"이고
두 번째는 "이까짓 일쯤이야"입니다.
세 번째는 "딱 이번 한번만"이고
네 번째는 "아직도 시간은 많은데"입니다.

부처님 제자라면 마땅히 어떠한 마귀의 유혹에도
넘어가는 일이 없어야 합니다.

태산 같은 부동심은 '누구나'에 휩쓸리지 않고,

성성한 깨어있음은 '이까짓 일'도 간과하지 않으며,

관불용침(官不容針)의 엄중함은 '한번만'을 용납하지 않고

여구두연(如求頭燃)의 간절함은 아직도 속으로 물러서지

않을 것입니다.

마음속
증오심

표주박에 기름을 가득 담아

활활 타오르는 불에 부으면 어떻게 될까요?

쏟아 붓는 기름을 따라

불길이 역류하며 표주박을 태워버릴 것은 뻔합니다.

마찬가지로 타인을 향내 내 뿜는 분노도

타인에 앞서 불을 내뿜는 사람의 착한 마음을

먼저 태워버립니다.

분노의 정체 및 메커니즘 등에 대한 아함경의 가르침입니다.

어떻게 하면 분노를 벗어나

고요한 마음으로 깨어 있을 수 있을까요?

부처님께선 아함경에서 다음과 같이 해법을 제시하셨습니다.

"분노를 없애려면

먼저 자신의 마음속에 있는

증오심을 제거하라."

하늘 땅 이전에
핀 꽃

圓覺山中生一樹(원각산중생일수)

원각산에 사는 한 그루 나무

開花天地未分前(개화천지미분전)

하늘과 땅이 나뉘기 전 꽃이 폈네.

非靑非白亦非黑(비청비백역비흑)

푸르지도, 희지도, 검지도 않은데

不在春風不在天(부재춘풍부재천)

봄바람에 있는 것도, 하늘에 있는 것도 아니다!

새벽 예불 종송시에 널리 독송되는 게송 중 하나입니다.

내장사 정혜루를 비롯해 전국의 수많은 사찰 주련에서 쉽게 볼 수 있는 깨달음의 노래 중 하나입니다.

들꽃

원각산은 어느 곳에 있고

하늘과 땅이 나뉘기 전은 언제일까요?

푸르지도 희지도 검지도 않는 꽃은 무엇이며

봄바람에도 하늘에도 있지 않다면 어느 곳에 있을까요?

불법 속으로
뛰어들라

매우 어리석고 미련한 사람이 있었습니다.

어느 날 그는 너무나 목이 말라 물을 찾았습니다.

막상 강에 이르러서도 물을 바라만 볼 뿐

도무지 마시려고 하지 않았습니다.

그러자 옆 사람이 말했습니다.

"너는 몹시 목이 말라 물을 찾더니

지금 강에 왔는데 왜 물을 마시지 않는가."

그가 대답했습니다.

"이 물이 너무 많아

한꺼번에 다 마실 수 없기 때문입니다."

백유경에 나오는 이야기입니다.

부처님의 가르침이 방대하다는 생각에

강물에 입술도 대지 못한 채 머뭇거리고 있다면,

지금 즉시 온 마음과 온 몸으로

불법의 대해에 뛰어 들어야 할 것입니다. 풍덩!

송광사에 없는
세 가지

불보종찰 통도사, 법보종찰 해인사와 함께

한국의 삼보사찰로 꼽히는 전라도 순천의 승보사찰 송광사.

대 가람의 위용을 모두 갖췄으면서도

다른 사찰에 있는 세 가지가 없습니다.

첫째, 처마 끝에 매달려

바람 소리에 화답해 주는 풍경이 없습니다.

둘째, 대웅보전 기둥에

제불 조사님의 법문을 각인한 주련이 없습니다.

셋째, 대웅보전 앞에

우뚝 서서 불국정토를 장엄하는 불탑이 없습니다.

어떤 까닭일까요?
이에 대한 여러 설들이 분분하지만,
없는 바로 그곳에서 상(相)을 여읜
더욱더 뚜렷하고 분명한 풍경과 주련,
그리고 불탑을 만날 수 있기 때문일 것입니다.

쥐가 고양이
밥을 먹다

제불 조사님들의 전법 기연에는 신묘한 이야기들이 많습니다.

그 중에서도 4조 도신 스님과 5조 홍인 스님의 전법 기연은

참으로 기이합니다.

하루는 80세의 재송도자가 4조 스님을 찾아와서 말했습니다.

"법을 받으러 왔습니다."

4조 스님께서 "법을 받을 수 있는지 한마디 일러 보라"고 하시자, 재송도자가 즉시 "서식묘아반(鼠食猫兒飯), 즉, 쥐가 고양이 밥을 먹었다"고 대답했습니다.

4조 스님이 "다시 한 번 일러 보라"고 하시자,

재송도자는 곧바로 "반기이파(飯器已破) 즉, 밥그릇이 이미 깨졌다"고

대답했습니다.

4조 스님은 재송도자를 인가하셨지만, 나이가 80세인 탓에 새 몸으로 바꿔오라고 말씀하시고 전법을 미루었습니다.

훗날 몸을 바꾼 재송도자의 후신(後身)이 다시 4조 스님을 찾아와 법을 전해 받고 5조 홍인스님이 되셨습니다.

쥐가 고양이 밥을 먹고, 밥그릇이 깨진 것은 어떤 소식일까요?

귀로 보고, 눈으로 듣는다

불식

(不識)

불심천자로 불리며

물심양면으로 불교 발전에 기여한 양무제.

인도를 출발해 중국에 당도한 초조 달마를 만난 순간

양무제는 기다렸다는 듯이 물었습니다.

"짐은 지금까지 수많은 사찰을 건립하고

스님들을 득도시켰습니다. 이는 어느 정도의 공덕이 있습니까?"

달마대사께선 즉시 "별무공덕(別無功德)"

즉, 공덕이랄 게 없다며 최고의 예로써 친절하게 대답하셨습니다.

그러나 내심 칭찬을 받고 싶었던 양무제는 있다, 없다의 양변에 떨어
진 채 서운함을 참지 못하고 다시 묻습니다.

"그렇다면 내 앞에 서있는 그대는 누구인가?"

"불식(不識), 즉 모르오!"

달마대사께선 어째서 모른다고 했을까요?

무엇을 모른다는 것이며, 누가 있어 모르는 줄 안 것일까요?

불식(不識)!

귀로 보고, 눈으로 듣는다

나는
누구인가?

"자신의 속 얼굴이 드러나 보일 때까지 '나는 누구인가?'를 묻고 또 물어야 한다. 건성으로 묻지 말고 목소리 속의 목소리로 귀 속의 귀에 대고 간절하게 물어야 한다."

나는 누구인가를 자기 자신에게 거듭 거듭 물어야 한다는 법정스님의 법문입니다.

"해답은 물음 속에 들어 있으며, 묻지 않고는 그 해답을 이끌어 낼 수 없다."

나는 누구인가라는 본질적인 물음을 통해서 늘 중심에 머무름으로써 자기 자신에 대한 각성을 추구하라는 것이 법정스님께서 밝히신 수행의 핵심입니다.

서산대사께서는 선가귀감의 첫 머리를 통해 '나'가 누구인지 자세하게 파설하셨습니다.

"여기 한 물건이 있는데, 본래부터 한없이 밝고 신령하여, 일찍이 나지도 않고 죽지도 않으며, 이름 지을 수도 없고, 모양 그릴 수도 없다."

나는 누구일까요?

귀로 보고, 눈으로 듣는다

한 조각
뜬 구름

"위대한 사람들의 무덤을 바라볼 때

내 마음속 시기심은 사라져 버린다.

미인들의 묘비명을 읽을 때

무절제한 욕망은 덧없어진다."

조지프 애디슨이 웨스트민스터 대성당에서 영감을 얻어 지었다는 시

의 전반부입니다.

"쫓겨난 왕들이 그들을 쫓아낸 사람들 옆에

묻혀있는 것을 볼 때,

온갖 논리와 주장으로 세상을 갈라놓던

학자와 논객들이 나란히 묻힌 것을 볼 때,

인간의 하잘 것 없는 다툼과 논쟁에 대해

슬픔과 놀라움에 젖게 된다"

는 것이 애디슨이 인생의 무상함을 절절히 노래한 시의 후반부입니다.

인생의 무상함에 대한 통찰 뿐 아니라, 인생이 무엇인지를 여실하게

드러내 보여주는 선시가 있습니다. 나옹선사의 누님께서 동생을 위해 지

었다는 부운(浮雲)이라는 시입니다.

부운(浮雲)은 공수래공수거(空手來空手去)란 첫 구절만 들어도

누구나 고개를 끄덕일 만큼 널리 알려진 시입니다.

空手來空手去是人生(공수래공수거시인생)

生從何處來 死向何處去(생종하처래 사향하처거)

빈손으로 왔다가 빈손으로 가는 인생이여!

어느 곳에서 와서, 어느 곳으로 가는가?

生也一片浮雲起(생야일편부운기)

死也一片浮雲滅(사야일편부운멸)

태어남은 한 조각 구름이 일어남이요

죽는 것은 한 조각 구름이 사라지는 것

浮雲自體本無實(부운자체본무실)

生死去來亦如然(생사거래역여연)

뜬 구름 자체는 본래 실이 없나니

귀로 보고, 눈으로 듣는다

태어남과 죽음 또한 이와 같도다

獨一物常獨露(독일물상독로)
湛然不隨於生死(담연불수어생사)
여기 한 물건이 항상 홀로 드러나
담연히 생사를 따르지 않는구나.

항상 홀로 드러나 담연히 생사를 따르지 않는
한 물건이란 무엇일까요?

시심마,
이~ 뭣꼬?

선방 문고리를 잡아본 불자라면 시심마(是甚麼)

또는 '이뭣꼬' 화두에 대해 들어보셨을 것입니다.

행주좌와 어묵동정 간 '이 뭣꼬'가 끊어짐 없는,

화두 일편의 상승일로를 걷는 불자님도 계실 것입니다.

'이 뭣꼬' 화두는 바로 육조 혜능선사와

남악 회양선사로부터 비롯되었습니다.

혜능선사는 자신을 친견하기 위해 걸어오고 있는

회양선사에게 곧바로 묻습니다.

"어떤 물건이 이렇게 왔는가?"

귀로 보고, 눈으로 듣는다

회양선사는 그 자리에서 꽉 막혀 대답하지 못하고
8년 동안을 간절히 참구한 후 불조의 혜명을 밝혔습니다.
'이 뭣꼬' 화두는 생각으로 헤아려서 알아내는 것이 아닙니다.

간절한 의심을 통해 화두와 하나가 되어야 합니다. 모든 생각이 끊어
지고 오직 의심덩어리만 홀로 남아야 합니다. 그리고 끝내 의심덩어리마
저 산산이 부서져야 합니다.

어떤 물건이 이렇게 글을 읽고 있을까요? 이 뭣꼬!

듣는 것이
기도

유고슬라비아 출신으로 평생을 인도 콜카타에서 가난한 이들을 위해 봉사하다 생을 마친 테레사 수녀! 1979년 노벨 평화상을 수상하기도 한 테레사 수녀가 미국 CBS의 유명한 뉴스 진행자 댄 래더의 프로그램에 출연했습니다.

댄 래더가 질문했습니다.
"당신은 하느님께 기도할 때에 무엇을 말합니까?"
테레사 수녀는 다소곳이 대답했습니다.
"나는 듣습니다."

예상 밖의 대답에 당황한 댄 래더는 다시 질문했습니다.
"당신이 듣고 있을 때 하느님은 무엇이라고 말합니까?"

마더 테레사 수녀는 다시 대답했습니다. "그분도 듣지요."

하느님과 테레사 수녀 중 그 누구도 말을 한 사람이 없습니다. 그럼에
도 불구하고 테레사 수녀는 어째서 둘 다 모두 듣기만 했다고 말했을까
요? 그리고 무엇을 들었을까요?

불불불상견(佛佛不相見) 부처와 부처는 서로 볼 수도 없고
불불불상문(佛佛不相聞) 부처와 부처는 서로 들을 수 없다.

중도의
삶

"낙이불음 애이불상(樂而不淫 哀而不傷).

즐거워하되 그 즐거움이 과해서 음란해지지 않고

슬퍼하되 그 슬픔이 지나쳐서 마음에 상처가 되지 않게 하라."

어느 한쪽의 극단으로 치우쳐 조화를 잃게 됨을 경계한 공자님의 말씀입니다. 치우침이 없는 중도의 삶이란단지 이쪽과 저쪽의 중간을 의미하는 것이 아닙니다.

양쪽 말단의 중간을 고집하는 순간,

또다시 양극단과 중간이라는 양변에 떨어져

중도와는 천지현격으로 벌어지게 될 것입니다.

귀로 보고, 눈으로 듣는다

그렇다면 진정한 중도의 삶이란 무엇일까요?

비유컨대, 천길 벼랑의 외줄 위를 걷는 것처럼,

어떠한 고정불변의 중심점에도 의지하거나 집착함 없이,

찰나찰나 상하좌우로 살아 움직이는 중심점만이 독존하는 삶,

바로 응무소주 이생기심(應無所住 而生其心)하는 삶이 중도의 삶일 것

입니다.

한 생각이
만년

"한 생각이 만년이요, 시방이 바로 눈앞이로다."

신심명에 나오는 삼조 승찬스님의 법문입니다.

한 생각 이대로가 만년이며 시방이 바로 눈앞이라는 것은 어떤 도리
일까요?

한생각과 만년을 둘로 놓고 이런저런 논리로 왜 둘이 같은지를 설명
하며 그 근거로 온갖 과학 이론을 견강부회하며 생각놀음을 일삼는 것
을 종종 봅니다.

성철스님께선 신심명 강설을 통해 "한 생각과 만년이, 목전과 시방이
따로 있는 줄 알면 큰 잘못"이라고 못 박으시고,

"그것은 시간과 공간이 끊어진 데서 하는 말로써 '한 생각'도 찾아 볼

귀로 보고, 눈으로 듣는다

수 없고 '만년'도 찾아 볼 수 없다."고 분명하게 밝히신 바 있습니다.

어떻게 해야만 한 생각과 만년, 시방과 목전이 둘 아닌 시간도 공간도 없는 본원의 세계를 친답착(親踏着)할 수 있을까요?

밝고 밝은
조사의 뜻

"윤회(輪回)와 열반(涅槃)이 둘 아님을

미혹된 이들이 어찌 알겠는가?

미혹된 사람들이 거울에 비친 모습을

실제의 자기 얼굴로 알 듯,

진리를 거부하는 마음도 그처럼

진리가 아닌 것에 의지하며 기대어있네."

이같은 내용을 담고 있는 '사하라의 노래'는 다음과 같이 이어집니다.

"꽃향기는 만질 수 없으나

온 누리에 충만히 스며있어 당장에 알듯이,

진리가 그 자체로 온전히 있음을 보고

신비로운 원들이 돌아가고 있음을 깨달아라."

깨달아야 할 진리가 있긴 있을까요?

있다면 그 진리란 것은 과연 무엇일까요?

명명백초두, 명명조사의!(明明百草頭 明明祖師意)

"밝고 밝은 백가지 풀끝마다, 밝고 밝은 조사의 뜻이로다."

말법 시대의
증거

부처님 당시 코살라 국왕은 열여섯 가지의 꿈을 꾸고 두려움에 떨다가 부처님께 해몽을 의뢰했습니다.

부처님께서는 해몽을 통해 말법시대에 일어날 일들이라고 설명하셨습니다.

거센 애욕으로 어린 남녀가 아이를 낳고, 여자들이 장식과 기호품 및 정부에 빠져드는 것을 경계하셨습니다.

노인을 공경하지 않고, 탐욕스런 재판관이 원고와 피고 양쪽에서 뇌물을 받는 것을 경고하셨습니다.

또한 타락한 승려가 사람들을 열반으로 이끄는 설법은 하지 못하고 보시에만 욕심을 내어 요설을 일삼는 것 등이 말법시대의 증거라고 말씀하셨습니다.

코살라 왕의 꿈이 요즘의 시대 상황들과 무관치 않은 것을 보면 말법시대가 온 것일까요?

본래 천연하여 조작 없는 참나를 증득한다면 언제, 어느 곳이나 정법시대일 것이고, 그렇지 못하다면 천만의 미륵부처님이 하생한다고 해도 말법시대일 것입니다.

회주 소와
익주의 말

선(禪)이란 무엇일까요?

무엇이 선(禪)인가를 묻는다면

"신령스런 거북이 날개를 편다."고 대답할 것입니다.

선문답은 일반적 상식이나 논리로 헤아릴 수 없습니다. 짐작할 수도 없습니다. 어떤 비유도, 행간의 숨은 뜻도 없이 있는 그대로의 태고(太古)적 알몸을 여실히 드러내기 때문입니다.

외국어처럼 선의 언어를 배워서 익혀야 할 필요도 없습니다. 오직 실참실오(實參實悟)를 통해 문답과 계합(契合)할 뿐입니다.

선문답뿐 아니라 선사들의 게송 또한 사량과 분별, 그리고 논리로서 접근하는 것을 불허하고 있습니다.

중국 화엄종의 초조이신 두순선사의 유명한 게송입니다.

회주우끽화(懷州牛喫禾) 익주마복창(益州馬腹脹)
"회주의 소가 나락을 먹었는데, 익주의 말이 배탈이 났다"

회주의 소가 나락을 먹었는데,
돌연 익주의 말이 배탈이 났다는 것은 어떤 도리일까요?

자신에게
활을 쏴라

"그물에 물고기는 걸려들지만, 물은 걸리지 않는다.
물고기 같은 사람이 되지 말고 물 같은 사람이 되라."

한마음선원 대행 스님의 법문입니다.
물 같은 사람이 되려면 어떻게 해야 할까요?
이런저런 인연에 걸려 발버둥 치고 있다면 어찌해야 할까요?
대행스님의 가르침은 아주 간단명료합니다.

"주인공 자리에 믿고 놓고 맡겨라."
믿고 맡긴다는 것은 참고 기다리는 것이 아니다,
놓을 때는 찌꺼기가 남지 않아야 한다. 여한이 없어야 한다."

귀로 보고, 눈으로 듣는다

자신의 힘으로 할 수 없는 일을 누군가에게 부탁하듯 내면의 주인공에게 맡기고 그 일이 이루어지기를 기다린다면 그것은 내려놓은 것이 아닙니다. 꽉 붙잡기 위한 목적으로 주인공 자리에 맡긴다는 망상(妄相)을 일으킨 것입니다.

"나는 모든 것을 주인공에게 내맡겼다"고 말하는 수행자들을 종종 봅니다. 실상은 내맡긴 것이 아니라, 내맡겼다는 생각을 일으키고 있는 것에 다름 아닙니다. "모든 것을 주인공에게 내맡겼다"고 하는 바로 그 생각이 내 맡겨져야 하는 '나'입니다.

"생각뿐만 아니라 일상생활을 실제로 주인공에게 맡기고 있다"고 주장하는 수행자도 있습니다. 그 또한 내맡기는 행동을 하는 '나'와 믿고, 놓고 맡기는 것을 실천하고 있다고 생각하는 '나'가 여전히 남아있을 뿐, 온전히 내맡긴 것이 아닙니다. 아공(我空)과는 십만팔천 리입니다.

내맡기려는 생각도 하지 않고, 내맡기려고도 하지 않는다면 어떨까요? 내맡기려는 '나'와 내맡기지 않으려는 '나'는 오십보백보로 별 차이가 없습니다. 그물에 걸린 물고기 신세라는 점에선 다를 것이 없습니다.

오히려 내맡기려는 시도를 하는 것이 시도조차 하지 않는 것보다 긍정적일 수도 있습니다. 무수한 시행착오를 통해 내맡기는 짓조차 쉽고 또 쉽게 됨으로써 존재의 흐름 속으로 입류(入流)할 가능성이 높아지기 때문입니다.

내맡기려고 해도 삼십 방, 내맡기지 않으려고 해도 삼십 방을 맞아야 합니다. 내맡기려고 하지도 않고, 내맡기지 않으려고 하지도 않는다면 어떨까요? 이유 불문하고 육십 방을 맞아야 합니다. 그렇다면 어떻게 해야 방망이를 면할 수 있을까요?

지금 이 순간, 방망이로부터 자유롭지 못하다면, 대행스님의 법문으로 머리에 붙은 불을 꺼야만 합니다.

"자신을 향해 곧바로 활을 쏨으로써,
지켜보는 자와 행하는 자가 합일(合一)되어야 한다."

하룻밤의
연금술

괄목상대(刮目相對)!

학문하는 선비는 사흘만 떨어져 있다가 다시 만나도 몰라보도록 크게 발전해 있는 탓에 눈을 비비고 봐야 한다는 뜻의 고사성어입니다.

그런데 부처님께서는 사흘이 아닌 하룻밤 새 어진 사람이 되는 법을 설하셨습니다. 부처님께선 어떻게 하면 하룻밤 만에 어진 사람으로 바뀔 수 있다고 말씀하셨을까요?

"과거는 이미 흘러가 버렸으니 뒤쫓지 말고,
미래는 아직 오지 않았으니 갈구하지 말며,
오직 현재의 일을 있는 그대로 흔들리지 말고

정확히 보고 실천하라."

이것이 바로 부처님께서 말씀하신 하룻밤만에 어진 사람이 되는 비결입니다.

귀로 보고, 눈으로 듣는다

부처님과
욕쟁이

부처님께서 아침 탁발을 위해 사밧티의 성안으로 들어가시자, 파라트 파차라는 욕쟁이가 부처님을 졸졸 따라다니며 욕을 했습니다.

부처님께서 아무런 대꾸도 없이 얼굴색 하나 붉히지 않으시자 약이 오른 파라트파차는 흙을 한주먹 쥐고 부처님께 뿌렸습니다.

맞은편에서 때 마침 불어온 거센 바람에 부처님께 던진 모든 흙먼지가 도로 그에게 날아가고 말았습니다.

자기가 뿌린 흙먼지를 고스란히 뒤집어쓴 파라트파차에게 부처님께선 다음과 같은 말씀을 하셨습니다.

"그 누구에게도 욕을 하거나 모욕을 줘선 안 된다.

그리하면 뿌린 흙이 바람을 거슬러 되돌아오듯

끝내 자기 자신을 더럽힐 뿐이다."

백천만겁난조우

백천만겁난조우(百千萬劫難遭遇)란 말이 있습니다.

백천만겁이 지나도 부처님의 정법을 만나기 어렵다는 말입니다.

일겁이란 하늘에서 선녀가 사방 십리의 바위 위로 백년에 한 번씩 내려와 춤을 추는데, 그 선녀의 치맛자락에 바위가 스쳐 다 닳아 없어지는데 걸리는 시간을 말합니다.

부처님께서는 다음과 같은 말씀도 하셨습니다.

"바다 속의 눈먼 거북이 백년에 한번 씩 머리를 내미는데, 그때 바다 위를 떠다니는 구멍 뚫린 나무토막을 만나 그 구멍에 머리를 디밀 기회를 얻을 수 있겠느냐?"

아난이 답하길 "불가능합니다. 세존이시여"

이에 부처님께서는 다음과 같이 말씀하셨습니다.

"저 눈먼 거북이 나무토막을 만나는 것 보다 사람 몸 받기가 더 어렵다. 그러므로 고집멸도(苦集滅道)에 대하여 밝게 알지 못한다면 간절한 마음으로 용맹정진하여 깨닫도록 해라."

눈 먼 거북이 구멍 뚫린 나무토막을 만나는 일보다 어려운 사람의 몸을 받았습니다. 백천만겁이 지나도 만나기 어려운 부처님의 정법까지 만나는 복을 누리고 있습니다. 실상이 이러할진대 일심으로 정진하는 일 외에 무엇이 더 필요할까요?

어떤 원을
세울까?

삼세 불보살님들은 지극히 크고 높은 원을 발한 뒤, 오랜 세월 그 원을 성숙시켰습니다. 그리고 그 원이 원만 성취되었을 때 성불하셨습니다.

중생의 마음병과 육신의 병을 모두 다스리겠다는 원을 비롯한 12대 원을 세우고 정진하여 성불하신 분이 약사여래입니다.

법장 비구는 "내 이름을 지성으로 부르는 자는 모든 번뇌 지옥을 벗어나 열반에 들게 한다는 등의 48대원을 세워 그 원을 이루고 아미타여래가 되셨습니다.

석존께서는 보해범지라는 보살로 계실 때, 보장불에게 5백 가지 큰 원을 발하여 그 원을 성취하여 부처님이 되셨습니다.

관세음보살과 대세지보살은 "세파에 고통 받고 있는 불쌍한 중생들을 구제해 주리라는 원을, 지장보살은 모든 지옥 중생을 제도할 때까지 지옥문을 벗어나지 않겠다는 원을 세운 뒤, 그 원을 성취하여 성불했습니다.

현대를 사는 수행자들은 어떤 원을 세우고, 어떻게 그 원을 성취하여 성불할 수 있을까요?

퇴굴심과
용이심

부처님 법을 믿고 의지하며 수행하는데 있어 가장 경계해야 할 것은 무엇일까요?

여러 가지가 있을 수 있겠지만, 일타스님께서는 퇴굴심과(退屈心)과 용이심(容易心)이라고 말씀하셨습니다.

만일 부처님의 법문을 듣고 천 길 벼랑 위로 줄을 타고 올라가는 것 같다는 생각에 '나는 절대 못한다'며 움츠리고 물러서는 마음이 퇴굴심입니다.

정반대로 법문을 들으면서 자주 듣던 귀에 익은 별 것 아닌 이야기라는 생각에 '그까짓 것쯤이야' 하며 하찮게 여기는 마음이 용이심입니다.

"법문을 들을 때 뿐 아니라 세상의 모든 일에 있어서도 퇴굴심이나 용이심이 깊으면 이루어지는 것이 없다"고 일타스님께선 강조 하셨습니다.

거문고 줄이 너무 팽팽하거나 너무 느슨하면 아름다운 제 소리가 나지 않듯이, 수행은 물론 일상사에서까지 너무 어렵다거나 너무 쉽다는 퇴굴심과 용이심에 물들지 않는 중도의 삶을 살아가는 것이 바로 불교 신행일 것입니다.

귀로 보고, 눈으로 듣는다

태교와
씨교

"죽을 때 초조 불안해 죽는 사람도 있고,

도를 닦다 편안한 마음으로 죽는 사람도 있습니다.

편안한 데는 편안한 것이 인연을 맺어 오고,

초조 불안하면 초조 불안한 것이 딱 들어옵니다.

마음이 편안한 상태에서 잉태를 하면 선신을 잉태하고,

심보가 안 좋을 때 잉태를 하면 악신을 잉태합니다.

그래서 처음에 씨를 잘 받아야 합니다."

생전에 딱 두 번의 결혼식 주례를 섰다고 전해지는 성철스님의 주례
사입니다. 주례사의 요지는 무엇일까요?

아이를 잉태한 후 누구나 열심인 태교뿐 아니라, 수태를 하기 전부터

마음을 비우고 몸을 정갈하게 하는 씨교를 통해 좋은 씨 즉, 선신(善神)이 깃들도록 하라는 것이 주례사의 핵심입니다.

아이를 만들겠다는 아만 가득한 생각을 떨치고,
고귀한 생명체인 선신과 인연이 닿을 수 있도록
몸과 마음을 활짝 여는 씨교가 널리 확산된다면
불국정토의 주역이 될 법기들이 대거 출세할 수 있을 것입니다.

귀로 보고, 눈으로 듣는다

승과
속이란?

"불법은 영혼과 육신의 책임자로

책임자 없는 인생이라면 그 얼마나 불안하겠는가?

이것을 알면 곧 불법에 귀의하게 될 것이다."

근세의 대 선지식으로 경허선사의 법을 이어 덕숭총림의 조실로 계시면서 무수한 도인을 출세시킨 만공 월면선사의 법문입니다.

"세간법과 불법이 둘이 아니요, 부처와 중생이 하나니, 불이법을 증득해야 참 인간"이라고 역설하신 만공선사!

"불법을 알면 속인이라도 중이요, 중이라도 불법을 모르면 속인일 뿐"이라는 만공선사의 서슬 퍼런 반야검에 승속 차별 등 한국불교 내에 독버섯처럼 만연돼 있는 반불교적 망상, 망동들이 일도양단됐으면 합니다.

사문이란
무엇인가?

사문(沙門), 사문 하는데 어떤 것이 진정한 사문일까요?

대보적경에 따르면, 부처님께선 사문을 다음과 같은 네 부류로 구분하셨습니다.

"사문에는 네 종류가 있다.

겉모양만의 사문,

겉으로만 얌전한 체하는 것으로써 남을 속이는 사문,

명예와 명성과 칭찬을 구하는 사문,

진실하게 수행하는 사문이 바로 그것이다."

이 네 부류 중 진실하게 수행하는 사문에 대해 부처님께서는 어떤 말씀을 하셨을까요?

"진실하게 수행하는 사문은 몸에 대해서도 생명에 대해서도 바라는 것이 없는데, 하물며 이익이나 존경이나 명예에 대해서이겠는가?

진실한 수행에 의해서만 사문의 덕행이 갖추어지는 것이지, 이름만의 수행에 의해서는 그리 될 수 없다."

예류자(預流者)가
되어야

불, 법, 승 삼보 중에서 승과 관련해서만 두 가지 측면의 이견이 있습니다.

비구와 비구니만을 승가로 보거나, 혹은 우바새, 우바이를 포함한 사부대중을 승가로 보는 것이 그 첫 번째입니다.

승가 여부를 판단하는 기준을 예류자(預流者)로 정하고, 예류자 이상이 되어야만 승으로 보고 삼보로 인정한다는 견해가 두 번째입니다.

예류자란 내가 있다는 유신견과 의례 및 의식에 대한 집착, 그리고 의심 등 최소한 세 가지의 족쇄로부터 풀려난 사람을 말합니다.

간절한 공부심으로 예류자의 반열에 올라섬으로써, 한국 불교에 새 생

명을 불어 넣어줄 자혜(慈慧)로운 승이 대거 출세하기를 간절히 서원합
니다.

시주
쌀 한 톨

시주 쌀 한 톨이라도
함부로 다루지 않는 간절한 공부심.

번뇌를 떨쳐 없애고,
의식주를 탐하지 않으며
청정하게 불도를 수행하는 두타행.

아무리 강조해도 지나치지 않는 수행자들이 지향해야 할 삶의 모습들입니다. 하물며 경제 활동을 하지 않고 순일하게 구도와 전법에 전념하는 승이라면 더욱더 물욕을 초탈해야 함은 당연합니다.

그뿐만 아니라 출가자가 수행 후 증득한 깨달음으로 재가자의 시주 은혜를 갚기 전까지는 그 빚이 결코 가볍지 않다는 사실도 명심해야 할 것입니다.

깨달음의 양식을 베풀 수 있을 때
비로소 공양 받아 마땅한 응공(應供)이 된다는 사실을
모든 수행자들이 한 순간도 잊지 않았으면 합니다.

꺼지지 않는
등불

불자라면 대부분 사월 초파일 부처님오신날을 맞아 절에 가서 자신의 소원을 듬뿍 담아 연등을 답니다. 열성적으로 신행 활동을 하는 불자라면 부처님오신날 저녁 초파일 행사의 대미를 장식하며 온 누리에 부처님의 자비 광명이 두루 퍼져 나가기를 기원하는 연등 행사에까지 참석합니다. 그러나 정작 연등의 크기나 화려함이 자신이 받게 될 복의 크기와 비례한다고 생각하거나 연등 행렬의 장엄함을 보며 신심을 충족하는 데 그치는 불자들도 적잖은 현실입니다. 등을 달고 나서 불전에서 수십 번, 수백 번 절을 하면서 소원을 빌기도 합니다. 자신의 소원이 타당한지, 그 소원이 욕심인지 서원인지를 생각하지도 않고 무조건 등을 단 자체만으로 소원을 이루기 위한 계약이 성사된 듯 생각하기도 합니다. 이 같은 일련의 일들은 연등 및 연등행사의 진정한 의미가 무엇인지 모르는 데서 연유된 그릇된 신행 행태라고 해도 과언이 아닐 것입니다.

빛과 어둠(저녁 노을)

연등 행사의 참다운 의미란 무엇일까요?

연등(燃燈)이란 사를 연, 등불 등으로 등불을 밝힌다는 뜻입니다. 따라서 연등을 달고 연등 행사에 참석하는 것은 부처님의 가르침을 온전히 체화함으로써 무명을 밝히기 위함입니다. 돈을 주고 다는 눈에 보이는 연등뿐 아니라 본래부터 반야의 빛으로 빛나는 연등, 즉 내면의 불성을 증득하기 위함이 연등행사의 본 목적입니다.

불성이, 본래면목이 찬연이 발현되는 참다운 부처님 제자로 거듭나겠다는 간절한 마음으로 연등을 달아야 합니다. 연등을 달고 연등행사에 참석하는 매 순간순간마다 살아서 꿈틀대고 있는 연등이 반야의 빛으로 넘쳐나고 있음을 깨달아야 합니다.

이같은 연등 행사의 속 깊은 의미를 잘 드러내고 있는 '빈자의 등'이란 아름다운 이야기가 있습니다.

어느 날 밤 바사닉왕은 부처님을 모셔다가 지극정성으로 수천 등불을 밝히고 공양을 올렸습니다. 수많은 사람들이 앞을 다투어 등불을 밝혔는데, 이들 중 가난한 난타라는 여인도 구걸을 해서 마련한 아주 적은 돈으로 몇 방울의 기름을 사서 조그만 등을 하나 밝혔습니다.

밤이 되자 바람이 불어 모든 등불들이 다 꺼져갔지만, 오직 가난한 여인이 밝힌 등불만 꺼지지 않고 점점 빛을 내며 새벽녘에 이르렀습니다. 어째서 기름이 넉넉한 다른 등불들이 바람에 꺼졌음에도 불구하고 오직 난타라는 여인이 단 작은 등불만이 꺼지지 않고 어둠을 밝혔을까요?

금년 부처님오신날, 어떤 마음으로 연등을 달아야만 난타라는 가난한 여인이 단 등불처럼 모진 바람에도 꺼지지 않고 온 누리를 밝힐 수 있을까요?

귀로 보고, 눈으로 듣는다

제4장

선(禪)의
뒤안길

전생엔
그랬었지

전생 중에서도 아주 오래전의 전생, 수많은 전생 중 중국 산동성에 살았을 때는 그랬었다. 그때 나는 도교 발생지인 태산을 동쪽에 두고 살았다. 매일 아침 태산에서 이글거리며 떠오르는 태양을 보며 성장했고, 철들고 늙어갔다.

그런데 말년에 인생의 의미를 찾기 위해 주유천하에 나섰다. 주유천하 중 북경의 한 객잔에서 비슷한 연배의 나그네와 하룻밤 머물며 친구가 되었다. 잠도 오지 않고 해서 각자의 고향 얘기를 나누게 되었다.

친구에게 먼저 멍석을 깔아 줬다. 그 친구가 "자신의 고향 마을의 저녁놀이 얼마나 장엄한지 아느냐"며 얘기 보따리를 풀기 시작했다. 말로써는 표현조차 어려운 그 장쾌한 태산준령 너머로 서서히 자취를 감추는 태양의 모습을 보며 세상사 모든 시름을 잊을 수 있었다고 말했다. 살

포시 두 눈을 감고 아스라한 고향 생각에 미소까지 머금었다.

수십 년 동안 떠오르는 태양과 함께 바라보던 그 태산으로 태양이 진다는 말을 눈 하나 깜박이지 않고 버젓이 해대는 친구를 보며 아주 괘씸하다는 생각과 함께 분노가 일었다.

그렇게 둘은 자신의 마을에서 본 태산의 위치를 기준으로 "태산은 동쪽에 있다" "아니다, 태산은 서쪽에 있다"를 반복하며 상대방을 설득시키고 굴복시키기 위한 끝없는 논쟁으로 밤을 지새웠다. 두 사람은 각자의 주장에 대해 확신에 차 있었고 진솔했기에, 서로서로에게 한 치의 양보도 할 수 없었다. 결국 두 사람은 동행하여 각 자의 고향을 순차적으로 방문해 사실을 확인해 보기로 했다. 태산에서 태양이 떠오르는지, 태산 쪽으로 태양이 지는지를 확인해 보자는데 이르러서야 두 사람은 처음으로 의견일치를 보았다.

끝이 없던 논쟁을 뒤로 하고 객잔 문을 박차고 나온 두 사람은 사실 확인을 위해 고향으로 발길을 돌렸다. 석 달 보름여의 시간이 지난 어느 날 우리는 태산의 동쪽에 자리잡은 친구의 마을에 도착했다. 마침 해가 뉘엿뉘엿 지는 저녁 무렵이었다. 놀랍게도 태양은 천하를 깔고 앉은 그 장엄한 태산 쪽으로 넘어가고 있었다. 친구의 말은 사실이었다. 그 모습을 보자니 눈물이 주루룩 흘렀다. 친구가 거짓말을 하고 있다는 부정적인 생각을 내려놓게 되자 돌연 마음의 눈이 떠지면서 태산이 어느 곳에 있는 것인지, 그 있는 곳을 분명하게 알게 되었다. 태산이 있는 곳을 깨닫게 되자 친구를 부둥켜안고 엉엉 울고 말았다. 나의 울음소리에 친구의 귀가 열렸고 마음의 눈마저 활짝 떠짐으로써 비로소 태산이 있는 곳을 깨닫게 되었다.

우리는 밤새 아무 말 없이 술잔을 기울였다. 새벽녘이 되어 날이 밝아오기 시작하자 누가 먼저랄 것도 없이 과거, 현재, 미래의 삼생에 두루 회통하게 되었다. 시간과 공간에 걸림 없게 되자 두 사람은 단숨에 태산을 훌쩍 뛰어넘어 여명 속에서 배시시 그 모습을 드러내고 있는 어슴푸레한 태산을 만끽했다. 잠시 후 태산에서 떠오르는 장엄한 일출의 황홀함까지 꿀꺽 삼킨 뒤 나의 집으로 돌아가 깊은 잠에 빠져 들었다. 3일 동안의 긴긴 잠에서 깨어난 우리는 다시 주유 천하에 나섰다. 그리고 가는 곳곳마다 태산에 대한 어떤 얘기를 들어도 귀가 거슬리지 않게 되었다. 태산이 동쪽에 있다고 하든, 서쪽이라고 하든, 남쪽이라고 하든, 사방팔방 어느 쪽이라고 해도 더이상 마음을 쓰지 않게 되었다.

태산이 동쪽에도, 서쪽에도, 남쪽에도, 북쪽에도 다 있을 수 있다는 것은, 태산은 결코 동쪽에도, 서쪽에도, 남쪽에도, 북쪽에도 위치해 있지 않다는 것이다. 그렇다면 과연 태산은 어느 곳에 있는 것일까?

태산이 있는 곳은 어디인가?
해저생성처(海底生星處) 즉, 바다 밑 별 뜨는 곳!

귀로 보고, 눈으로 듣는다

몽(夢) 행자와
광명 보살

　세상의 그 어떤 물도 자신의 품속으로 받아들인다는 바다를 보기 위해 몽(夢) 행자는 노스님을 모시고 길을 나섰다. 걸어서 왕복 대여섯 시간 정도의 거리에 있는 동해로 향했다. 산문을 막 벗어나는 순간, 두 세 시간 후면 바다를 볼 수 있겠다는 생각만으로도 몽 행자의 가슴은 설레기 시작했다. 애써 태연한 체 해보지만, 사형들에게 말로만 들었던 바다를 직접 볼 수 있다는 생각에 몽 행자의 발걸음은 구름 위를 날았고, 가슴 속에선 터보엔진이 돌아갔다.

　노스님과 몽 행자는 산문을 벗어나 사하촌에 접어들자마자 앞을 보지 못하면서도 그 어느 신도보다도 자주 불공을 드리러 오는 광명 보살과 마주쳤다.

노스님께서 반갑게 인사를 건넸다.

"광명 보살님! 귀로 보고 눈으로 듣는 일은 잘 되어 가는지요?"

광명 보살이 대답했다.

"노스님 안녕하세요? 네~ 열심히 하긴 하는데. 그런데 어디 좋은 데 가시나 보죠?"

노스님께서 짧게 대답하셨다.

"몽 행자 소원 풀어주려고 바다구경 갑니다."

광명 보살이 말끝을 흐리면서도 노스님에게 겨우 들릴 만큼의 목소리로 혼잣말 비슷하게 말했다.

"나도 동행하고 싶은데, 오늘은 별로 바쁜 일도 없고 바다 구경도 하고 싶고……"

비록 눈으로 볼 순 없지만 육신이 더 노쇠하기 전 바다 냄새라도 한번 더 맡아보고 싶다는 광명 보살의 간절한 눈빛을 보신 노스님께서 동행을 허락했다. 당초 계획에 없던 일이기도 하지만, 평소에도 광명 보살과 마주치기만 하면 이런저런 의견 대립이 잦았던 몽 행자는 왠지 동행을 한다는 것이 달갑지 않았다.

동해에 도착해 바다를 보고 점심 공양을 한 후, 날이 저물기 전에 암자로 돌아와야 하는 까닭에 서둘러서 길을 재촉했다. 그러나 당초 예상과 달리 점심시간이 훌쩍 지난 시점에서야 겨우 망상재를 올려다 볼 수 있

귀로 보고, 눈으로 듣는다

게 되었다. 광명 보살의 발걸음에 보조를 맞춘 탓도 있지만, 가을비가 추적추적 내렸기 때문이었다. 그래도 동해를 보고 날이 어둡기 전에 절에 도착하는 것이 어렵지만 않을 듯 했다. 망상재만 넘으면 바로 동해 바닷가이기 때문이다.

몽 행자는 가쁜 숨을 몰아쉬며 일행 중 제일 먼저 망상재에 오르자마자 아~ 하며 탄성을 발했다. 비가 그친 하늘 위에 장엄하게 걸려 있는 무지개를 보았기 때문이다. 노스님께서도 입가에 잔잔한 미소를 지으시며 몽 행자와 동시에 탄성을 발하셨다. 광명 보살은 그 순간, 얼굴에 스쳐가는 뭔지 모를 불안감을 얼른 감추고, 곧바로 어색한 웃음과 함께 셋 중 가장 길고 힘차게 아~ 하는 탄성을 토해냈다. 평소에도 광명 보살과 티격태격하기로 유명한 몽 행자가 이때를 놓칠세라 입가에 하나 가득 비웃음을 머금고 한마디 툭 던졌다.

"보살님! 갑자기 소리는 왜 지르셨어요? 무슨 일이 일어났는지 알기나 하세요? 고개 마루에 오르니 바다에 뭐 신기한 것이라도 떠있는 것을 보셨나 보죠?"

몽 행자는 자신은 무지개를 볼 수 있는 정상인이지만, 맹인인 광명 보살은 결코 무지개를 볼 수 없다는, 별로 새삼스러울 것도 없는 사실을 약삭빠르게 계산해 내고 광명 보살에게 화살을 쏘았다. 광명 보살에게 앞을 보지 못한다는 사실을 확인시켜 주는 동시에, 바다 위에 무엇이 떠 있느냐는 물음으로 광명 보살을 난처하게 만들기 위한 함정까지 팠다. 그러나 광명 보살이 누구인가? 스무 살 시절부터 신(神)을 받아 온갖 사람들의 가슴 아픈 사연을 들으며 동고동락한 사십여 년의 내공을 자랑하는 영험한 보살이 아닌가? 그런 광명 보살에게 망상재에 오를 즈음에 빗소리가 그쳤고, 몽 행자와 노스님이 거의 동시에 탄성을 발했다는 사실을 조합해, 하늘에 무지개가 뜬 정황을 알아차리는 것은 어려운 일이 아니었다.

몽 행자는 비 그친 고개 마루에 서서 짐짓 무지개를 본 듯이 감탄하는 광명 보살을 인정하기 싫었다. 그뿐 아니라, 은근히 못마땅하게 생각했다. 노스님과 몽 행자로부터 낯선 이방인이 되지 않으려는 광명 보살의 반 박자 늦은 안쓰러운 몸부림을 받아들이지 못했다. 어떠한 물도 마다하지 않는 바다를 닮고 싶다고 입버릇처럼 말했던 몽 행자지만 자신도 모르는 사이에 광명 보살을 향한 마음속 칼을 꺼내들고 말았다. 광명 보살은 눈앞에 벌어진 상황으로 인해 몸둘 바를 몰라 했다. 존경하는 노스님이 동행하고 있다는 사실 때문에 광명 보살의 부끄러움은 더 컸다. 부끄러움은 슬그머니 몽 행자에 대한 분노로 바뀌어가기 시작했다.

노스님으로부터 받은 방하착(放下着) 화두를 안간힘을 다해 챙겼다. 그러나 마음속 깊은 곳에서 올라오는 몽 행자에 대한 서운함과 뭔지 모를 억울한 감정이 울컥거렸다. 몽 행자에 대한 이런저런 감정들을 겨우겨우 얼굴 속으로 꾸겨넣은 광명 보살의 머릿속에 갑자기 한 줄기 빛이

귀로 보고, 눈으로 듣는다

스쳐갔다. 몽 행자가 7년여의 짧은 인생을 산에서만 살았다는 생각을 해 냈다. 또한 건강이 좋지 않았던 탓에 따로 공부라는 것을 해보지 못한 사 실을 떠올렸다. 바다를 향하는 광명 보살의 발걸음에 속도가 붙기 시작 했다. 내리막 길 이란 이유도 있지만, 몽 행자는 모르고 자신만 아는 무 지개에 대한 이런저런 얘기들로 분주하게 침을 튀기느라 신이 났기 때 문이다. 그동안 수권의 점자책을 통해 기억하고 있는 무지개에 관한 해 박한 지식들을 토해내면 낼수록 잔뜩 주눅이 들어가는 몽 행자를 온 몸 으로 느끼며 즐기다 보니 어느 덧 광명 보살의 분노는 말끔하게 사라져 버렸다.

노스님과 몽 행자, 그리고 광명 보살 일행은 드디어 바닷가에 도착했 다. 시원한 바다 바람과 비릿한 바다 내음이 세 사람을 반갑게 맞아주었 다. 눈이 보이지 않는 광명 보살의 코는 그 어느 때보다도 평수를 넓히며 벌름벌름 거렸다. 귀 또한 미사일기지의 레이더망처럼 분주하게 움직이 며 여기저기서 들려오는 갈매기 소리와 파도소리에 흠뻑 빠져들고 있었 다. 고개 마루에서의 무지개와 몽 행자에 대한 불편했던 기억들은 까맣 게 잊고 온통 바다와 하나가 되어 갔다. 노스님과 광명 보살의 마음이 바 다 속으로 풍덩 사라진 것과 달리 몽 행자의 마음속에선 수천 마리의 벌 들만 날아다녔다. 무지개가 뜨는 원리 등 알듯 모를 듯 처음 들어 본 애 기들과 왠지 모를 광명 보살의 얄미운 얼굴 표정이 뒤엉킨 채 지워지지 않았다. 몽 행자가 바닷가에 도착해서 한 일이라곤 고작 멀리 보이는 수 평선을 힐끗 쳐다본 것 외에 광명 보살과 무지개로 인한 가슴앓이가 전부었다.

광명 보살은 바다와의 진한 해후를 만끽하고 가슴에 품었던 바다를 뒤로한 채 신이 나서 아무 곳에나 대고 소리쳤다.

"몽 행자님! 이제 바다는 그만 보시고 점심 공양하러 가셔야죠?"

광명 보살의 목소리를 듣고 혼자서 멀리 떨어져 뭔가 골똘한 생각에 잠겨있던 몽 행자가 합류했다. 세 사람은 곧장 점심 공양을 하기 위해 바닷가 근처의 식당가로 발걸음을 옮겼다. 노스님은 몽 행자를 위해 중국 음식점으로 들어가셨다. 그토록 좋아하는 중국집에 왔는데도 몽 행자는 기쁜 마음으로 짜장면 곱빼기를 외치지 않았다. 몽(夢) 행자는 이름처럼 환한 얼굴 표정의 광명 보살과 대조를 이루며 침묵을 지켰다. 무엇인가를 골똘히 생각하는 듯 고개를 푹 숙이고 있던 몽 행자가 돌연 고개를 들며 울음을 터트렸다. 그리고 망상재가 있는 쪽을 손으로 가리키며 소리쳤다.

"바닷가에 도착하기 전 저기 망상재에서 무지개를 봤어요. 여기 이 광명 보살님만 봉사라서 그 멋진 장관을 볼 수 없었어요. 그런데도 보살님은 무지개를 본 것처럼 제일 크게 감탄사까지 연발했어요. 그것만으로도 모자랐는지 오는 내내 무지개에 대해 이런저런 아는 소리를 하며 저를 무시했어요."

귀로 보고, 눈으로 듣는다

식당 안 사람들의 수군거림이 그칠 때까지 조용히 계시던 노스님께서 몽 행자를 자애롭게 바라보시며 조용히 입을 여셨다.

"누군가 앞을 보지 못한다고 해서 그를 놀릴 필요는 없다. 그가 앞을 보지 못한다는 사실을 군이 확인시켜 줄 필요 또한 없다. 보지 못함을 탓하거나 무시하기보다는 그가 눈을 뜰 수 있도록 도울 수 있는 방법이 무엇인가를 찾아보는 것이 귀한 법이다. 그리고 자신이 도울 수 있는 방법이 있다면 성심을 다해 도울 뿐이다. 이것이 절집안의 자비고 보살행이다. 지금 가장 시급한 것은 몽 행자 스스로가 제 눈 속에 모래를 집어넣는 짓을 멈추는 일이다."

노스님의 열반과
몽(夢) 행자의 깨달음

암자는 한낮인데도 고요했다. 고요하다는 생각마저 삼켜버릴 만큼 적막했다. 암자의 모든 대중들이, 가부좌를 틀고 미동조차 없이 정에 들어 계신 노스님 주변에 모여 앉아, 덩달아 숨죽인 채 침묵 속으로 빠져 들었기 때문이다.

깊은 산중인 탓에 암자에서 생활하는 대중이라야 고작 노스님과 50대 초반의 주지스님, 3년 전 눈이 펑펑 내리던 어느 날 노스님을 찾아와 시봉을 자처한 나이를 가늠하기 어려울 만큼 동안인 명심스님, 그리고 아직도 밤이 되면 어둠을 두려워하며 남몰래 노스님의 방으로 숨어드는 여덟 살의 몽(夢) 행자와 공양주 소임을 맞고 있는 대덕화 보살이 전부였다. 아침공양만 마치면 절을 벗어나 뒷산의 이곳저곳을 싸돌아다니는 것이 몽 행자의 하루 일과였다. 그러다보니 몽 행자는 아직 초발심자경

문조차 외우지 못했다. 노스님께서 열반에 든다고 예고하신 날인데도 불구하고 몽 행자만 어디론가 사라진 채 모습을 보이지 않았다.

일양(一陽)이 시생(始生)한다는 동지(冬至)를 하루 앞둔 탓인지 어젯밤엔 유난히 춥고 매서운 바람이 불었다. 암자 뒷산에서 들려오는 목탁 새소리와 미친 듯이 울어대는 바람소리는 몽 행자를 흔들어 깨우며 뒤척이게 했다. 몽 행자는 노스님의 따뜻한 품이 그리웠지만 "나이가 몇 살인데 혼자서 잠 하나 제대로 못자고 노스님을 귀찮게 해 드리느냐?"는 주지스님의 호된 꾸짖음이 생각나 선뜻 문을 열 용기를 내지 못했다. 그런데 갑자기 노스님의 달콤한 목소리가 들려 왔다.

" 몽 행자, 뭐 하시나. 이리 건너와 같이 자야지"

잠 못 이루며 이리저리 뒤척이던 몽 행자의 몸이 용수철처럼 튕겨져 일어났다. 몽 행자는 쏜살 같이 조실방문을 열고 노스님의 품속으로 파고들었다. 한참 동안 몽 행자를 꼬옥 안고 계시던 노스님께서 말씀하셨다.

"몽 행자, 노승이 내일 오시(午時)에 열반에 듭니다. 사시 불공 마친 후 두어 시간 동안이 오시인 것은 아시지? 대중들에게는 내일 아침 공양을 마치고 직접 말할 테니 그리 알고… 우리 몽 행자님은 아침 공양만 자시면 또 뒷산으로 출타하실 것 같아서 미리 말씀드리는 기라. 내가 떠나더라도 부처님 공부 잘 하소"

몽 행자는 노스님의 말씀을 듣고 자신이 부처님 공부는 안 하고 매일
산으로만 나돌아다녀서 겁을 주기 위한 말인가 의심이 들었다. 그러면서
도 왠지 노스님께서 떠나시면 어쩌나 하는 불안감이 엄습해 오면서 자
신도 모르게 질문이 툭 튀어 나왔다.

"노스님! 부처님 공부가 뭐예요?"

노스님께서 입가에 잔잔한 미소를 지우시며 흐뭇한 표정으로 나직하
게 대답하셨다.

"우리 몽 행자님이 좋아하는 눈깔사탕보다 더 달콤하고 맛있는 사탕
의 맛을 보는 것이지요. 몽 행자님이 꼭 한번 그 사탕 맛을 봐야할긴데"

노스님께선 더이상의 말씀이 없으셨다. 다시 한번 몽 행자를 꼭 끌어
안으시곤 깊은 잠에 드셨다. 몽 행자는 노스님의 말씀을 듣고 뭔가 모를
묘한 느낌을 받으며 이런저런 생각에 잠을 이루지 못했다.

"그동안 광명 보살님이 절에 올 때마다 싸 가지고 온 눈깔사탕을 숨겨
놓고 나 혼자서만 먹은 사실을 노스님께선 다 알고 계시나? 노스님께서
도 너무 먹고 싶었을 거야. 지금은 다 먹고 없지만 다음에 광명 보살님이

눈깔사탕을 가지고 오면 꼭 노스님께 먼저 드려야지."

몽 행자의 마음은 이내 편안해졌다. 다음부터는 노스님께 꼭 눈깔사탕을 드리기로 결심을 하자, 그동안 혼자서만 맛있는 눈깔사탕을 먹었다는 죄책감이 줄어들었다. 다음에는 무조건 노스님께 먼저 눈깔사탕을 드리고 난 후 먹어야지 하는 생각이 희미해질 즈음 몽 행자는 깊은 잠 속으로 빠져 들었다 .

날이 밝았다. 여느 때와 다름없이 대중이 모두 모여 아침 공양을 마쳤다. 몽 행자는 아침 공양 내내 노스님의 얼굴 표정을 살펴보았지만, 평소와 다른 모습을 조금도 발견하지 못했다. 다만 평소보다 적은 양의 밥을 드셨을 뿐이었다. 평상시 같았으면 공양을 마치자마자 서둘러 공양간을 빠져 나와 양치질도 하는 등 마는 등 서둘러 산으로 향했을 몽 행자가 오늘은 웬일인지 자기 방으로 돌아갔다.

방안에 누워 이리 뒹굴 저리 뒹굴 하다 보니 어느 덧 사시 불공이 끝났는지 목탁소리가 들리지 않았다. 겨울 한 낮의 암자에는 다시 침묵이 흘렀고, 잠시 후 법당 문을 여는 소리와 함께 카랑카랑한 노스님의 목소리가 들렸다.

"주지스님, 명심스님, 대덕화 보살님 다들 노승의 방으로 와서 차 한잔 하세요."

몽 행자는 평소 같으면 이 시간에 암자에 있지도 않았을 뿐더러, 별 맛도 느껴지지 않는 차를 마시는 일에 관심도 없었다. 그런데 어제 밤에 노스님으로부터 들은 얘기도 있고 해서 잠시 망설이다가 노스님의 방으로 향했다.

노스님께서 막 찻잔을 내려놓으시다가 방안으로 들어오는 몽 행자를 보시며 말씀하셨다.

"오호 우리 몽 행자가 대낮에 암자를 다 지키고 있었다니…… 대중을 이렇게 모이라고 한 이유는 노승이 오늘 사시 불공을 끝으로 몸을 벗으려고 한다는 사실을 알리기 위해서입니다. 혹시라도 궁금한 것이 있으면 질문들 하세요. 그리고 노승이 죽은 뒤 번거로운 절차는 모두 생략하세요. 향 하나 피우고 심경 한편 외운 뒤 화장을 할 뿐, 사리는 수습을 할 필요가 없습니다."

노스님의 말씀이 끝났지만 누구도 질문을 하는 사람은 없었다. 질문대신 어금니를 꽉 깨문 채 울음을 참느라 여념이 없었다. 유독 대덕화 보살의 어깨가 출렁거리는 것이 눈에 띄었다. 대중 한 사람 한 사람을 찬찬히 살펴보신 노스님께서는 벽을 향해 돌아앉아 곧 바로 깊은 선정에 들었다. 이같은 광경을 지켜 본 몽 행자는 벌떡 일어나 방문을 열고 뛰쳐나갔다.

귀로 보고, 눈으로 듣는다

"이제 길어야 두어 시간 정도 밖에 시간이 없는데, 빨리 뛰어갔다 와 야만 노스님께 눈깔사탕을 드릴 수 있는데……"

몽 행자는 쏟아져 내리는 눈물을 닦을 사이도 없이 사하촌 광명 보살 집으로 뛰고 또 뛰었다. 뛰는 내내 노스님께서 열반에 드시기 전 눈깔사 탕을 드려야지 하는 생각뿐이었다. 짜장면을 사 먹으러 오는 길 외에는 항상 힘에 부치고 지루하기에 투덜댔던 길이었지만 어떻게 왔는지조차 모르게 한달음에 산길을 벗어나 광명 보살의 집에 도착했다.

"광명 보살님! 눈깔사탕 있는대로 다 주세요. 노스님께서 입적하시려 고 해요. 돌아가시기 전에 꼭 눈깔사탕을 드시게 하고 싶어요. 눈깔사탕 이 어디에 있는지만 말해 주세요. 제가 가지고 갈게요."

법당에 부처님을 모시고 있으면서 점사를 보는 광명 보살은 맹인이다. 그래서 몽 행자는 자신이 직접 눈깔사탕을 찾아서 챙기는 것이 한시라 도 빨리 암자에 도착할 수 있다는 생각에 눈깔사탕이 있는 곳을 물었던 것이다. 광명 보살은 몽 행자의 말을 듣자 일순간 당황해 하며 더듬거렸 다.

"요새 날이 너무 추워서, 굿이 통 없었는데… 눈깔사탕이 내 방에 혹 시 한 두알 남아 있으려나?"

몽 행자는 그 말이 떨어지자마자 더욱더 조급한 마음으로 광명 보살의 방문을 열고 들어가 이리저리 눈깔사탕을 찾았다. 몽 행자가 사하촌의 구멍가게들에서 파는 사탕이 아니라 광명 보살이 굿을 할 때나 쓰는 눈깔사탕을 고집하는 것은 특별한 이유가 있었다. 몽 행자가 어렸을 때 눈깔사탕만 먹고 밥을 먹지 않아서 주지스님께 혼줄이 나던 날에 있었던 노스님과의 추억 때문이다. 눈깔사탕에 입 주위는 물론 혓바닥까지 빨갛게 물든 채 울고 있는 몽 행자에게 노스님께서 다가오셨다. 꼭 안으시곤 등을 토닥이며 귓속말로 속삭이셨다.

"몽 행자님! 노승도 눈깔사탕이 밥보다 더 좋아요. 그러니 울지 마세요. 눈깔사탕만 먹고 밥을 먹지 않으면 키가 잘 안 크니까 주지스님이 몽 행자님을 위해 혼내신 거 잘 알지요?"

그날 이후 몽 행자는 노스님께서도 눈깔사탕을 제일 좋아 한다고 생각했다. 그러면서도 광명 보살이 절에 올 때마다 한 봉지씩 싸 가지고 온 눈깔사탕을 노스님께는 한번도 드리지 않고 혼자만 먹었다.

광명 보살의 방안 여기저기를 뒤져도 눈깔사탕이 보이지 않자 더이상 찾는 일을 포기했다. 구멍가게에 들려 막대사탕이라도 사가지고 돌아가려고 막 방문을 열려고 하는 순간, 방문 바로 위 선반에 신문지로 덮인 채 반짝이는 스테인리스강 대접이 하나 눈에 띄었다. 혹시나 해서 신문지를 치우고 그 대접 속을 들여다보자 빨갛고 하얀 줄이 쳐진 눈깔사탕

하나가 몽 행자를 애타게 기다리고 있었다. 기쁜 마음에 눈깔사탕을 손에 꼭 쥐고 암자로 향하는 십여 리의 산길을 한달음에 뛰어올랐다. 오직 노스님이 입적하시기 전에 도착해야지 하는 일념에 온몸이 땀으로 범벅이 되는 줄도 모른 채 달리고 또 달렸다. 멀다거나 힘들다거나 춥다거나 달린다는 생각조차 없었다. 몽 행자도, 시간도, 공간도, 다 사라졌다.

시계 바늘이 한시 반을 향하며 오시(午時)가 막 끝나가려고 하는데도 노스님께서는 벽을 향해 미동도 하지 않고 앉아만 계셨다. 주지스님과 명심스님, 그리고 대덕화 보살도 이미 눈물을 그치고 고요하고 또렷한 마음으로 침묵에 들어 있었다. 그때 방문이 열리며 온 몸이 땀으로 젖은 채 김을 모락모락 피워내는 몽 행자가 오른 손을 움켜 쥔 채 들어 왔다. 숨소리조차 내시지 않던 노스님께서 방문이 열리는 동시에 몸을 돌려 몽 행자를 바라 보셨다. 몽 행자는 노스님과 눈이 마주치자 오른 손을 불쑥 내밀며 손바닥을 펴보이다 말고 암자가 떠내려 갈듯 오열하기 시작했다. 몽 행자는 고통스럽게 울음을 참으면서 허탈한 표정으로 손바닥을 힐끗 쳐다본 뒤 노스님께 말했다.

"제가 사하촌에 가서……"

그때 노스님께서 환하게 웃으시며 말씀하셨다.

"몽 행자님 다 알아요. 그것으로 되었어요."

몽 행자는 노스님의 환한 얼굴 표정과 다 아신다는 말씀에 마음의 평정을 되찾았다. 눈깔사탕이 녹아없어진 사실에 대한 아쉬움도 노스님께 사탕을 드리지 못한 안타까움도 붉은 화로위에 떨어진 한 송이 눈처럼 순식간에 녹아 없어졌다. 그 순간 유리알보다 더 맑고 투명해진 몽 행자의 두 눈에 돌연 쭉 펴고있던 오른 손바닥이 들어왔다. 한 겨울임에도 불구하고 몽 행자의 붉은 단심(丹心)과 온몸의 열기에 눈깔사탕이 흔적도 없이 사라진 빈 손바닥을 천천히 바라보았다. 태어나 처음으로 자신의 손바닥을 온전하게 보았다. 손바닥에 나 있는 미세한 실금들까지 하나하나 선명하고 또렷하게 눈에 들어왔다. 그 순간 몽 행자는 고개를 들어 노스님을 바라보았다.

그때 몽 행자와 눈을 마주치신 노스님께서 단호하게 말씀하셨다.

"몽 행자 알겠느냐? 그것이 바로 눈깔사탕보다 더 달콤하고 맛있는 사탕이니라. 이제 몽 행자가 그 맛있는 사탕의 맛을 보았으니 떠나야겠구나!"

노스님께서는 임종게(臨終偈) 대신 오른손 검지로 허공에 별 셋 아래 반달을 그려 보이신 후 곧바로 열반에 드셨다. 몽 행자는 노스님이 떠나신 텅 빈 산사에서 홀로 깊은 밤을 맞으면서도 더이상 무서워하지 않았다. 목탁 새 울음소리와 바람이 울부짖는 소리에 깜짝 놀라서 잠을 깨는 일도 더이상 없었다. 잘 기억나지도 않는 속가의 엄마를 애타게 그리워

귀로 보고, 눈으로 듣는다

하며 찾아헤매는 꿈도 더이상 꾸지 않았다.

노스님 열반 일주기가 하루 앞으로 다가 왔다. 몽 행자는 머리맡에 잘 챙겨 둔 눈깔사탕 봉지를 다시 한번 손으로 더듬어 확인한 후 스르르 두 눈을 감고 잠을 청했다. 내일 노스님 열반 추모재에 올릴 눈깔사탕을 떠올리고 있는 것일까? 두 눈을 감고 깊이 잠든 몽 행자의 얼굴은 우는 듯, 웃는 듯 부처님 얼굴처럼 환하게 빛났다.

千山萬水路　산 넘고 물 건너는 아득한 먼길
天涯獨去身　하늘 끝으로 홀로 가는 몸이여
莫論去與住　가고 머무는 것을 말하지 말라
都是夢中人　그 모두 꿈 속의 사람인 것을!

혜암현문 선사(1884~1985)

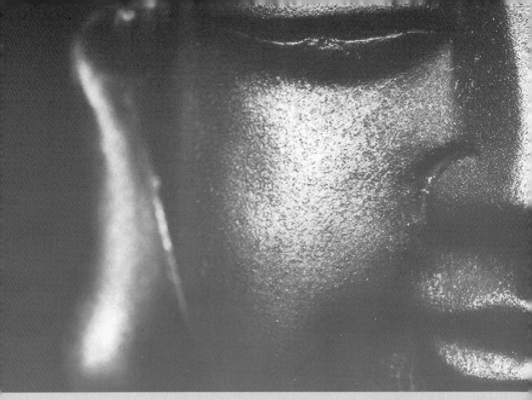

무이십관
(無二十關)

- 무이십관의 공안들은, 경허 -만공선사로 전해지는 불조의 혜명을 이으신 불조 정맥 제77대인 혜암 현문선사(1886.1.5~1985.5.19)께서 학인들을 점검하고 탁마하셨던 공 안들임을 밝힙니다.

- 무이십관은 1관부터 순차적으로 참구하고, 점검 및 탁마는 아래 메일이나 전화로 하시면 됩니다. bsh5904@hanmail.net 또는 010-9495-9416.

제1관
수미산화(須彌山話)

운문 선사께서 "한 생각을 일으키는 것이 죄라" 하시니

학인(學人)이 "한 생각(一念)도 일으키지 아니하였는데(不起) 어떻습니까? 하고 물었다.

운문 선사께서 "죄가 수미산(須彌山)같이 크다"고 하시었다.

⊕ 한 생각도 일어나지 아니하였으면 죄(罪)가 없을 것인데, 운문 선사께서는 왜 수미산처럼 죄가 크다고 하시었는가?

⊕ 어찌 해야 죄를 짓지 않겠는가?

제2칙
탁마명안(琢磨明眼)

백장선사께서는 영가를 천도할 때 다음의 게송을 일러주라고 하셨다.

靈光獨耀(영광독요) 신령스런 광명이 홀로 빛나매

逈脫根塵(형탈근진) 멀리 근진을 벗어났고,

體露眞常(체로진상) 본체가 그 진상을 드러내니

不拘文字(불구문자) 문자에 아무 걸림이 없다.

眞性無染(진성무염) 참된 성품은 물들음이 없어

本自圓成(본자원성) 본래 스스로 원만히 이루어졌거니,

但離妄緣(단리망연) 다만 망령된 인연만 여의면

卽如如佛(즉여여불) 그것이 여여한 부처니라.

❀ 이 게송의 마지막 글자인 佛자에 때가 묻었다. 佛자 대신 어떤 글자를 놓아야 하는
가? 그 까닭은 무엇인가?

제3관
양일아(養一鵝)

옛 사람이 병속에 거위를 넣어 길렀는데,

그 거위가 점점 자라 병속에 꽉 차게 되었다.

● 거위를 죽이지도 말고 병을 깨지도 말고

　어찌하면 거위를 꺼낼 수 있겠는가?

제4관
남전참묘(南泉斬猫)

남전스님 문하에 동당과 서당이 있었다. 어느 날 동당, 서당 스님들 사이에서 절에 살고 있는 고양이 한 마리의 소유를 놓고 분쟁이 일어났다.

이를 본 남전 스님이 한 손에 시퍼런 칼을 들고 또 다른 한 손엔 고양이를 움켜잡아 번쩍 들어올려서 다투고 있는 제자들을 향해 말했다.

"도에 맞는 한마디를 제대로 이르면 고양이를 살려주고, 이르지 못하면 고양이를 베리라."

끝내 제자들이 아무 말도 없자 남전스님이 들고 있던 칼로 고양이를 두 동강 냈다.

남전스님께서, 외출했다가 밤늦게 돌아온 조주스님에게, 낮의 일을 이야기하며 "조주 자네라면 어떻게 했겠느냐?"고 물었다.

조주스님이 아무 말 없이 짚신을 벗어 머리에 이고 나가버렸다.

이를 본 남전스님은 고개를 끄덕이며 "조주 네가 있었다면 고양이 목숨을 구할 수 있었을 텐데"라고 말씀하셨다.

● 어째서 조주스님께서는 짚신을 벗어 머리에 이고 나가셨는가?

제5칙

덕산탁발(德山托鉢)

덕산선사께서 공양이 늦어지자 손수 발우를 들고 공양간으로 향하셨다. 공양주이던 설봉스님이 덕산선사를 보고 "종도 치지 않고 북도 울지 않았는데 어디로 가십니까?"하고 묻자, 덕산선사께서 아무 말 없이 방장실로 돌아가셨다.

설봉스님이 사형인 암두스님에게 이 일을 이야기하자 암두스님이 "덕산 늙은이가 말후구(末後句)를 알지 못한다"고 말했다.

- 어떤 것이 말후구인가?
- 어느 곳으로 간다고 답하겠는가?

제6관
성색이자(聲色二字)

학인이 법안 조실스님께 여쭈었다.

"성색 이자(聲色二字)를 여하(如何)히 투득(透得)하여야 합니까?

즉 소리와 형상, 이 두 글자를 어떻게 깨달아 얻어야 합니까?"

조실 스님께서 대답하셨다.

"저승문처(這僧問處)를 친답착(親踏着)하라.

즉 네가 묻는 곳을 몸소 밟아 이르러 보아라."

이에 대해 자수선사께서 송하셨다.

聲色元來兩個字(성색원래양개자) 성색이란 원래 두 낱글자인데

這僧不透眼中沙(저승불투안중사) 눈 속 모래알을 투철치 못했다.

黃鶴樓前吹玉笛(황학루전취옥적) 황학루 앞에서 옥피리를 부니

江城五月落梅花(강성오월낙매화) 강성 오월에 매화가 떨어진다.

❀ 옥피리는 무슨 옥피리이며, 매화는 무슨 매화인가?

제7관
단지불회(但知不會)

보조국사께서 "단지불회 시즉견성(但知不會 是卽見性)"이라,

즉, 다만 알지 못할 줄을 알면 이 곧 견성이라고 하셨다.

◉ 무엇을 알지 못할 줄 알아야 하는가?

귀로 보고, 눈으로 듣는다

제8관
만법귀일(萬法歸一)

萬法歸一 一歸何處(만법귀일 일귀하처)?

만법은 하나로 돌아가는데, 그 하나는 어디로 돌아가는가?

이같은 물음에 조주스님께서는

"내가 청주에 있었을 때 삼베로 옷을 만들었는데,

그 무게가 일곱 근이나 된다."고 답하셨다.

- 만법이 하나로 돌아간다고 했는데, 하나란 무엇인가?
- 하나는 어느 곳으로 돌아가는가?
- 조주스님께서 "내가 청주에 있었을 때 삼베로 옷을 만들어 입었는데 그 무게가 일곱 근이나 된다."고 하신 의지가 무엇인가?

제9관
조주구자(趙州狗子)

조주선사께 "개에게도 불성이 있습니까? 없습니까?" 하고 묻자

조주 선사께서 "無(무)!"라고 대답하셨다.

- 어째서 '無'라고 했는가?
- '無' 이전에는 무엇이 있었나?
- 어느 때 똑같은 질문에 대해 '有'라고 대답 하셨다.
  어째서 '有'라고 했는가?

귀로 보고, 눈으로 듣는다

제10관
염화미소(拈華微笑)

부처님께서 영산회상(靈山會上)에서 설법하실 때 백만억 대중을 앞에 두고, 꽃 한 송이를 들어 보이셨다.

이때 오직 가섭(迦葉) 존자만이 미소(微笑)를 지었다.

● 가섭 존자가 웃은 까닭은 무엇인가?
● 부처님께서 꽃을 드신 뜻이 무엇인가?

이 책과 인연이 닿는 모든 독자들께서
눈 푸른 지음자(知音者)가 된다면 행복할 것입니다.

아직 만나지 못한 인연들이 있다면
서로 만나서 두 손을 맞잡고 함께 걸어가기를 서원합니다.

가고 옴

갈 테면 가십시오.
그러나 당신은 갈 수 없습니다.

갈 마음이면

이미 떠나 멀리 있는 까닭입니다.

올 테면 오십시요.
그러나 당신은 올 수 없습니다.

올 마음이면
이미 와서 함께 하는 까닭입니다.

淸源 無二

귀로 보고, 눈으로 듣는다

1판 1쇄 펴낸 날 2014년 2월 4일

저자 청원 무이
발행인 김재경
기획 김성우
디자인 김현민
마케팅 권태형
제작 보현PNP

펴낸곳 도서출판 비움과소통 서울시 영등포구 영등포동7가 29-126 포레비떼 7층 705호
전화 02-2632-8739
팩스 0505-115-2068
이메일 buddhapia5@daum.net
트위터 @kjk5555
페이스북 ID 김성우
홈페이지 http://blog.daum.net/kudoyukjjung
카페(구도역정) http://cafe.daum.net/kudoyukjung
출판등록 2010년 6월 18일 제318-2010-000092호

ⓒ 청원 무이, 2014
ISBN 978-89-97188-49-9 03220

「원인론」과 「발미록」을 번역 · 해설한

인간세계의 근본을 밝히다

정목스님 번역 · 해설 | 신국판 | 양장 | 2도칼라 | 348쪽 | 20,000원

선교회통의 전범이자 팔만장경의 축소판

먼저 중요한 교상판석들의 개요를 보였다. 선교일치(禪敎一致)를 주창한 규봉종밀(780~841) 선사의 「원인론」은 원문을 실어서 번역하였다. 정원 (1011~1088) 법사가 「원인론」을 해설한 「발미록」은 원문을 번역하여 옮 기고, 중요한 글은 원문을 실었으며, 각 장마다 요점을 정리하고 해설 하였다.

불교심리학의 정수

유식삼십송唯識三十頌 강의

이계묵 역해 | 246*178 | 흑백 | 332쪽 | 15,800원

마음 밖에 따로 대상이 없음을 설한 대승 심리논서

대소승을 막론하고 유식삼십송은 불자라면 꼭 연구해야 할 필독서다. 마음을 깨달아 안심(安心)을 얻고 완전한 자유를 얻는 불교심리학의 정 수가 바로 이 경전에 담겨 있는 까닭이다. 여기 유식삼십송 해설은 동 학사 강원본을 참조하였으며 일본 龍名大學 불교학 교수인 深浦正文 의 唯識三十頌論 解說本을 관응노사가 번역한 譯本을 참고하여 현대 어로 풀어 엮었다.

Swallow all beings Eject emptiness 금강경 묘해妙解

존재를 삼켜 허공을 뱉아라

묘봉운룩 송주(頌主) | 신국판 | 흑백 | 768쪽 | 28,000원

조사선으로 푼 漢 · 英 · 韓 금강경 지침서

덕숭총림 수덕사 초대방장 혜암(惠菴) 선사의 법을 이은 묘봉 스님이 금강경에 대한 주석(註釋)을 달고, 선(禪)의 안목을 담아 독자적인 견해 를 게송 형식으로 드러낸 금강경 수행지침서이다. 금강경의 한문 원문 을 영문과 한글로 독창적으로 번역하고, 이를 다시 풀이하여 중요한 부분을 다시 영역한 漢 · 英 · 韓 금강경 해설서이기도 하다.

선가한화禪家閑話

설봉도인 무문관 평송

설봉학몽 평송 · 심성일 역주 | 변형신국판 | 흑백 | 288쪽 | 14,000원

선종 최후의 공안집 '무문관無門關'의 빗장을 풀다!

무문혜개 선사의 선문답집인 〈무문관〉 48칙 공안에 대해 한국의 설봉 스님이 독자적인 안목으로 평과 송을 붙인 선어록. 역주자는 설봉 스 님이 남긴 법어와 평송을 바탕으로 촌철살인으로 직지인심(直指人心) 할 수 있는 기연이 될 만한 선화들을 덧붙여 편역했다.

육조단경과 자성 보는 법

무엇이 그대의 본래 얼굴인가?

묘봉 찬주, 견우회 엮음 | 신국판 | 2도 | 406쪽 | 17,500원

등신불 육조 혜능대사의 최상승 법문 공부

《육조단경》을 번역 해설하고 상세한 주석을 붙인 것은 물론, 해당 법문과 연관된 선화(禪話)와 선문답(禪問答)까지 첨부해서 현장성 있는 선 수행 지침서가 되도록 했다. 특히 《단경》 가운데 마음을 곧바로 깨닫도록 하는 직지인심(直指人心)의 '자성(自性) 보는 법'을 따로 편집해 참선수행과 결부시켜 강설한 것은 보기 드문 역작이 아닐 수 없다.

구하지 않는 삶 그 완전한 자유

윤기봉 지음 | 신국판 | 칼라 | 416쪽 | 14,000원

목마르지 않는 자는 '지금 여기'
있는 그대로 완전한 자유를 누린다

"놓아라! 구하지 마라! 있는 그대로를 수용하라!"삶 속에서 자유와 행복을 얻은 한 구도자의 체험기! 극도의 우울증으로 수없이 자살을 생각했던 저자는 치열한 고민과 구도 과정에서 그러한 생각의 허망한 속성을 깨닫고 마침내 자유를 얻어, 그 행복을 나누고자 한다.

덕숭산 혜암 대선사 법어

바다 밑의 진흙소 달을 물고 뛰네

묘봉 감수, 견우회 엮음 | 신국판 | 흑백 | 328쪽 | 14,000원

수덕사 초대방장 및 '서양의 초조(初祖)', 경허 · 만공 선사의 법을 이은 '백세 도인' 혜암 선사의 법어와 선문답을 모은 이 법어집에는 혜암 선사의 구도와 깨달음, 전법의 과정에서 일어난 언행이 흥미진진하게 펼쳐져 있다. 호랑이에 대한 공포심도 이겨낸 삼매의 힘, 관음정근으로 불치병을 고친 제자의 이야기, 소를 타고 소를 찾는 도리 깨친 노스님의 일화 등 선사가 체험한 일화와 구도기가 발심을 자아낸다.

생활 속의 법화경 · 보왕삼매론 공부

있는 그대로 보아라

허정 지음 | 신국판 | 2도 | 360쪽 | 15,000원

여실지견 · 조고각하의 생활선 지침서
"있는 그대로가 평등이고 보이는 그대로가 진리입니다."
부처님 최후의 진실한 가르침인 법화경과 불자들에게 가장 인기 있는 법문인 보왕삼매론, 일송달송한 선(禪)을 주제로 한 허정스님(파주 약천사 주지)의 생활법문은 살며 사랑하고 깨우쳐가는 행복한 불자가 되는 길을 명쾌하게 제시한다.

오룡골 백송(白松)의 안심과 희망의 메시지

일체가 아미타불의 화신이다

정목 지음 | 신국판 | 칼라 | 280쪽 | 14,000원

'우리 시대의 원효'가 들려주는 정정취의 깨달음

91년 범어사 승가대학을 수료하고 강사 소임을 역임한 스님은 92년
전수염불 정진 중 염불삼매를 얻었으며, 98년 중앙승가대학교를 졸업
한 해 하안거 정진 중에 관불삼매를 체험했다. 2004년 양산 오룡골에
정토원(055-375-5844)을 설립한 스님은 '아미타파(cafe.daum.net/amitapa)'
에서 염불 수행자들을 온-오프 라인을 통해 지도하고 있다.

타방정토와 유심정토를 포용하는

일심정토 염불수행

정목 지음 | 변형 신국판 | 칼라 | 232쪽 | 13,000원

지혜와 공덕 성취하고 환경과 의식 창조하는 생산적인 道!

원효 대사의 일심정토 염불수행은 독창적인 정토사상이요 순수한 한
국불교이며, 중생을 구제하는 가장 대중적인 수행법이다. 염불삼매와
관불삼매를 성취한 정목 스님은 누구든지 염불수행을 통해 안심을 얻
고 깨달음을 성취할 수 있도록 대승불교의 신행체계를 확립했다.

'한국의 유마' 백봉거사 선어록

허공의 주인공

전근홍 지음 | 46판 | 흑백 | 360쪽 | 10,000원

'생사문제' 해결해 누리의 주인으로 사는 법

죽음이라는 문제에 부딪혀 절망적이었던 저자(청봉 전근홍)가 스승인
백봉 김기추(1908~1985) 거사의 설법과 수행 방편을 통해 문제를 해결
해 나가는 과정에서 직접 듣고 느꼈던 법문 내용을 소개해 현재 그와
같은 과정을 겪고 있는 독자들에게 도움이 되고자 집필했다. 저자가
직접 보고 들은 진솔한 수행담이 감동을 자아낸다.

한국의 유마 백봉 거사와 제자들

공겁인(空劫人)

최운초 지음 | 신국판 | 부분 칼라 | 440쪽 | 16,500원

20세기 '한국의 유마 거사'로 추앙받는 백봉 김기추(白峰 金基秋) 거사
는 50세가 넘어 불교에 입문했지만 용맹정진으로 단기간에 큰 깨달음
을 얻었고, 이후 20여 년간을 속가에 머물면서 거사풍(居士風) 불교로
후학지도와 중생교화에 힘쓴 탁월한 선지식. 백봉 거사 문하 제자들의
각고의 노력, 스승의 인간적 면모와 제자들의 고뇌, 그리고 화두 타파
와 깨달음, 스승의 인가에 대한 가감 없는 기록을 통해 마음공부의 한
길을 제시했다.

초기선종 동산東山법문과 염불선

박건주 지음 | 변형신국판 | 흑백 | 256쪽 | 13,000원

4조도신 〈입도안심요방편법문〉과
5조홍인 〈수심요론〉·〈능가인법지〉 첫 역주·해설

중국선종은 제4조 도신대사와 제5조 홍인대사의 이른바 동산(東山)법문에서부터 염불법문을 펼쳤다. 본서에서는 1세기 전 돈황에서 새로 발견된 도신대사의 〈입도안심요방편법문〉과 홍인대사의 〈수심요론〉, 〈능가사자기〉에 전하는 〈능가인법지〉의 원문을 국내 최초로 역주 해설하면서 염불선이 어떠한 행법인가를 자세히 해설했다.

선종 염불선 법문과 깨달음 (念佛者是誰)
염불하는 이것이 무엇인가?

덕산 스님 지음 | 신국판 | 흑백 | 270쪽 | 13,000원

역대 선사들의 선정불이(禪淨不二) 법문 제시

염불선의 공(空)을 체험한 덕산 스님은 4조 도신대사, 6조 혜능대사, 보조 국사, 태고 선사, 서산 대사, 경허, 선사 등 역대 선사 18인의 염불선 법문을 제시해 수행자들의 발심을 돕고 있다. 선사들은 선(禪)과 염불(淨)이 둘이 아닌 선정불이(禪淨不二)의 법문을 통해 자력(自力)과 타력(他力) 이 둘이 아닌 염불삼매와 일상·일행삼매를 밝히고 있다.

관음선 수행이야기
빛과 소리

석암 지음 | 46판 | 흑백 | 392쪽 | 12,800원

'빛과 소리' 통해 내면과 우주 통합하는 관음염불

조계종 은해사로 출가, 남해 보리암에서 염불수행을 시작해 운부암, 태안사, 대승사 등 제방선원에서 참선한 저자는 월악산 한 암자에서 관음염불로 각고(刻苦) 정진하던 중 삼매(三昧) 속에서 마음의 눈을 떴다. 최근 강원도 양구에 관음선원(070-4215-4163)을 창건, 수행과 전법에 매진하고 있다.

단박 깨닫는 마조록 공부
있는 그대로 완전한 자유

원오 역해 | 신국판 | 흑백 | 240쪽 | 13,000원

마조 대사의 법어와 선문답을 처음 해설하다

조사선의 실질적인 개창자인 마조도일(709-788) 대사의 법문과 선문답, 구도기를 국내에서 처음으로 번역·해설한 책. 그간 국내 및 일본에서 《마조록》에 대한 번역이나 주석서가 몇 권 나온 바 있으며 오쇼 라즈니쉬가 인도 명상의 입장에서 해설을 시도한 적은 있지만, 국내의 선(禪) 수행자가 직접 해설한 것은 이번이 처음이다. 저자인 원오 스님은 화두에 대한 파설(破說)에 유의하면서 공부의 지름길을 제시했다.

염불선으로 푼 달마어록
달마는 서쪽에서 오지 않았다

덕산 역해 | 신국판 | 304쪽 | 13,000원

"덕산 화상이 실참을 통해 도달한 안목으로 언구에 구애받지 않고 종 횡자재로 펼치는 자비법문은 천하 사람의 코를 꿰는 솜씨를 유감없이 보여주고 있다. 모든 참선학도는 덕산 화상이 고구정녕하게 일러주는 낙초지담(落草之談: 사바세계라는 풀밭에서 중생을 위해 자비로운 방편법문을 설함)을 듣고 조사관을 투득하는 금린(金鱗: 황금 잉어, 깨달은 재)이 되기를 바라노라." - 조계종 원로회의 의장 종산(宗山) 스님

수행성취의 열 가지 조건, 십바라밀
행복에 이르는 열 가지 습관

Sujin Borihamwanaket/정명 역 | 368쪽 | 13,800원

괴로움이 소멸된 상태인 닙바나(열반)를 증득하려면 필요조건을 갖춰야 한다. 이 조건이 바로 십바라밀이다. 수행의 성취는 열심히만 한다고 되는 것이 아니라 바른 조건을 만나야만 이뤄진다. 그래서 구도자는 그 조건이 무엇이고 나의 수준은 어느 정도인지를 안 다음에 하나하나 이 조건들을 충족시켜 나가야 한다. 태국의 명상수행가인 Sujin Borihamwanaket는 니까야 가운데 소부(小部)의 소송(小誦) 및 불소행장(佛所行藏)과 그 주석서를 근간으로 붓다의 수행법을 제시한다.

한국의 벽암록 '직지' 상권 선문답 해설
자유인의 길 직지심경

덕산 역해 | 신국판 | 흑백 | 320쪽 | 14,000원

《직지심경(直指心經)》은 고려시대의 고승 백운경한(白雲景閑, 1299~1374) 선사가 펴낸 공안(公案: 화두) 위주의 선문답 모음집으로 깨달음에 대한 선(禪)의 지침서다. 백운 선사가 편집한 《선문염송》《치문경훈》의 내용과 과거 7불(佛)의 게송, 석가모니 부처님으로부터 법을 받으신 인도의 가섭존자로부터 28조 달마 스님까지의 게송이 들어있고, 중국 110분 선사들의 선의 요체 등 여러 고승들의 법거량과 선문답, 일화가 들어 있다. 청원 혜은사 주지 덕산 스님이 염불선의 깨달음 체험을 바탕으로 〈직지〉 상권을 알기 쉽게 풀이했다.

한국의 벽암록 '직지' 하권 선문답 해설
영원한 행복의 길 직지심경

덕산 역해 | 신국판 | 흑백 | 496쪽 | 19,500원

《직지》 하권에 등장하는 중국의 조사 90여 분의 깨달음의 노래와 선문답을 모아 해설한 책. 특히 그동안 금기시 되어왔던 선문답에 대한 해설을 통해 깨달음이 결코 먼 곳의 이야기가 아님을 실감토록 해, 참다운 발심으로 실참 수행의 길을 안내하는 길잡이 역할을 하고 있다.

무문관수행의 전설
석영당 제선선사
박부영 · 원철 · 김성우 | 신국판 · 양장 | 256쪽 | 15,000원

제선선사의 수행력은 추종을 불허하고 동서고금에 그 유례를 찾을 수 없을 정도로 극적이며 인간이 낼 수 있는 최대한의 정진력을 보여준다. 많은 공부인들에게 가장 큰 장애는 의심이다. 인간이 할 수 있을까, 과연 깨달음의 경지를 성취할 것인가, 가지 않은 길에 대한 두려움에 의심을 한다. 그 점에서 선사의 삶과 죽음의 경계를 넘어선 경지는 모든 수좌들에게 희망과 등불을 밝혀준다.

수습지관좌선법요(修習止觀坐禪法要) 강의
지관(止觀)수행
천태지의 저 · 송찬우 역해 | 신국판 | 흑백 | 456쪽 | 19,500원

지관(止觀)은 염불 · 좌선 · 위빠사나 등 대 · 소승 수행의 핵심
"삼계생사를 벗어나려면 따로의 길이 없고, 열반에 오르는 것도 지관수행 하나의 문이 있을 뿐이며, 모든 공덕까지도 원만하게 귀결하는 길이기도 하다." (본문 중에서)
최초로 발심한 사람이 수증(修增)하고 입도하는 가장 절실하고 중요한 지관법문을 총론적으로 밝힌 책. 천태지의(538~597) 대사가 짓고, 중앙승가대 송찬우 교수가 번역 · 강의했다.

해안 선사의 견성과 사자후
7일 안에 깨쳐라
동명 엮음 | 신국판 | 컬러 | 250쪽 | 15,000원

이제는 '오늘 말고 이틀밖에 남지 않았구나' 하고 생각하니 마치 죽음이 경각에 있는 압박감에 사로잡혀 오직 은산철벽(銀山鐵壁) 화두에 매달리게 되었고 밤에 잠을 자노라면 꿈에도 생생하게 은산철벽을 뚫고 있었다. 시간이 어떻게 가고 오는지도 모르게 지나는데, 엿새째 되는 날 저녁 공양시간이 되었는지 목탁소리가 나는데, 전에 없이 크게 들렸다. 이어서 바로 종소리가 들리고 선방에서는 방선죽비(放禪竹篦)를 탁! 탁! 탁! 치는데 그 소리에 갑자기 전신이 서늘해지면서 무어라고 형언할 수 없는 환희의 세계가 전개되는 것을 맛보게 된 것이다. – 해안 대선사

묵산선사 반야심경 · 금강경 법문
허공을 부수어라
묵산스님 지음 | 신국판 | 흑백 | 272쪽 | 13,500원

"우주를 창조하고 삼라만상을 운전하는 그대가 공왕여래다"
92세의 조계종 원로 선사인 묵산스님(보림선원 조실)이 수행체험을 바탕으로 반야심경과 금강경을 한 권의 책에 동시에 강설했다. 스님은 반야(般若: 지혜)와 공(空)사상을 독창적인 혜안으로 해설하고 깨달음의 안목을 게송(선시)으로 드러내고 있다.